Stephen Haskins Carpenter

An Introduction to the Study of the Anglo-Saxon Language

Comprising an elementary grammar, selections for reading, with explanatory notes

and a vocabulary

Stephen Haskins Carpenter

An Introduction to the Study of the Anglo-Saxon Language
Comprising an elementary grammar, selections for reading, with explanatory notes and a vocabulary

ISBN/EAN: 9783337084301

Printed in Europe, USA, Canada, Australia, Japan

Cover: Foto ©Paul-Georg Meister /pixelio.de

More available books at **www.hansebooks.com**

AN

INTRODUCTION

TO THE STUDY OF THE

ANGLO-SAXON LANGUAGE,

COMPRISING

AN ELEMENTARY GRAMMAR, SELECTIONS FOR READING, WITH
EXPLANATORY NOTES AND A VOCABULARY.

BY

STEPHEN H. CARPENTER,

*Professor of Logic and English Literature in the University of Wisconsin
and Author of "English of the XIVth Century."*

BOSTON, U.S.A.:
PUBLISHED BY GINN & COMPANY.
1889.

PREFACE.

This book has been prepared to serve as an introduction to the study of Anglo-Saxon; it makes no claim to originality, but only aims to present in an elementary form the well-understood principles of Anglo-Saxon grammar. It is designed rather to prepare the way for more advanced works on the subject, like those of Dr. March, than to supersede or come into competition with them. From its great age, its wonderful continuity of development, and the opportunity afforded for illustration by kindred dialects, the Anglo-Saxon offers a tempting field to the student of Comparative Philology, and one which will amply repay any toil that may be bestowed upon it; but in order that the student may advantageously cultivate this field, a certain amount of preparation is indispensable; which preparation it is the aim of this book to afford.

The extracts for reading have been selected so as to gradually increase in difficulty. Beginning with ideas which are familiar, the student passes to those which are less readily apprehended, and then to selections which require more labor on his part. Anglo-Saxon poetry is, as a rule, quite difficult, and I have endeavored to lead up to these difficulties gradually, by giving both the prose and the poetic version of Boethius's Metres, thus acquainting the student with the poetic form without the difficult labor of translating wholly unfamiliar passages. In making these selections I have been somewhat restricted by the elementary character of the book, but I have endeavored to admit nothing devoid of interest.

Hoping that this work may be of service in facilitating the study of Anglo-Saxon, and may increase our estimate of the value of the inheritance which we have in our mother-tongue, the author leaves his work with the public, saying with King Alfred, "And nu bit and halsað ælcne þara þe þás bóc rǽdan lyste, þæt he him ne wíte gif he hit rihtlícor ongite þonne he mihte; for þam þe ælc mon sceal be his andgites mæðe and be his æmettan sprecan þæt he sprecð and dón þæt he déð."

UNIVERSITY OF WISCONSIN,
MARCH, 1875.

TABLE OF CONTENTS.

GRAMMATICAL INTRODUCTION	1
SELECTIONS FOR READING—	
SERMON ON THE MOUNT	49
REIGN OF KING ALFRED	56
CHARACTER OF WILLIAM THE CONQUEROR	67
NARRATIVES OF OHTHERE AND WULFSTAN	72
CONVERSION OF THE SAXONS	78
CONVERSION OF THE NORTH ANGLES	87
ACCOUNT OF THE POET CAEDMON	99
ON THE BEGINNING OF CREATION	105
ASSUMPTION OF ST. JOHN	112
FROM ALFRED'S METRES OF BOETHIUS	120
DESCRIPTION OF PARADISE	134
THE CREATION	137
SATAN'S REBELLION AND PUNISHMENT	140
THE FLOOD	145
THE ESCAPE OF THE ISRAELITES	151
EXPLANATORY NOTES	163
VOCABULARY	178

GRAMMATICAL INTRODUCTION.

SOUNDS OF THE LETTERS.

1. The Anglo-Saxon alphabet has twenty-four letters, as follows: A, B, C, D, E, F, G, H, I, K, L, M, N, O, P, R, S, T, U, W, X, Y, and Ð, ð, Þ, þ, representing the two sounds of th, as heard in *thine*, *thin*.

2. An accent is found in A.-S. mss., generally placed over the long vowels, but too capriciously to indicate any law; it is used in this work to denote a long vowel.

3 The VOWELS were probably sounded thus:—

a as in *what*.
æ as in *fat*.
á like *aw* in *straw*, passing nearly to long *o*, as in *note*.
ǽ like *a* in *fate*.
au like ow in *now*.
e as in *met*.
é as in *mete* (as cwén, *queen*, Gothic kwino).
e before a vowel not forming a diphthong (breaking) like consonantal *y* (j).
eo like German œ.
eó like *ee* in *seen* (seón to see).
ea as in *swear*.
eá like á preceded by ĕ.
i as in *dim*.

í as in *dime* (sometimes as in *machine*, (so heora, hiora).

i before a vowel like consonantal *y* (j) (so *iest* for east).

iw like *ew* in *new*.

o as in *whole*.

ó like *oo* in *foot*.

u as in *full*.

ú as in *fool*.

y and ý like French u, coalescing finally with i, í.

NOTE 1. The simple vowels are a, i, u; a strengthens to æ (á), ó, breaks to ea, and weakens to æ, o, e; i strengthens to í, á (íe), breaks to eo, weakens to e; u strengthens to eó (ú), eá (é), weakens to o. y is i-umlaut of u. Ea and eo seldom coalesce into perfect diphthongs.

NOTE 2. "Radical short *a* can only stand before a single consonant and *st*, *sc*, when this consonant, or these letters are again followed in the inflection by a, o, u, in nouns, a, o, u, e, in adjectives, a, o, u, ia, in verbs;" in other cases, æ is used instead of a; before *m*, *n*, a may change to *o*, as *man*, *mon*; before *l* and *r*, followed by another consonant, *a* may change to *ea*.

4. The Consonants have generally their present sounds, but the following peculiarities are to be noted: c is always sounded like *k;* cw like *qu;* ð like th in *thine*, and þ like th as in *thin*, but these characters are used quite interchangeably: g at beginning of words is generally hard, but is sometimes soft as in the pronouns ge, git,—at the end like German soft *g*, almost passing into *y*, as dæg, *day;* h at beginning of words, a strong aspirate,— at end, a guttural, like German ch; *h* sometimes stands for final *g*, as burh, *gen.* burge; hw like *wh*.

ETYMOLOGY.

5. The Parts of Speech are the Noun, Adjective, Pronoun, Verb, Adverb, Preposition, Conjunction and Interjection.

NOUNS.
Declension.

6. Nouns vary in form, to denote the relations of Gender, Number and Case. There are three genders, Masculine, Feminine and Neuter; three numbers, Singular, Dual (two) and Plural; six cases, Nominative, Genitive, Dative, Accusative, Vocative and Instrumental.

NOTE. The gender in A.-S. is grammatical, and is not determined by the sex of the object.

7. Nouns have two numbers, singular and plural; only pronouns have the dual, used to denote two taken together.

8. The Cases are used to denote the following relations:

Nom. subject of a sentence.
Gen. modern possessive, or denoting the relation expressed by the preposition *of*.
Dat. denoting the relation usually expressed by prepositions *to* or *for*.
Acc. modern objective.
Voc. used in Address, same in form as Nominative.
Inst. denotes the agent, or the relation expressed by the prepositions *by* or *with*.

NOTE. As the Vocative is the same in form as the Nominative, it will be omitted in the paradigms.

GRAMMATICAL INTRODUCTION.

9. There are four Declensions of Anglo-Saxon Nouns, distinguished by the ending of the Genitive singular —

    The first ends in *es*   the second in *e*
    The third in   *a*   the fourth in *an*

NOTE. The fourth declension is called weak; the others strong.

10. In the first declension are found only masculine and neuter nouns; in the second, only feminines; in the third, masculine and feminine; in the fourth, masculine and feminine.

NOTE. The first, second, and third decl. comprise the vowel stems (a (ia), i, u); the fourth, the consonant stems; in this declension are found four neuters, eáge, eáre, lunge, clywe.

11. The following is a

Summary of Case Endings:

Sing.	DECL. I		DECL. II.		DECL. III.		DECL. IV.	
	Mas.	Neut.	Fem.		Mas.	Fem.	Mas.	Fem.
N. & V.	—, e	—, e	u,	—	u,	—	a,	e
Gen.	es	es	e	e	a	a	an	
Dat.	e	e	e	e	a, u	a, —	an	
Acc.	—, e	—, e	u, e	e, —	u	—	an	
Inst.	e	e	e	e	a	a, —	an	
Plural.								
N.A.V.	as	—, u	a, e	e, a	u, o, a	a	an	
Gen.	a	a	a	ena	a, ena	a	ena	
D. & I.	um	um	um		um		um	

NOTE. The dative plural sometimes ends in *on*, *un*, or *an*. In late A.S. the *a* of the gen. pl. sometimes weakens to *e*, as huí fela lande [landa] (p. 69), *of how many lands*; and finally drops, as seofon fót [fóta] mǽl (p. 68), *a portion of seven feet.*

GRAMMATICAL INTRODUCTION. 5

First Declension. Gen. Sing. es.

12. MASCULINES.

1. Stól, *stool.* 2. Dæg, *day.* 3. Bere, *barley.*

	Sing.	Pl.	Sing.	Pl.	Sing.	Pl.
N.	stól	stól-as	dæg	dag-as	bere	ber-as
G.	stól-es	stól-a	dæg-es	dag-a	bere-s	ber-a
D.	stól-e	stól-um	dæg-e	dag-um	bere	ber-um
A.	stól	stól-as	dæg	dag-as	bere	ber-as
I.	stol-e	stól-um	dæg-e	dag-um	ber-e	ber-um

4. Byre, *son.* 5. Fót, *foot.* 6. Beáh, *ring.*

	Sing.	Pl.	Sing.	Pl.	Sing.	Pl.
N.	byre	byre (as)	fót	fét	beáh	beág-as
G.	byr-es	byr-a	fót-es	fót-a	beág-es	beág-a
D.	byr-e	byr-um	fét	fót-um	beág-e	beág-um
A.	byre	byre (as)	fót	fét	beáh	beág-as
I.	byr-e	byr-um	fót-e	fót-um	beág-e	beág-um

NOTE. Fét is for fét-e.

13. NEUTERS.

7. Word, *word.* 8. Fæt, *vat.* 9. Ríce, *kingdom.*

	Sing.	Pl.	Sing.	Pl.	Sing.	Pl.
N.	word	word	fæt	fat-u	ríce	ríc-u
G.	word-es	word-a	fæt-es	fat-a	ríc-es	ríc-a
D.	word-e	word-um	fæt-e	fat-um	ríc-e	ríc-um
A.	word	word	fæt	fat-u	ríce	ríc-u
I.	word-e	word-um	fæt-e	fat-um	ríc-e	ríc-um

NOTE 1. Like stól are declined masc. monosyllables, derivatives in l, m, n, r, ing, els, að, óð, oð, eð, od, ot, et, — h, oc, uc, — u(o). Derivatives in eð and els often drop *as* in the nom. and acc. pl.; as, hǽleð for hǽleðas, fætels for fætelsas. Like dæg are declined hwæl, mæg, pæð, stæf, etc. Like bere are declined bryne, cese, cwede, ele, ege, ende, esne, hæle; derivatives in cre, words compounded with scipe. Like býre are inflected words used

only in the plural, as Dene, *Danes;* words compounded with ware, as Cantware, Kent-men, though these latter sometimes form the acc. pl. in *as.* Like fót are declined tóð, man. Like word are declined neuter monosyllables; derivatives in — h, el, ol, en. er, or, ur, od, ed, et, ot, eld. Like fæt are declined hæc, bæð, fæc, fæs, glæs, etc.

Note 2. Byre and fót are from stems in i; nouns like Bere are from strengthened stems in ia; other stems in first decl. end in a.

Note 3. Feoh, *cattle*, takes gen. feós, dat. feó, acc. fcoh, pl. wanting.

Note 4. Some nouns take a or u in nom. and acc. pl., as deofol pl., deofla, deoflu; cíld, cíldra, cíldru.

Note 5. Words ending in an unaccented short vowel are frequently syncopated, as engel, gen. engles; tácen, tácnes; tungol, tungles; segen, segnes.

Note 6. Metathesis takes place in the plural of some nouns ending in sc, as fisc, a fish, pl. fixas (ficsas).

Note 7. Some nouns in eó take ý in the pl., as feónd, pl. fýnd.

Note 8. Some neuters like lim, brim, hlið, take eo in plural — (u-umlaut) as, leomu, etc.

Second Declension. Gen. Sing. e.

14. Feminines.

1. Gifu, *gift.* 2. Dǽd, *deed.* 3. Duru, *door.*

	Sing.	Pl.	Sing	Pl.	Sing.	Pl.
N.	gif-u	gif-a (e)	dǽd	dǽd-a	duru	dur-a
G.	gif-e	gif-a (ena)	dǽd-e	dǽd-a	dur-e	dur-a
D.	gif-e	gif-um	dǽd-e	dǽd-um	dur-a (e)	duru-m
A.	gif-u (e)	gif-a (e)	dǽd-e	dǽd-a	duru (e)	dur-a

Note. Nouns like gifu are from stems in à; like dǽd from stems in i; duru has stem in u.

GRAMMATICAL INTRODUCTION. 7

15. ANOMALOUS NOUNS. SECOND DECL.

	SINGULAR.			PLURAL.		
N. A.	*Gen.*	*Dat.*	*N. A.*	*Gen.*	*Dat.*	
bóc	bóce	béc	béc	boca	bócum	*book*
bróc	bróce	bréc	bréc	bróca	brócum	*breeches*
burh	burge	byrig	byrig	burga	burgum	*burg*
cú	cús	cý	cý	cúna	cúm	*cow*
gós	góse	gés	gés	gósa	gósum	*goose*
lús	lúse	lýs	lýs	lúsa	lúsum	*louse*
mús	múse	mýs	mýs	músa	músum	*mouse*
turf	turfe	tyrf	tyrf	turfa	turfum	*turf*

NOTE 1. Like gifu and denu, decline all feminines in *u;* derivatives in l, n, r, s, nes, nys, ung, ing, etc. Words in ung sometimes take the dative singl. in a, and the nom. and acc. pl. in as. Like dǽd are declined monosyllables; derivatives in oc, n, en, es, ð.

NOTE 2. To this declension belong nouns in *o* indeclinable in the singular, as brædo, *breadth ;* the plurals are rare.

Third Declension. *Gen. Sing.* a.

16. MASCULINE.　　　　FEMININE.

1. Sunu, *son.*　　2. Wudu, *wood.*　　3. Hand, *hand.*

	Sing.	*Pl.*	*Sing.*	*Pl.*	*Sing.*	*Pl.*
N.	sunu	sun-a	wudu	wud-as	hand	hand-a
G.	sun-a	sun-a (ena)	wud-a (es)	wud-a (ena)	hand-a	hand-a
D.	sun-a	sunu-m	wud-a	wudu-m	hand-a (hand)	hand-um
A.	sunu	sun-a	wudu	wud-as	hand	hand-a
I.	sun-a	sunu-m	wud a	wudu-m		

NOTE. This declension is very irregular, showing a constant tendency to merge into the others; stems all in u.

17. Anomalous Nouns. Third Decl.

	Singular.			Plural.	
N. A.	*Gen.*	*Dat.*	*N. A.*	*Gen.*	*Dat.*
sumor	sumores	sumora	sumoras	sumora	sumorum
winter	wintres	wintra	winter	wintra	wintrum
feld	feldes	felda	feldas	felda	feldum

Fourth Declension. Gen. Sing. an.

18. Masc. Fem. Neut.

1. Hunta, *hunter.* Tunge, *tongue.* Eáge, *eye.*

	Sing.	*Pl.*	*Sing.*	*Pl.*	*Sing.*	*Pl.*
N.	hunt-a	hunt-an	tunge	tung-an	eáge	eág-an
G.	hunt-an	hunt-ena	tung-an	tung-ena	eág-an	eág-ena
D. I.	hunt-an	hunt-um	tung-an	tung-um	eág-an	eág-um
A.	hunt-an	hunt-an	tung-an	tung-an	eág-e	eág-an

NOTE 1. Compare this Declension with the definite declension of adjectives.

NOTE 2. To this declension belong certain monosyllabic roots, as clife, clufe, derivatives in l, n, r, s, ig, w, all adding a or e in the nominative.

19. Anomalous Nouns.

	Singular.			Plural.	
N. A.	*Gen.*	*Dat.*	*N. A.*	*Gen.*	*Dat.*
fæder	fæder (es)	fæder	fæderas	fædera	fæderum
bróðor	bróðor	bréðer	bróðru (a)	bróðra	bróðrum
módor	módor	méder	módra (u)	módra	módrum
dóhter	dóhter	déhter	dóhtra	dóhtra	dóhtrum
sweostor	sweostor	sweostor	sweostra	sweostra (ena)	sweostrum
scó (eó)	scós (eós)	scó (eó)	scós (eós) (sceón)	sceóna	scóum
sǽ	(sǽs) sǽ	sǽ	sǽs	(sǽa)	sǽm
eá	(eás) eá	eá	eá (eás)	eá	eám
ǽ (law)	ǽ	ǽ	[plural wanting]		
beó	bean	—	beón	beóna	beóum

ADJECTIVES.

20. In Anglo-Saxon, as in German, Adjectives have two forms of Declension: the Definite form, used when the noun modified by the adjective is limited by some definitive word, as a demonstrative or possessive pronoun; the Indefinite form used in all other cases.

21. The forms of the Definite Declension are the same as in the Fourth Declension of Nouns. The inflection of the Adjective in the Indefinite Declension, as in the other Teutonic languages, resembles the pronominal rather than the substantive forms.

22. DEFINITE DECLENSION.
Se góda, *the good.*

	SINGULAR.			PLURAL.
	Mas.	*Fem.*	*Neut.*	*M. F. N.*
N.	gód-a	gód-e	gód-e	gód-an
G.	gód-an	gód-an	gód-an	gód-ena
D. I.	gód-an	god-an	gód-an	gód-um
A.	gód-an	gód-an	gód-e	gód-an

Se smala, *the small.*

	SINGULAR.			PLURAL.
	Mas.	*Fem.*	*Neut.*	*M. F. N.*
N.	smal-a	smal-e	smal-e	smal-an
G.	smal-an	smal-an	smal-an	smal-ena
D. I.	smal-an	smal-an	smal-an	smal-um
A.	smal-an	smal-an	smale	smal-an

NOTE. Some adjectives of this declension suffer contraction, as fægera, fægra, *fair;* fámiga, fámga, *foamy,* etc. Some double the final consonant, as grim, grimma.

23. Indefinite Declension.

1. Gód, *good.*

	Singular.			Plural.	
	Mas.	*Fem.*	*Neut.*	*M. F.*	*Neut.*
N.	gód	gód (u)	gód	gód-e	gód-u
G.	gód-es	gód-re	gód-es	gód-ra	gód-ra
D.	gód-um	gód-re	god-um	gód-um	gód-um
A.	gód-ne	gód-e	gód	gód-e	gód-u
I.	gód-e	gód-re	god-e	gód-um	gód-um

2. Smæl, *small.*

	Singular.			Plural.	
	Mas.	*Fem.*	*Neut.*	*M. F.*	*Neut.*
N.	smæl	smal-u	smæl	smal-e	smal-u
G.	smal-es	smæl-re	smal-es	smæl-ra	smæl-ra
D.	smal-um	smæl-re	smal-um	smal-um	smal-um
A.	smæl-ne	smal-e	smæl	smal-e	smal-u
I.	smal-e	smæl-re	smal-e	smal-um	smal-um

Note 1. The *u* of the feminine singular and neuter plural quite often weakens to *e*, and sometimes drops. The termination *e* has weakened from an original *a*, which is still occasionally found; as (dat. sing. fem.) micelra for micelre (p. 105, l. 25) (acc. pl.), calla for ealle (p. 123, l. 4). The Participles, when used as Adjectives, have both declensions.

Note 2. Adjectives in *e*, as blíðe, retain the *e* in the nominative singular of the three genders, and in the acc. sing. neuter.

Note 3. In late A.S. the inst. often takes the place of the dative; as, mid ænige men (p. 67, l. 20).

24. Comparison.

The Comparative degree of Adjectives is regularly formed by adding to the positive indefinite, *ra* for the masculine and *re* for the feminine and neuter. The Comparative has only the Definite declension.

GRAMMATICAL INTRODUCTION.

The Superlative degree is regularly formed in the definite declension by adding to the positive, *esta, este, este,* (osta, oste, oste); in the indefinite, by adding to the positive *est* (ost), as,

Swíð, *great.*

	Mas.	*Fem.*	*Neut.*
Compar.	se swíð-ra	seó swíð-re	þæt swíð-re
Sup. Def.	se swíð-esta	seó swíð-este	þæt swíð-este
	swíð-osta	swíð-oste	swíð-oste
Sup. Ind.	swíð-est, swíð-ost		

NOTE. In A.-S. the idea of comparison was carried much further than in the modern use,—the comparative termination being used in the formation of other relative words, as oðer, second, hwæðer, *which one of the two?* æfer, ever, ofer, over, etc. So also the ordinals are all superlative forms, as fyr-sta, *first.*

25. IRREGULAR COMPARISON.

Some adjectives become irregular in comparison, through the influence of vowel-change — a changing to e; æ to a; eá into ý or í; ea, eo, u, to y; others are defective, the positive and comparative being formed from different roots.

Forms in *ma* (me) are relics of an old superlative form, which has been taken as a positive, and again compared.

The following are irregular, through vowel-change:

Positive.	Comparative.	Superlative.	
lang	lengra (leng)	lengest	*long*
strang	strengra	strengest	*strong*
cald	yldra	yldest	*old*
neáh	nearra (nýra)	nyst (nýhst)	*nigh*
neáh	neár	next (néhst)	
heáh	hýrra	hyhst	*high*

Positive.	Comparative.	Superlative.	
eáðe	ýðra (éð)	ýðest (eáðost)	*easy*
feor	fyrre	fyrrest	*far*
geong	gyngra	gyngest	*young*
sceort	scyrtra	scyrtest	*short*
soft (seft)	seftra	seftest	*soft*

The following are irregular, the different forms being referrible to different roots:

Positive.	Comparative.	Superlative.	
gód	betera (bet)	betst	*good*
yfel	wyrsa	wyrst	*evil*
micel	mára (má)	mǽst	*much*
lytel	lǽssa	lǽst	*little*

The following are from Adverbs:

Adverb.	Pos.	Comparative.	Superlative.	
á	—	ǽrra (ǽr)	ǽrest	*ever*
	—	æfterra	æftemest	*after*
fore	—	fyrra	forma, fruma, fyrst	*fore*
feor	feor	fyrre	fyrrest	*far*
forð		furðor	forðmest	*forth*

From Superlatives, assumed as Positives:

Positive.	Comparative.	Superlative.	
æftuma	æftra	æftemest	*after*
hindema	hindera	hindemest	*hind*
innema	innera	innemest	*inner*
útema	útra	ýtemest	*outer*
midma	—	midmest	*mid*
niðema	niðra	niðmest	*nether*

So also compounds with *weard*, as —

forðweard	furðor	furðum, forðmest
norðweard	norðor	norðmest
úteweard	utra (útor)	útema, útemest
niðeweard	niðra (niðor)	niðema, niðemest

26. NUMERALS.

	CARDINALS.	ORDINALS.
1	án	forma, fyrsta
2	twegen, twá, tu	oðer
3	þrí, þreó	þridda
4	feower	feowerða
5	fíf	fífta
6	six	sixta
7	seofon (syfone)	seofoða (eða)
8	eahta	cahtoða (eða)
9	nigon, nigen	nigoða (eða)
10	týn, tén	teoða
11	endleofan (ellefan)	endleofta
12	twelf	twelfta
13	þreótyne	þreóteoða
14	feowertyne	feowerteoða
15	fíftyne	fífteoða
16	sixtyne	sixteoða
17	seofontyne	seofonteoða
18	eahtatyne	eahtateoða
19	nigontyne	nigonteoða
20	twentig	twentigoða
21	án and twentig	án and twentigoða
30	þritig, þrittig	þritigoða
40	feowertig	feowertigoða
50	fíftig	fíftigoda
60	sixtig	sixtigoða
70	hundseofontig	hundseofontigoða
80	hundeahtatig	hundeahtatigoða
90	hundnigontig	hundnigontigoða
100	hundteontig, hund	hundteontigða
101	hund and án	án and hundteontigoða
110	hundendleofantig	hundendleofantigoða
120	hundtwelftig	hundtwelftigoða
130	hund and þritig	hund and þritigoða
200	twá hund	twá hundteontigoða
1000	þúsend	

NOTE. Combined numbers are sometimes connected by eac or and, meaning *added to;* sometimes by the next higher ten, and wana, æs *or* butan, denoting *less*.

27. An ordinal before *healf* numbers the whole of which the half is to be taken, e. g., þridde healf, two and a half, but when the cardinal is used the number is not diminished, as þreó healf, *three halves*. This same idiom holds good when the number is to be subtracted, as, he heóld þæt ríce oðrum healfum læs þe þrittig wintra, *he held the kingdom one year and a half less than thirty years*.

NOTE. Sum, before a cardinal, renders the number indefinite, as, he hæfde sume hund scipa, *he had about a hundred ships*: so also swilce, as, swilce þrittig wintre, *about thirty years of age:* a cardinal limiting sum numbers, the whole of which sum denotes a part, as, he code syxa sum, *he went one of six—with five others*.

28. DECLENSION OF NUMERALS.

1. án, *one;* in plural, *all*.

	SINGULAR.			PLURAL.
	Mas.	*Fem.*	*Neut.*	*M. F. N.*
N.	án	án	án	áne
G.	ánes	ánre	ánes	ánra
D.	ánum	ánre	ánum	ánum
A.	ánne	áne	án	áne
I.	áne	ánre	áne	ánum

2. *Twegen,* twain. 3. Þreo, *three*.

	Mas.	*Fem.*	*Neut.*	*Mas.*	*Fem.*	*Neut.*
N.A.	twegen	twá	twá (tú)	þrý (i, eó)	þreó	þreó
G.	twegra	twegra	twegra	þreóra	þreóra	þreóra
D.	twam	twam	twam	þrim	þrim	þrim

NOTE 1. Twega is sometimes found instead of twegra.

NOTE 2. Begen, *both*, is declined like twegen. Cardinals, from feower to twelf, and from þreotyne to nigontyne are used as indeclinables; but they are sometimes inflected, like bere in the first declension of nouns.

PRONOUNS.

Personal Pronouns.

29. The Personal Pronouns are ic, þu, and he, heo, hit, *he, she, it.* Ic and þu retain the dual forms; they are thus declined:

1. Ic, *I.*   2. Þu, thou.

	Sing.		Dual.		Plural.	
N.	ic	þú	wit	git	we	ge
G.	mín	þín	uncer	incer	úser, úre eówer	
D.	me	þé	unc	inc	ús	eów
A.	mec, me	þec, þe	unc (it)	inc (it)	úsic, ús	eówic, eów

3. He, *he;* heó, *she;* hit, *it.*

SINGULAR.

	Mas.	Fem.	Neut.
N.	he	heó	hit
G.	his	hire (heore)	his
D.	him (heom)	hire (heore)	him (heom)
A.	hine	hí, heo, hie	hit
I.	hý (heó)	——	hý (heó)

PLURAL.
Mas. Fem. Neut.

N. hie (hig, hi, heo)
G. heora (hyra, hira, hiora)
D. him (heom)
A. hie (hig, hi, heo)

NOTE. The instrumental hý, heó, occurs only in a demonstrative sense, as heodæg, to-day. The pronoun *he* was originally a demonstrative, and still retains somewhat of this force.

30. The reflexive pronoun is wanting, although the possessive, sín, indicates the former use of the regular

reflexive sín, se, sec. Its place is now supplied by the personal pronouns, to which for the sake of emphasis, *self* is sometimes added. *Self*, in the nominative, takes both adjective declensions; in the oblique cases it follows the indefinite only. Self is also used as a demonstrative.

Possessives.

31. The genitives mín, þín, sín, úser (ure) eower, uncer, incer, are used as possessives, and are inflected thus:

1. Mín, *mine*.

	SINGULAR.			PLURAL.	
	Mas.	*Fem.*	*Neut.*	*M. F.*	*N.*
N.	mín	mín	mín	míne	minu (mine)
G.	mínes	mínre	mínes	mínra	mínra
D.	mínum	mínre	mínum	mínum	mínum
A.	mínne	míne	mín	míne	mínu (mine)
I.	míne	——	míne		

2. úser, *our*.

	SINGULAR.		
	Mas.	*Fem.*	*Neut.*
N.	úser (úre)	úser (úre)	same as mas.
G.	úseres (ússes, úres)	úserre (ússe, úrre)	same as mas
D.	úserum (ússum, úrum)	úserre (ússe, úrre)	same as mas
A.	úserne (úrne)	úsere (ússe, úre)	úser (úre)
I.	úsere (ússe, úre)	—— ——	same as mas.

PLURAL. N. A. úre; G. úrra (ússa); D. úrum.

NOTE. þín and sín are inflected like mín. User suffers assimilation of *r* to *s*, and then is contracted; cówer, uncer and incer are declined regularly according to the indefinite declension

GRAMMATICAL INTRODUCTION.

Demonstratives.

32. Two demonstrative pronouns are found in Anglo-Saxon, both of which are derived from the same root.

1. Se, seó, þæt, *the.*

	SINGULAR.			PLURAL.
	Mas.	*Fem.*	*Neut.*	*M. F. N.*
N.	se	seó	þæt	þá
G.	þæs	þǽre	þæs	þára (þæra)
D.	þam (þæm)	þǽre, (þa)	þam (þæm)	þám (þæm)
A.	þone (þæne)	þá	þæt	þá
I.	þý (þé)	—	þý (þé)	þam (þæm)

2. Þes, þeós, þis, *this.*

	SINGULAR.			PLURAL.
	Mas.	*Fem.*	*Neut.*	*M. F. N.*
N.	þes	þeós	þis	þás
G.	þises	þisse	þises	þissa
D.	þisum	þisse	þisum	þisum
A.	þisne	þas	þis	þás
I.	þys	—	þys (þeós)	þisum

NOTE 1. Se, seó, stand for þe, þeó: seó is retained in *she.* The genitive and dative singular of þeós, are contracted forms, contracted thus: þisere þisre; þisse by assimilation; in like manner, the genitive plural is contracted from þisera, þisra, þissa. Þæt and þis are found with pl. verbs; as, þæt wǽron ealle Finnas (p. 73, l. 2).

NOTE 2. We find in the adverb and preposition geond a relic of an old demonstrative. Compare German *jener.* Yon is still used as a demonstrative at the South; e. g., *yon house* for *that house.*

Relatives.

33. The demonstrative se, seó, þæt, and the indeclinable þe, are used as relative pronouns. Þe is also used in conjunction with se, seó, þæt, in all cases, thus:

GRAMMATICAL INTRODUCTION.

	SINGULAR			PLURAL
	Mas.	*Fem.*	*Neut.*	*M. F. N.*
N.	se þe (seþc)	seó þe	þæt þe, þætte	þá þe
G.	þæs þe	þǽre þe	þæs þe	þára þe
D.	þam þe	þǽre þe	þam þe	þám þe
A.	þone þe	þá þe	þæt þe, þætte	þá þe

NOTE 1. Þe is similarly used with the personal pronouns he, heó, hit, as þe his, *whose;* for se þe is found ðe þe, as De þe wille (p. 128, l. 8).

NOTE 2. Swá, retained in *who-so*, is also used as an indeclinable relative.

Interrogatives.

34. The interrogatives are hwá, *who,* hwæt, *what,* hwæðer, *which of two,* hwylc, *what sort of?* Hwæðer and hwylc follow the indefinite declension.

1. Hwá, hwæt.

SINGULAR.

	Mas. Fem.	*Neut.*
N.	hwá	hwæt
G.	hwæs	hwæs
D.	hwam (hwæm)	hwam (hwæm)
A.	hwone (hwæne)	hwæt
I.		hwý (hwe)

2. Hwæðer.

SINGULAR.

	Mas.	*Fem.*	*Neut.*
N.	hwæðer	hwæðer(u)	hwæðer
G.	hwæðeres	hwæðerre	hwæðeres
D.	hwæðerum	hwæðerre	hwæðerum
A.	hwæðerne	hwæðere	hwæðer

GRAMMATICAL INTRODUCTION. 19

PLURAL.
Mas. Fem.   *Neut.*
N.   hwæðere   hwæðeru
G.   hwæðerra   hwæðerra
D.   hwæðerum   hwæðerum
A.   hwæðere   hwæðeru

NOTE. Hwæðer is frequently contracted, as hwæðres for hwæðeres.

Indefinites.

35. The Indefinite Pronouns are án, *one, some one;* anra gehwylc, *every one;* oðer, *another;* sum, *a;* hit sume, *somewhat;* self and sylfa, intensive, like Latin, *ipse;* man, used as an indefinite subject, like German *man,* French *on;* wiht, *something;* ǽnig, nǽnig, manig, *any, none, many;* hwæt-hwægu, *somewhat;* hwæs-hugu, *some one's.* Here also belong compounds with swá, as, swa-hwá-swá, *whosoever;* swa-hwæt-swá, *whatsoever;* swa-hwylc-swá, *of what-sort-soever;* swa-hwæðer swá, *whichsoever of the two;* so also ge-hwá, ge-hwylc, ge-hwæðer, *some one, any one, either.*

NOTE 1. From the demonstrative swá and the adj. líc comes swylc, *such;* from the inst. þý and líc, þýlic, þylc, *this-like, such;* þus with líc forms þuslíc, *such;* with gerád, þusgerád, *of this sort;* á-ge forms compounds thus: with líc, ǽlc (ágelíc), *each one;* with hwylc, æghwylc, *whosoever;* with hwá, æghwá, *whosoever;* with hwæðer æghwæðer, *each.*

NOTE 2. Sum is used, (1) as an indefinite article; (2) as an indefinite pronoun; (3) with numerals.

NOTE 3. From the demonstratives and interrogatives a corresponding series of adverbs is formed, as þær, þæs, þá, þonne, þonan, *there, since, while, then, thence.*

VERBS.

36. Anglo-Saxon Verbs form only the Active Voice by inflection: the Passive Voice is formed by the auxiliary verbs beon, wesan and weorðan.

37. Four Modes are formed by inflection: the Indicative, which simply predicates; the Subjunctive, which predicates contingently, and in subordinate clauses; the Imperative, which commands; and the Infinitive, the substantive form of the verb. To the verb also belong Participles, present and past, and the gerund, or dative case of the infinitive.

38. But two Tenses are formed by inflection: the present, which is also used as a future; and the past, which is also used as a perfect. A future is also formed by sceal and wille with the infinitive; and a perfect and pluperfect, with hæbbe, hæfde, as at present.

39. There are two Numbers, Singular and Plural, the Dual being found only in the pronouns.

40. There are three Persons: first, second and third.

Conjugation of Verbs.

41. The Principal Parts of a Verb are the Present Infinitive, the first person singular of the Past tense (and in the Second Conjugation the first person plural also), and the Past Participle.

42. Verbs in Anglo-Saxon may be arranged in two Conjugations, according to the method of forming the Past tense.

43. The First Conjugation forms the past tense by adding ode (ede), de (te) to the present stem; and the

past participle by dropping final e from the past tense. This conjugation originally formed its past tense by the aid of the auxiliary *did*, as I lov-ed, I love-did.

44. The Second Conjugation forms the past tense by a change of the vowel of the present stem; the past participle ends in en. This conjugation originally formed its past tense by reduplication.

45. The second and third persons of the present indicative singular often suffer vowel change.

The vowels   e, eo   a   ea   eá   á   ó   eó   u   ú
change to   i   y   e   e (y)   é (ý)   æ   é   ý   y   ý

46. If a radical ending in t, d or ð, comes in immediate contact with st or ð (for est, eð), the following rules apply: After *t*, st stands but ð drops, as itst, it (for itð); *d* before st generally drops; before ð, both change to *t*, as rit for ridð; ð before st and ð drops, as cwist, for cwiðst and cwið for cwiðð; *st* before st drops, as birst for birstst, before ð rejects ð, as birst for birstð; *nd* before st or ð becomes nt, as stenst, stent, for standest, standð.

First Conjugation.

47. There are two Cases under the First Conjugation. The First forms the past tense by adding de to the present stem, with the connecting-vowel o, or e, or directly to the stem.

48. The Second Case forms its past tense by adding te to the present stem; it includes all verbs whose roots end in c, t, p, x. Verbs whose root ends in *c* change c to h, in the past tense, as tǽcan, tǽhte, *teach, taught.*

NOTE. Certain verbs, with a long radical syllable for é, take ó in the past tense, as, sécan, sóhte, to seek

Paradigms of Verbs.

49. Case I. Past Tense in de.

1 Lufian, *to love.* 2. Nerian, *to save.* 3. Hýran, *to hear.*

Principal Parts.

Inf. Pres.	*Past Tense.*	*Past Part.*
lufian	lufode	(ge)lufod
nerian	nerede	nered
hýran	hýrde	hýred

Indicative Mode.

Present Tense.

Singular.   *Plural.*

1. ic lufige nerie hýre   1, 2, 3. we, ge, hi, lufiað (lufige)
2. þu lufast nerest hýrest   neriað (nerie)
3. he lufað nereð hýreð   hýrað (hýre)

Past Tense.

1. ic lufode nerede hýrde   1, 2, 3. we, ge, hi, lufodon
2. þu lufodest neredest hýrdest   neredon
3. he lufode nerede hýrde   hýrdon

Subjunctive Mode.

Present Tense.

Singular.   *Plural.*

1, 2, 3. lufige nerie hýre   1, 2, 3. lufigen nerien hýren

Past Tense.

1, 2, 3. lufode nerede hýrde   1, 2, 3. lufoden nereden [hýrden

Imperative Mode.

lufa nerie hýr   lufiað neriað hýrað
                        lufige nerie hýre

Infinitive Mode.

Present.   *Gerund.*

lufian nerian hýran   to lufianne to nerianne to hýranne

GRAMMATICAL INTRODUCTION. 23

PARTICIPLES.
Present.   *Past.*

lufigende   neriende   hýrende   lufod   nered   hýred

NOTE 1. The first form given under the Indicative Present plural, and the Imperative plural is used when the pronominal subject precedes the verb, or is omitted; the second, when the pronoun immediately follows the verb.

NOTE 2. In the Indicative Present second person singular, o is sometimes found for a, as talost for talast. In the past tense, some verbs take *a* instead of *o*, as a connecting vowel.

NOTE 3. The Subjunctive plurals sometimes end in *on* or *an*.

NOTE 4. A periphrastic future tense is also formed with sceal or wille, with the infinitive; a perfect with hæbbe, and a pluperfect with hæfde and the past participle, as ic hæbbe gelufod, hæfde gelufod, I have loved, had loved.

NOTE 5. The intensive prefix ge is generally used with the past tense and past participle, but may be used with all the tenses.

50. The Preterite Verbs, cunnan, sculan and willan, are thus conjugated:

1. IND. *Pres.* Ic can, þú canst (cunne) he can; we cunnon; *Past.* Ic cúðe, þú cúðest, he cúðe; we cúðon. SUBJ. *Pres.* 1, 2, 3. cunne, cunnen; *Past.* 1, 2, 3. cúðe, cúðen (on). INF. cunnan. PART. (ge)cúð.

2. IND. *Pres.* Ic sceal, þú scealt, he sceal; we sculon (sceolon); *Past.* Ic sceolde (scolde), þú sceolde (scoldest), he sceolde (scolde), we sceoldon (scoldon). SUBJ. *Pres.* 1, 2, 3. Scyle (scule), scylen (sculen); *Past.* 1, 2, 3. Sceolde (scolde), sceolden). INF. Sculan.

3. IND. *Pres.* Ic wille (wile), þú wilt, he wille (wile), we willað; *Past.* Ic wolde, þú woldest, he wolde, we woldon. SUBJ. *Pres.* 1, 2, 3. wille (wile), willen (willan); *Past.* 1, 2, 3. wolde, wolden (on). INF. willan.

NOTE. Cúðe is for cunde. Like cunnan, conjugate also, unnan, ge-unnan, *to grant*, of-unnan, *to refuse.* Willan also has a negative form, nyllan, *to be unwilling. Ind. Pres.*, nelle, nelt, nele, nellað; *Past,* nolde, noldon; *Subj. Pres.*, nelle, nyllon.

51. The Irregular Verbs, dón, *to do*, gangan (gán), *to go*, búan, *to dwell*, are thus conjugated:

1. IND. *Pres.* Ic dó, þú dést, he déð (dó), we dóð; *Past.* Ic dide, þú didest, he dide, we didon. SUBJ. *Pres.* dó, dón; *Past.* dide, diden. IMPER. dó, dóð. INF. *Pres.* dón. *Ger.* to dónne. PART. *Pres.* (dónnde); *Past.* gedón.

2. IND. *Pres.* Ic gá (gange), þú gǽst, he gǽð (gá), we gáð (gangað); *Past.* ic eode (gengde), þú eodest (gengdest), he eode (gengde), we eodon (gengdon). SUBJ. *Pres.* gange, gangen; *Past.* eode, eoden. IMPER. gang (gá), gáð. INF. *Pres.* gangan (gán). *Ger.* to ganganne. PART. *Pres.* gangende; *Past.* (ge)gán (gegangen).

3. IND. *Pres.* Ic búe, þú býst, he býð (búe), we búað; *Past.* Ic búde, þú búdest, he búde, we búdon. SUBJ. *Pres.* bú, bún; *Past.* búde, búden. IMPER. bú, búað. INF. *Pres.* búan. *Ger.* to búanne. PART. *Pres.* búnde. *Past.* gebún.

CASE II. PAST TENSE IN TE.

52. This case includes all verbs forming the past tense in te.

1. Métan, *to meet.* 2. Bringan, *to bring.* 3. Reccan, *to relate.*

PRINCIPAL PARTS.

Pres. Inf.	Past Tense.	Past Part.
métan	métte	ge-mét
bringan	bróhte	(ge)broht
reccan	reahte (rehte)	(ge)reaht

GRAMMATICAL INTRODUCTION.

INDICATIVE MODE.

PRESENT TENSE.

Singular.
1. méte   bringe   recce
2. métest bringest reccest (récst)
3. méteð bringeð recceð (récð)

Plural.
1, 2, 3. métað
         bringað
         reccað

PAST TENSE.

1. métte bróhte   reahte
2. méttest bróhtest reahtest
3. métte bróhte   reahte

1, 2, 3. métton
         bróhton
         reahton

SUBJUNCTIVE MODE.

PRESENT TENSE.

1, 2, 3. méte bringe recce   1, 2, 3. méten bringen reccen

PAST TENSE.

1, 2, 3. métte bróhte reahte 1, 2, 3. métten bróhten reahten

IMPERATIVE MODE.

mét bring rece   métað (e) bringað (e) reccað (e)

INFINITIVE MODE.

Present.   *Gerund.*
métan bringan reccan   to métanne to bringanne to rec-
                                                    [cenne

PARTICIPLES.

Present.   *Past.*
métende bringende reccende   métte bróht reaht

NOTE. The Past tense often changes the vowel of the present, as e into ea, é into ó; sometimes i and y into o.

53. The Irregular Verbs, magan, *to be able*, motan (*must*), witan, *to know*, and ágan, *to own*, are thus conjugated:

1. IND. *Pres.* Ic mæg, þú meaht (miht), he mæg, we

magon; *Past.* ic meahte, þú meahtest, he meahte, we meahton. Subj.*Pres.* mæge, magen (mægen); *Past.* meahte, meahten. Inf. magan.

2. Ind.*Pres.* Ic mót, þú móst, he mót, we móton; *Past.* ic móste, þu móstest, he móste, we móston. Subj. *Pres.* móte, móten; *Past.* móste, mósten. Inf. mótan.

3. Ind.*Pres.* Ic wát, þú wást, he wát, we witon; *Past.* ic wiste, þú wistest, he wiste, we wiston. Subj. *Pres.* wite, witen (on); *Past.* wiste, wisten. Inf.*Pres.* witan. *Ger.* to witanne. Part.*Pres.* witende; *Past.* (ge)witen.

4. Ind.*Pres.* Ic áh, þú áge, he áh, we ágon; *Past.* ic áhte, þú áhtest (áhst), he áhte, we áhton. Subj *Pres.* áge, ágen; *Past.* áhte, áhten. Inf.*Pres.* ágan. *Ger.* to áganne. Part.*Pres.* ágende; *Past.* ágen.

Note. For meahte, etc., mihte, etc., is found; and for wiste, etc., wisse, etc. Witan is also conjugated negatively, nitan (nytan) *not to know.*

54. Here belong also the following verbs:

1. Durran, *to dare.* 2. Þurfan, *to need.* 3. Dugan, *to be good for.*

1. Ind. *Pres.* S. dear, dearst, dear. Pl. durron. *Past.* dorste, dorstest, dorste. Pl. dorston. Sub.*Pres.* S. durre. Pl. durren. *Past.* S. dorste. Pl. dorsten.

2. Ind.*Pres.* S. þearf, þearft (þurfe), þearf. Pl. þurfon. *Past.* S. þorfte, þorftest, þorfte. Pl. þorfton. Sub.*Pres.* S. þurfe. Pl. þurfen. *Past.* S. þorfte. Pl. þorften.

3. Ind.*Pres.* S. deáh, duge, deáh. Pl. dugon. *Past.* S. dóhte, dóhtest, dóhte. Pl. dóhton. Subj.*Pres.* S. duge. Pl. dugen (on). *Past.* S. dóhte. Pl. dóhten (on). Part.*Pres.* dugende.

Second Conjugation.

55. The Second Conjugation includes all those verbs which form the past tense by changing the vowel of the present. It is subdivided into six cases, classified according to the vowels found in the Past tense, singular and plural, and in the Past Participle. They may be fuither grouped into two groups: in the first three cases, the vowel in the Present Infinitive and Past Participle is the same, and the same *letter* is found in all the persons and numbers of the past tense (the third case lengthening the vowel in the plural); in the second group, including the last three cases, the vowel of the participle differs from the vowel of the infinitive, and the vowel in the second person singular and the entire plural of the past tense differs from the vowel in the first and third persons.

56. The following table presents the classification of the Verbs of this Conjugation, according to the vowels of the Principal Parts:

	Pres. Inf.	Past Tense. Singular.	Plural.	Past Part.
Case I.	——	eó (é)	eó (é)	as inf.
II.	a, ea	ó	ó	as inf.
III.	i, e	æ	ǽ	as inf. [o]
	[a	á	u]	
IV.	í	á	i	i
V.	i	a	u	u
VI.	A. eo [e i] B. eó [í ú]	A. ea B. eá	u	o

NOTE 1. The first case embraces the so-called reduplicative verbs.

NOTE 2. In the third case liquid roots quite generally take o in the participle.

NOTE 3. In place of æ, ǽ, of the third case, ea, éa, are sometimes found, as gifan, geaf, geáfon, gifen.

NOTE 4. The Participle in the sixth case sometimes takes short u in place of short o.

57. The following Paradigms exemplify the above six cases:

Paradigms.
First Group. Inf. and P. P. same Vowel.

1. Healdan, *to hold.* 2. Dragan, *to draw.* 3. Helan, *to hide.*

Principal Parts.

Pres. Inf.	healdan	dragan	helan
Past Sing.	heóld	dróh	hæl
Past Plu.	heóldon	drógon	hǽlon
Past Part.	healden	dragen	holen

Indicative Mode.
Present Tense.

Singular.   *Plural.*

1. healde	drage	hele	1, 2, 3.	healdað (healde)
2. hyltst	drægst	hilst		dragað (drage)
3. hylt (healt)	drægð	hilð		helað (hele)

Past Tense.

1. heóld	dróh	hæl	1, 2, 3,	heóldon
2. heólde	dróge	hǽle		drógon
3. heóld	dróh	hæl		hǽlon

Subjunctive Mode.
Present Tense.

1, 2, 3. healde drage hele   1, 2, 3. healden dragen helen

Past Tense.

1, 2, 3. heólde dróge hǽle   1, 2, 3. heólden drógen hǽlen

Imperative Mode.

heald   drag   hel   healdað (e)   dragað (e)   helað (e)

GRAMMATICAL INTRODUCTION.

INFINITIVE MODE.
Present.   *Gerund.*
healdan dragan helan   to healdanne to draganne to [helanne

Participles:
Present.   *Past.*
healdende dragende helende   (ge)healden dragen holen

58. SECOND GROUP. INF. AND P. P. DIFFERENT VOW.

4. Drífan, *to drive.*   5. Bindan, *to bind.*   6. Helpan, *to help.*

PRINCIPAL PARTS.

Pres. Inf.	drífan	bindan	helpan
Past Sing.	dráf	band	healp
Past Pl.	drifon	bundon	hulpon
Past Part.	drifen	bunden	holpen

INDICATIVE MODE.
PRESENT TENSE.
Singular.   *Plural.*
1. drífe   binde   helpe   1, 2, 3. drífað (e), bindað (e)
2. drífst   bindst   hilpst   helpað (e)
3. drífð   bint   hilpð

PAST TENSE.
1. dráf   band   healp   1, 2, 3. drifon, bundon, hulpon
2. drife   bunde   hulpe
3. dráf   band   healp

SUBJUNCTIVE MODE.
PRESENT TENSE.
1, 2, 3. drife binde helpe   1, 2, 3. drifen binden helpen

PAST TENSE.
1, 2, 3. drife bunde hulpe   1, 2, 3. drifen bunden hulpen

GRAMMATICAL INTRODUCTION.

IMPERATIVE MODE.
drif   bind   help   drifað (e)   bindað (e)   helpað (e)

INFINITIVE MODE.
Present.   *Gerund.*
drífan   bindan   helpan   to drífanne   to bindanne   to [helpanne

Participles.
Present.   *Past.*
drífende bindende helpende   (ge)drifen bunden holpen

NOTE 1. It will be observed that the vowel which is found in the plural of the Indicative Past, is also found in the second person singular of that tense, and throughout the Subjunctive Past.

NOTE 2. Verbs will be found under Case 1, which, owing to contraction, appear to be exceptions, as fón (for fangan), *past*, féng, *pp.*, fangen; so hón, for hangan.

NOTE 3. Verbs belonging under Case 2, beginning with sc, sometimes form the past in eó (what is called the breaking of the vowel), as scyppan (for scapan) takes in the past, either scóp or sceóp. Here also belong contracted verbs, like sleán for sleáhan. Some liquid roots also take o in the p. p., as swerian, p. p. ge sworen.

NOTE 4. Verbs under Case 3, with liquid roots, usually form the p. p. in o, but sometimes they also retain the vowel of the pres. inf., as helan, *to hide*, p. p. holen or helen; some other verbs also form the p. p. in o, as brecan, *to break*, p. p. brocen; æ sometimes shifts to ea, as gifan, geaf; cuman, *to come*, changes a, á, in the past tense, to o, ó, thus com, cómon, for cam, cámon — a change quite common in A.-S. before m and n. Niman, *to take* (neoman), takes numen in p. p.

NOTE 5. Case 4 includes verbs with long *í* in the present infinitive — for *ai*, as the past tense shows.

NOTE 6. Case 5 includes verbs with short *i* in the infinitive present, usually ending in a double liquid or a liquid and a mute.

NOTE 7. Case 6 closely resembles case 3; it includes verbs having eo, eó, in pres. inf., and others with e or i ending in a double liquid, or a liquid and a mute, which shift æ in the past tense to ea. Some verbs in cos change *s* to *r* in the p. pl. and p. p., as ceósan, ceás, curon, coren; so hreósan.

GRAMMATICAL INTRODUCTION. 31

NOTE 8. The following is Koch's classification:

I. REDUPLICATIVE VERBS.   II. OTHER STRONG VERBS.

	Inf.	Past.	P.P.	Inf.	Past S.	Pl.	P.P.
I.	a, ea	eo, é	a, ea	i, e, eo	a, ea, œ	u	u, o
II.	á	eo, é	á	i, e	a, æ	ǽ, ǿ	o
III.	ǽ	eo, é	ǽ	i. e	æ, a	ǽ	e
IV.	eá	eo	eá	a, ea	ó	ó	a, ea
V.	ó	eo, é	ó	í	á	i	i
VI.	é	eo	é	eo, u	eá	u	o

Conjugation of Beon, Wesan, Habban.

59. The verb *to be*, in Anglo-Saxon, is formed from four stems which, however, arise from two roots — compare Latin *sum, fui*. The forms from beon usually have a future force.

INDICATIVE MODE.

PRESENT TENSE.

Singular.   *Plural.*
1. eom beom (beo) hæbbe (habbe)   sind sindon beoð (beo)
2. eart bist   hæfst (hafast)   habbað (hafiað)
3. is   bið   hæfð (hafað)   (hæbbe, habbe)

PAST TENSE.

1. wæs   hæfde   wǽron   hæfdon
2. wǽre   hæfdest
3. wæs   hæfde

SUBJUNCTIVE MODE.

PRESENT TENSE.

1, 2, 3. beo, síe (sí, sig, seó)   1, 2, 3. beon, síen (sín)
         habbe (hæbbe)   habben, hæbben (habbon)

PAST TENSE.

1, 2, 3. wǽre   hæfde   wǽren (on)   hæfden

Imperative Mode.

beo wes hafa   beoð (beo) wesað (wese) habbað (e)

Infinitive Mode.
Present.   *Gerund.*
beon wesan habban to beonne to wesanne to habbanne

Participles.
Present.   *Past.*
beonde wesende habbende   (ge)wesen (ge)hæfed

Note 1. Eom is also inflected negatively, neom. Habban also takes a negative form, nabban.

Note 2. Weorðan, *to become*, is thus conjugated: *Ind. Pres.* weorðe, wyrst, wyrð; weorðað (e). *Past.* wearð, wurde, wearð; wurdon. *Subj. Pres.* weorðe; weorðen. *Past.* wurde; wurden. *Infin. Pres.* weorðan. *Ger.* to weorðanne. *Imper.* weorð, weorð-að (e). *Participles Pres.* weorðende. *Past.* geworden. This verb also forms: *factus est*, hafað geworden, wearð geworden; *factus erat*, wæs geworden.

60. Passive Voice.

The Passive is formed in Anglo-Saxon by the verb *to be* and the Past Participle. Ælfric, the grammarian, gives the Passive, thus:

Ind. *Pres.* Ic eom gelufod (amor)
      Past. Ic wæs gelufod (amabar)
      Perf. Ic wæs fulfremedlíce gelufod (amatus sum)
      Plup. Ic wæs gefyrn gelufod (amatus eram)
      Fut. Ic beo gelufod (amabor)
Subj. *Pres.* Eálá gif ic beo gelufod gyt (utinam amer)
      Past. Eálá gif ic wǽre gelufod (utinam amarer)
      Perf. Eálá gif ic wǽre fulfremedlice gelufod
                                 (utinam amatus essem)
Conj. *Pres.* Þonne ic eom nu gelufod (cum amer)
      Past. Þá þá ic wæs gelufod (cum amarer)
      Fut. Þonne ic beo gelufod gyt (cum amatus ero)

GRAMMATICAL INTRODUCTION. 35

IMPERAT. Si þú gelufod (amare)
INF. *Pres.* Beon gelufod (amari)
  Past. Gefyrn ic wolde þæt þú wǽre gelufod (olim volui te amatum esse)
  Fut. Ic wille beon gelufod (amatum iri volo)
  Ger. He is to lufiganne (amandus est ille)
PARTICIP. Se þe sceal beon gelufod (amandus).

List of Verbs for Practice.

61. We give below a list of Verbs, for practice in Conjugation, and to familiarize the reader in the vowel-changes:

First Conjugation.

CASE I. PAST TENSE IN ode, ede, de.

Pres. Inf.	Past Ind.	
ælan	ælde	to set on fire
andian	andode	to envy
ascian (axian)	ascode (axode)	to ask
behýdan	behydde	to hide
bletsian	bletsode	to bless
blindian	blindode (ade)	to blind
bodian	bodode	to announce
byrigan	byrigde	to taste
eglan	eglede	to ail
fægnian	fægnode	to rejoice
fréfrian	fréfrode	to console
fyllan	fylde	to fill
hingrian	hingrede	to hunger
lǽran	lǽrde	to teach
nemnan	nemde	to name
ontynan	ontynde	to open
secgan	sǽde	to say
wuldrian	wuldrode	to glorify
wyrigan	wyrigde	to curse

NOTE. The connecting vowel *o* is sometimes changed to *a*

62. Case 2. Past Tense in te.

Pres. Inf.	Past Ind.	
bétan	bétte	to amend
bringan	brohte (brang)	to bring
bycgan	bohte	to buy
ehtan	ehte	to persecute
fæstan	fæste	to fast
geneahlæcan	geneahlæhte	to draw near
onlihtan	onlihte	to light
récan	rohte	to reck
sécan	sohte	to seek
settan	sette	to place
syltan	sylte	to salt
tǽcan	tǽhte	to teach
wyrcan	worhte	to work
þyrstan	þyrste	to thirst

Second Conjugation.

63. Case 1. Past Tense in eó, é.

Inf.	Ind. Pres., 1.	3.	Past Tense.	Past Part.	
beátan	beáte	beáteð	beót	ge(beáten)	beat
cnáwan	cnáwe	cnæwð	cnéow	cnáwen	know
feallan	fealle	fylð	feóll	feallen	fall
grówan	grówe	gréwð	greów	grówen	grow
heáwan	heáwe	heáweð	heów	heówen	hew
hleápan	hleápe	hlypð	hleóp	hleápen	leap
swápan	swápe	swǽpð	sweóp	swápen	sweep
wealdan	wealde	wylt	weóld	wealden	wield
weaxan	weaxe	wyxð	weóx	weaxen	wax
wépan	wépe	wépð	weóp	wepen	weep
hangan	hange (hó)	hehð	héng	hangen	hang
hátan	háte	hǽt	héht (hét)	háten	command
lǽtan	lǽte	lǽt	lét	lǽten	let

Note. Here also belongs brǽdan, bréd (bræd), (pl., brédon. brudon), bréden (gebrǽd).

GRAMMATICAL INTRODUCTION.

CASE 2. PAST TENSE IN ó.

Inf.	Ind. Pres., 1.	3.	Past.	Past Part.	
faran	fare	færð	fór	(ge) faren	*fare*
↙galan	gale	gælð	gól	galen	*sing*
grafan	grafe	græfð	gróf	grafen	*grave*
↙hlihhan	hlihhe	hlihð	hlóh	hleahen	*laugh*
(hleahhan)			(pl. hlógon)	(hlægen)	
↙leahan	leahe	lehð	lóh (gon)	leahen (lægen)	*blame*
scacan	scace	scæcð	scóc	scacen	*shake*
			(sceóc)		
↙sceádan	sceáde	scyt	sceód	sceaden	*shade*
scyppan	scyppe	scypð	scóp	sceapen	*shape*
(sceapan)			(sceóp)		
sleán	sleá	slýhð	slóh	slegen	*slay*
(sleahan)			(pl. slógon)		
standan	stande	stent	stód	standen	*stand*
wacsan	wacse	wæxð	wósc	wæscen	*wash*

NOTE. Verbs beginning with *sc* sometimes divide the vowel o into eo (breaking) as above. Short a is sometimes replaced by short æ in the p. p., as dragan, dróg, drægen, *draw;* so also, hladan, hlód, hlæden, *lade;* wádan, wód, wæden, *wade.* Verbs, with short e, or i, also sometimes take a or æ in the p. p., as hebban, hóf, hafen, *heave;* steppan, stóp, stapen, *step;* so also hlihhan, and leahan, given above.

65. CASE 3. PAST TENSE. SING., æ. PL., ǽ.

Inf.	Ind. Pres., 1.	3.	Past.	Past Part.	
cnedan	cnede	cnit	cnæd	cneden	*knead*
↙drepan	drepe	dripð	dræp	drepen	*strike*
etan	ete	it (iteð)	æt	eten	*eat*
gifan	gife	gifð	geaf (æ, a)	gifen	*give*
↙lesan	lese	list	læs	lesen	*lease*
métan	méte	mit	mæt	meten	*mete*
↙swefan	swefe	swifð	swæf	swefen	*sleep*
sprecan	sprece	spricð	spræc	sprecen	*speak*
tredan	trede	trit	træd	treden	*tread*
↙wefan	wefe	wifð (eð)	wæf	wefen	*weave*
↙wesan	(wese	weseð)	wæs	ge wesen	*be*

Liquid Roots take P. P. in o.

Inf.	Ind. Pres., 1.	3.	Past.	Past Part.	
beran	bere	birð	bær	boren	*bear*
✓ cwellan	cwele	cwilð	cwæl	cwolen	*kill*
				(cwelen)	
✓ hélan	héle	helð	hæl	holen	*hide*
				(helen)	
✓ scéran	scére	scirð	scær (scear)	scoren	*shear*
stélan	stéle	stilð	stæl	stolen	*steal*
✓ teran	tere	tirð	tær	toren	*tear*

NOTE. We sometimes find æ resolved into ea, in the past tense, as in gifan, *give;* gitan, geat, geten, *get;* verbs in sc are particularly liable to this change, as sceran, scear, scoren; so also seón, seáh, gesewen, *see.* Short i, in the inf., often changes to short e in the p. p., as biddan, bæd, beden, *pray;* licgan, læg, legen, *lie;* sittan, sæt, seten, *sit;* þicgan, þeah (þáh) (pl., þægon, þigdon) þegen, *taste.* Wríhan, with í in the inf., is conjugated thus: wríhan, wreah (pl., wrǽgon), wrigen, *cover.* Brecan follows the analogy of liquid roots, and has brocen in the p. p. Niman, *take,* and cwiman (cuman), *come,* have a, á, (o, ó), in the past, and u in the p. p.

66. CASE 4. INF., í. PAST SING., á. PL., i. P. P., i.

Ind. Pres., 1.	3.	Past Sing.	Pl.	Past Part.	
bíde	bídeð	bád	bidon	biden	*bide*
bíte	bít (eð)	bát	biton	biten	*bite*
✓ blíce	blícð	blác	blicon	blicen	*shine*
cíde	cít	cád	cidon	ciden	*chide*
✓ dwíne	dwíneð	dwán	dwinon	dwinen	*dwindle*
✓ dríſe	dríſ (eð)	dráf	drifon	drifen	*drive*
✓ flíte	flít	flát	fliton	fliten	*contend*
✓ gíne	gínð	gán	ginon	ginen	*yawn*
glíde	glídeð	glád	glidon	gliden	*glide*
grípe	grípeð	gráp	gripon	gripen	*gripe*
✓ líðe	líð (eð)	láð	liðon	liðen	*sail*
ríde	rít	rád	ridon	riden	*ride*
rípe	rípeð	ráp	ripon	ripen	*reap*
scíne	scíneð	scán	scinon	scinen	*shine*

GRAMMATICAL INTRODUCTION. 37

Ind. Pres., 1, 3.		Past Sing.	Pl.	Past Part.	
slíde	slídeð	slád	slidon	sliden	*slide*
sníce	sníceð	snác	snicon	snicen	*sneak*
smíte	smíteð	smát	smiton	smiten	*smite*
✓ tíhe (teó)	tíhð	táh	tigon	tigen	*accuse*
write	wríteð	wrát	writon	writen	*write*

NOTE. Teóhan is also conjugated according to the sixth case: *past*, teáh, tugon; *pp.*, togen.

67. CASE 5. INF., i. PAST SING., a. PL., u. P. P., u.

Ind. Pres., 1, 3.		Past Sing.	Past Pl.	Past Part.	
✓ acwince	acwincð	acwanc	acwuncon	acwuncen	*quench*
bringe	bringð	brang	brungon	brungen	*bring*
✓ blinne	blinð	blan	blunnon	blunnen	*cease*
brinne	brinð	bran	brunnon	brunnen	*burn*
climbe	climbð	clamb	clumbon	clumben	*climb*
clinge	clingð	clang	clungon	clungen	*cling*
crince	crinceð	cranc	cruncon	cruncen	*cringe*
drince	drincð	dranc	druncon	druncen	*drink*
finde	fint	fand	fundon	funden	*find*
✓ frinc	frinð	fran	frunon	frunen	*ask*
grinde	grint	grand	grundon	grunden	*grind*
rinne	rinð	ran	runnon	runnen	*run*
singe	singð	sang	sungon	sungen	*sing*
spinne	spinð	span	spunnon	spunnen	*spin*
stince	stincð	stanc	stuncon	stuncen	*stink*
winde	wint	wand	wundon	wunden	*wind*
winne	winð	wan	wunnon	wunnen	*win*

NOTE. Some verbs, containing r, suffer metathesis: so byrnan, for brinnan; yrnan, arn, urnon, urnen, for rinnan, etc. Frinan takes also frignan and fregnan in the *pres. inf.;* frægn (frægn), frungon (frugnon), in the *past;* and frungen (frugnen), in the *pp*

68. Case 6. Past Sing., ea (eá). Pl., u. P. P., o.

A.

Ind. Pres., 1.	3.	Past Sing.	Past Pl.	Past Part.	
√ beorge	byrgð	bearg (h)	burgon	borgen	*guard*
ceorfe	cyrfð	cearf	curfon	corfen	*carve*
deorfe	dyrfð	dearf	durfon	dorfen	*suffer*
√ eorne	yrneð	earn	urnon	eornen	*run*
(yrne)		(arn)		(urnen)	
√ feohte	fyht	feaht	fuhton	fohten	*fight*
meorne	myrnð	mearn	murnon	mornen	*mourn*
speorne	spyrnð	spearn	spurnon	spurnen	*spurn*
steorfe	styrfð	stearf	sturfon	storfen	*starve*
belle	bilð	beal	bullon	bollen	*bellow*
delfe	dilfð	dealf	dulfon	dolfen	*delve*
helpe	hilpð	healp	hulpon	holpen	*help*
· √ melce	milcð	mealc	mulcon	molcen	*milk*
melte	milt	mealt	multon	molten	*melt*
swelte	swilt	swealt	swulton	swolten	*swelter*
√ gilde	gilt	geald	guldon	golden	*pay*
√ gille	gilð	geal	gullon	gollen	*yell*
√ gilpe	gilpð	gealp	gulpon	golpen	*boast*

B.

√ beóde	beódeð	beád	budon	boden	*bid*
	(byt)				
√ buge	bugeð	beáh	bugon	bogen	*bow*
(beóge)					
√ ceóse	ceóseð	ceás	curon	coren	*choose*
	(cysð)				
√ cneóde	cnyt	cneád	cnudon	cnoden	*knot*
√ dreóge	dreógeð	dreáh	drugon	drogen	*suffer*
	(dryhð)				
fleóhe	flyhð	fleáh	flugon	flogen	*flee*
freóse	fryst	freás	fruron	froren	*freeze*
√ geóte	gýt	geát	guton	goten	*pour out*
leóse	lyst	leás	luron	loren	*lose*

GRAMMATICAL INTRODUCTION. 39

Ind. Pres.,1.	3.	Past Sing.	Past Pl.	Past Part.	
✓ reóce	ryc̄ð	reác	rucon	rocen	*reek*
sceóte	scóteð (scýt)	sceát	scuton	scoten	*shoot*
✓ seúðe	seóðeð (sýð)	scáð	sudon	soden	*seethe*
smeóce	smycð	smeác	smucon	smocen	*smoke*
✓ teóhe	týhð	teáh	tugon	togen	*tug*
✓ dúfe	dýfð	deáf	dufon	dofen	*dive*
lúce	lycð	leác	lucon	locen	*lock*
lúte	lýt	leát	luton	loten	*lout*
scúfe	scyfð	sceáf	scufon	scofen	*shove*
súce	sycð	seác	sucon	socen	*suck*

NOTE. The exceptions under this case are, a for eá, in the past, and u for o, in the participle, as hlemman, hlam hlummon hlummen (hlommen), *to made a noise.*

68 (a) GENERAL NOTES ON THE VERB.

1. The original ending of the Ind. p. pl. was *un*; this weakened to *on* (*an*, § 3, n. 2). The original form is sometimes found, as hí eorþan águn (p. 49, l. 6), *they shall own the earth.*

2. The original ending of the subj. p. pl. was *an* (*on*, § 3, n. 2); as, ærþam ealle þing gewurðan (p. 50, l. 4), *before all things take place:* on is often found for *en*, as sóþlíce þonne ge fæston (p. 52, l. 30).

3. The pp. sometimes ends in *an*; as, hit wære begytan, (p. 67, l. 24), *it were procured.*

4. The pres. inf. sometimes ends in *on* for *an*.

SYNTAX.

69. The Anglo-Saxon syntax corresponds very closely with the Latin.

NOTE. The statement of familiar principles is omitted, (as that a verb must agree with its subject), and attention is mainly given to those uses of the genitive and dative cases of nouns, and of the subjunctive mode of verbs, which are not clearly recognized in modern English.

NOUNS.
Genitive Case.

70. A noun limiting the meaning of another noun is put in the genitive.

NOTE. This genitive may be subjective; as, Godes gife, *God's grace;* or objective; as, Godes egsa, *the fear of God.*

71. A noun added to another noun to express an attribute is put in the genitive.

NOTE. As: hwítes líchaman and fægeres andwlitan men;—lamb ánes geares. This genitive stands also in the predicate: his líchama wæs þæs ylcan gecyndes. Here also belong nouns denoting material.

72. Interrogative and indefinite pronouns denoting a part take a genitive of the whole.

NOTE. As: hwæt gódes do ic? hwylc manna? gumena æghwylc; ǽnig þæra engla.

73. Adjectives denoting plenty or want; also those denoting an operation of the mind, take the genitive.

NOTE. Here belong those denoting knowledge, ignorance, remembering, forgetting, desire, love, fear, sorrow, pride, shame, guilt, innocence, worth, merit, demerit, etc.

GRAMMATICAL INTRODUCTION.

74. A noun in the genitive may be added to an adjective to denote that in which the attribute inheres.

NOTE. As: módes milde; mǽgenes strang.

75. Cardinals, ordinals, and adjectives used partitively, are followed by the genitive.

NOTE. Here belong also indeclinables or neuters, denoting quantity or number, as má, fela, feá, lyt: — þæt eálond, is six míla micel; þu þæt fær gewyrc fíftiges wíd, þrittiges heáh, þreo hund lang, elngemeta; fela manna wat; þeáh hyra feá wǽron; þær byð wundra má.

76. Verbs denoting an operation of the mind; as, to fear, rejoice, be ashamed, boast, wonder, care for reck, rue, wish, yearn for, remember, tempt, enjoy; also those denoting rule or superiority, take the genitive.

77. Verbs denoting to need, want, be deprived of, cease, refuse, deny, miss, behove, take the genitive.

NOTE. Here also belong abídan, *to wait for;* æthrinan, *to touch;* hleahhan, *to laugh;* and on-fangan, *to receive*

78. Verbs of sharing and touch, and those affecting a part, are followed by the genitive.

79. Beón denoting possession takes a genitive of the possessor.

NOTE. As: heó and hire bearn sý þæs hláfordes.

80. Adverbs of place and quantity may take the genitive.

NOTE. As: æghwær corðan; ic gife him þæs leohtes genoh.

81. Prepositions denoting locative relations, as innan, utan, wið, may take the genitive.

NOTE. As: innan landes, oððe utan landes; þa gewendon hí wið þæs cildes.

Dative and Instrumental.

82. Nouns denoting cause, manner, means, instrument and accompanying circumstance, are put in the dative or instrumental.

NOTE. The dative case absorbed the instrumental, so that the syntax of both cases is given together.

83. Nouns denoting measure of difference, time when and place where, are put in the dative or instrumental.

NOTE. As: þæt torhte lond is twelfum herra folde fæðm-rímes; hér gefór Ælfred six nihtum ǽr ealra háligra mæssan. This construction sometimes takes the dative with a preposition, as hér on þisum geare; time when is sometimes put in the genitive.

84. Adjectives denoting nearness, likeness, comparison, plenty, want, pleasure, pain, trust, distrust, etc., may take the dative or instrumental.

NOTE. Full, wyrðe and scyldig, take a genitive, dative or instrumental, denoting guilty of, guilty towards, or guilty by.

85. The comparative degree may take a dative.

NOTE. The genitive is sometimes found; as, seðe is læssa on Godes ríce, se is his mára, Lk. 7, 28; but the construction of þonne with the nominative is more common; as, hú ne synt ge sélran þonne hig?

86. Verbs denoting to bid, say, command, wield, answer, praise, hear, obey, worship, serve, follow, give, show, appear, help, pity, honor, fear, respect, please, trust, etc., take the dative.

87. Verbs denoting nearness and likeness, take the dative.

88. Beón denoting possession, and verbs denoting to belong to, behove, befit, seem; also to need, to happen, take the dative.

89. Certain verbs take a reflexive dative; as, to take, go, fear, &c.; as, he him hámweard ferde.

90. Words used absolutely are put in the dative.

NOTE. As: þinra dura beloccnre. Sometimes the instrumental is used with the dative, as þisum þus gedóne.

Accusative Case.

91. Extent of time and space are put in the accusative.

NOTE. Sometimes in the dative, as above.

92. The accusative is used after verbs and adjectives to denote precisely the limit of their signification.

NOTE. This is an imitation of the Greek construction; as, græs ungréne.

93. Active verbs take an accusative of the direct object.

94. Verbs of motion take an accusative, denoting where the motion ends.

NOTE. As: hi noldon ðone reðan cwellere eft gecyrran, *they would not return to the cruel murderer.*

95. Intransitive verbs may take an accusative of cognate meaning.

NOTE. As: he lifde his líf; and cyninges þegnas oft ráde onridon: also, sometimes a dative; as, men libban þam life.

96. The subject of an infinitive is put in the accusative.

97. Impersonals of appetite or passion take an accusative of the person affected.

98. Verbs of naming, teaching, etc., take two accusatives, one denoting the person, and the other the thing.

99. Factitive verbs take two accusatives, both denoting the same person or thing.

100. The accusative is used with prepositions implying motion and extent.

Genitive and Dative.

101 Verbs of granting, refusing and thanking, take a dative of the person and genitive of the thing.

NOTE. The dative marks the person interested, and the genitive the aim or motive of the interest; as, ic feores þé unnan wille; ic þancige Gode and eow eallum þæs friðes.

Genitive and Accusative.

102. Verbs of asking, accusing, convicting, acquitting, depriving, reminding, and impersonals of feeling, take the accusative of the person and genitive of the thing.

NOTE. As: he hine bidde fultúmes; tyhð me untreowða, *he accuseth me of untruths;* hinc his ríces he benam; þæt he nanes þinges ne lyste. Impersonals of feeling sometimes take a dative of the person and a genitive of the cause of the feeling, as, Ða ofþuhte Gode mancynnes yrmða; him of-þuhte þæs slæpes.

Accusative and Dative.

103. Any verb, together with the accusative of the direct, may take a dative of the indirect object.

NOTE. Here belong all verbs which require a secondary object; as, to give, show, say, order, etc.

GRAMMATICAL INTRODUCTION. 45

VERBS.

Subjunctive Mode.

104. In principal sentences the subjunctive is used to make a contingent assertion.

NOTE. This uncertainty may incline on the one hand towards desire, on the other towards doubt.

105. In subordinate sentences the subjunctive mode is used —

(1). In substantive sentences.
(2). In conditional sentences.
(3). In relative sentences of general application.
(4). In temporal sentences with þonne, ǽr, oð, wið.
(5). In concessive sentences.
(6). In final sentences, expressing purpose.
(7). In consecutive sentences, to express a result.
(8). In comparative sentences indicating an imagined comparison.
(9). In indirect questions.

NOTE. As: þé is betere þæt án þínra lima forweorðe; gyf hwa slá (*strike*) þé; syle þam þe þé bidde; þonne þu fæste smyra þín heáfod; þeah þe he geóng sý; begymað þæt ge ne dón eówre rihtwísnesse beforan mannum; gif man sý dumb oððe deáf geboren, þæt he ne mǽge his synna geandettan; hér wæs se móna swilce he wǽre mid blóde begoten (*covered*); he acsode hwǽr Crist acenned wǽre.

106. In conditional sentences the present subjunctive in the protasis, denotes possibility; the past, impossibility of realization.

NOTE. The indicative proposes as real, the subjunctive as supposed.

PROSODY.

107. Anglo-Saxon verse is alliterative. Each verse is divided into two sections; and a perfect verse has three alliterative words — two in the first section, and one in the second. In reading, the alliterative words are to be marked by a stress of voice.

NOTE. The letter which begins the alliterative words is called the rime-letter; the one in the second section is called the chief letter, the others, sub-letters. For examples, see the poetic selections.

108. Perfect vowel alliteration requires the words to begin with different vowels.

NOTE. As: yfelne mid eldum, he wæs æghwæm láð. But sometimes we find the same vowel repeated; as —
    And hi ǽne on dæge æton symle.

109. Sometimes double alliteration is found, and occasionally final rhyme, as —
    Þara þe lyft and flód   lædað and fédað.
    Ne synn, ne sacu,   ne sár wracu.

SELECTIONS FOR READING.

THE SERMON ON THE MOUNT.
MATT. V—VII.

A.D. 995.]

Sóþlíce ðá se Hǽlend geséh ða menigu, he ástáh on ðone múnt; and ðá he sæt, ðá genealǽhton his leorning-cnihtas to him. And he ontýnde his múþ, and lǽrde hí, and cwæþ: Eadige synd ða gástlícan þearfan, forðam hyra ys heofena ríce. Eadige synd ða líþan, forðam ðe hí eorþan águn. Eadige synd ða ðe nú wépaþ, forðam ðe hí beoþ gefréfrede. Eadige synd ða ðe for rihtwís-nysse hingriaþ and þyrstaþ, forðam ðe hí beoþ gefyllede. Eadige synd ða míld-heortan, forðam ðe hí míld-heort-nysse begytaþ. Eadige synd ða clǽn-heortan, forðam ðe hí God geseoþ. Eadige synd ða gesybsuman, forðam ðe hí beoþ Godes bearn genemnede. Eadige synd ða ðe ehtnysse þoliaþ for rihtwísnysse, forðam ðe hyra ys heofonan ríce. Eadige synd ge, ðonne hí wyriaþ eow, and ehtaþ eow, and secgeaþ ǽlc yfel ongén eow leogende, for me; geblissiaþ and gefægniaþ, forðam ðe eower méd ys mycel on heofonum; swá hí ehton ða wítegan ðe beforan eow wǽron.

Ge synd eorþan sealt; gyf ðæt sealt áwyrþ, on ðam ðe hit gesylt biþ, hit ne mæg syððan to náhte, búton ðæt hit sý út-áworpen, and sý fram mannum fortreden. Ge synd middan-eardes leoht; ne mæg seó ceaster beon behýd ðe byþ uppan múnt áset; ne hí ne ǽlaþ hyra leoht-fæt, and hit under cyfe settaþ, ac ofer candel-stæf, ðæt hit onlihte eallum ðam ðe on ðam húse synd. Swá onlihte eower leoht beforan mannum, ðæt hí geseon eowre gódan weorc, and wuldrian cowerne fæder ðe on heofonum ys.

4

THE SERMON ON THE MOUNT.

Nelle ge wénan ðæt ic come towurpan ðaǽ, oððe ða wítegan; ne com ic ná towurpan, ac gefyllan. Sóþes on eornost ic secge eow, ǽrðam ðe gewíte heofon and eorþe, án i, oððe án prica, ne gewít fram ðære ǽ, ǽrðam ealle þing gewurðan. Eornostlíce se ðe towyrpþ án of ðysum læstum bebodum, and ða men swá lǽrþ, se byþ læst genemned on heofonan ríce; sóþlíce se ðe hit déþ, and lǽrþ, se biþ mycel genemned on heofonan ríce. Sóþlíce ic secge eow, búton eower rihtwísnys máre sý ðonne ðæra wrítera and Sundor-hálgena, ne gá ge on heofonan ríce.

Ge gehýrdon ðæt gecweden wæs on ealdum tídum, Ne ofsleh ðú; se ðe ofslihþ, se byþ dóme scyldig. Ic secge eow, sóþlíce ðæt ǽlc ðe yrsaþ hys bréðer, byþ dóme scyldig; sóþlíce, se ðe segþ hys bréðer, Ðú áwordena, he biþ geþeahte scyldig; se ðe segþ, Ðú stunta, se byþ scyldig helle fýres. Eornostlíce gyf ðú bringst ðíne lác to weofode, and ðú ðær geþencgst, ðæt ðín bróðor hæfþ ǽnig þing ágén ðé, lǽt ðær ðíne lác befóran ðam altáre, and gang ǽr and gesybsuma wið ðínne bróðer, and ðonne cum ðú syððan and bring ðíne lác. Beo ðú onbúgende ðínum wiðerwinnan hraðe, ða hwíle ðe ðú eart on wege mid him, ðe-læs ðe ðín wiðerwinna ðé sylle ðam déman, and se déma ðé sylle ðam þéne, and ðú sý on cwertern send. Sóþes ic secge ðé, Ne gǽst ðú ðanone, ǽr ðú ágylde ðone ýtemestan feorþling. . . . . .

Gyf ðín swýðre eage ðé áswície, áhola hit út, and áwurp hyt fram ðé; sóþlíce ðé ys betere, ðæt án ðínra lima forwurðe, ðonne eal ðín líchama sý on helle ásend. And gyf ðín swíðre hand ðé áswície, áceorf hí of, and áwurp hí fram ðé; wítodlíce ðé ys betere, ðæt án ðínra lima forwurðe, ðonne eal ðín líchama fare to helle.

Sóþlíce hit ys gecweden, Swá hwylc swá his wíf forlǽt, he sylle hyre hyra híw-gedáles bóc. Ic secge eow to sóþum, ðæt ǽlc ðe his wíf forlǽt, búton forlegenysse

þingum, he déþ ðæt heo unriht-hǽmþ, and se unriht-
hǽmþ, ðe forlǽtene æfter him genimþ.

Eft ge gehýrdon, ðæt gecweden wæs on ealdum cwy-
dum, Ne forswere ðú, sóþlíce Drihtne ðú ágyltst ðíne
áþas. Ic secge eow sóþlíce, ðæt ge eallunga ne swerion;
ne þurh heofon, forðam ðe heo ys Godes þrym-setl; Ne
þurh eorþan, forðam ðe heo ys hys fót-scamul; ne þurh
Hierusalem, forðam ðe heo ys mǽres cyninges cester;
Ne ðú ne swere þurh ðín heafod, forðam ðe ðú ne miht
ǽnne locc gedón hwítne, oððe blacne; Sóþlíce sý cower
sprǽc, Hyt ys, hyt ys; Hyt nys, hyt nys; sóþlíce gyf ðær
máre byþ, ðæt biþ of yfele.

Ge gehýrdon ðæt gecweden wæs, Eage for eage, and
tóþ for tóþ. Sóþlíce ic secge eow, ne winne ge ongén ða
ðe eow yfel dóþ; ac gyf hwá ðé slea on ðín swýðre
wenge, gegearwa him ðæt óðer; and ðam ðe wylle on
dóme wið ðé flítan, and niman ðíne tunecan, lǽt him tó
ðinne wæfels; and swá hwá swá ðé genýt þúsend stapa,
gá mid him óðre twá þúsend. Syle ðam ðe ðé bidde,
and ðam ðe [wylle] æt ðé borgian ne wyrn ðú him.

Ge gehýrdon ðæt gecweden wæs, Lufa ðínne nextan,
and hata ðínne feond. Sóþlíce ic secge eow, lufiaþ eowre
fýnd, and dóþ wel ðam ðe eow yfel dóþ, and gebiddaþ for
eowre ehteras, and tǽlendum eow; ðæt ge sýn eowres
fæder bearn ðe on heofonum ys, se ðe déþ ðæt his sunne
up-áspringþ ofer ða gódan and ofer ða yfelan, and he lǽt
rínan ofer ða rihtwísan and ofer ða unrihtwísan. Gyf ge
sóþlíce ða lufiaþ ðe eow lufiaþ, hwylce méde habbaþ ge?
hú ne dóþ mánfulle swá? And gyf ge ðæt án dóþ ðæt
ge eowre gebróðra wylcumiaþ, hwæt dó ge máre? hú
ne dóþ hǽðene swá? Eornostlíce beoþ fulfremede, swá
eower heofonlíca fæder is fulfremed.

Begýmaþ, ðæt ge ne dón eowre rihtwísnesse befóran
mannum, ðæt ge sýn geherede fram him, elles næbbe ge

méde mid eowrum fæder ðe on heofonum ys. Eornustlíce ðonne ðú ðíne ælmessan sylle, ne bláwe man býman beforan ðé, swá líceteras dóþ on gesomnungum and on wícum, ðæt hí sín ge-árwurþode fram mannum; sóþ ic secge eow, hí onféngon hyra méde. Sóþlíce ðonne ðú ðíne ælmessan dó, nyte ðín wynstre hwæt dó ðín swýðre: ðæt ðín ælmesse sý on díglum, and ðín fæder hit ágylt ðé, se ðe gesyhþ on díglum. And ðonne ge eow gebiddon, ne beo ge swylce líceteras, ða lufiaþ ðæt hig gebiddon hí standende on gesomnungum and stræta hyrnum, ðæt men hig geseon; sóþ ic secge eow, hí onfengon hyra méde. Ðú sóþlíce ðonne ðú ðé gebidde, gang into ðínum bed-clyfan, and ðínre dura belocenre, bidde ðínne fæder on díglum, and ðín fæder ðe gesyhþ on díglum, hyt ágylt ðé. Sóþlíce ðonne ge eow gebiddon nellon ge sprecan fela, swá swá hǽðene, hig wénaþ ðæt hí sín gehýrede on hyra menigfealdan sprǽce. Nellen ge eornostlíce him ge-efenlǽcan, sóþlíce eower fæder wát hwæt eow þearf ys, ǽrðam ðe ge hyne biddaþ. Eornustlíce gebiddaþ eów ðus: Fæder úre ðú ðe eart on heofonum, sí ðín nama gehálgod; to-becume ðín ríce; gewurðe ðín willa on eorþan swá swá on heofonum; úrne dæghwamlícan hláf syle us to-dæg; and forgyf us úre gyltas, swá swá we forgyfaþ úrum gyltendum; and ne gelǽd ðú us on costnunge, ac álýs us of yfele. Sóþlice. Wítodlíce gyf ge forgyfaþ mannum hyra synna, ðonne forgyfþ eower se heofonlíca fæder eow eowre gyltas. Gyf ge sóþlíce ne forgyfaþ mannum, ne cower fæder ne forgyfþ eow eowre synna.

Sóþlíce ðonne ge fæston, nellon ge wesan swylce lease-líceteras, hig fornymaþ hyra ansýna, ðæt hig ætéowun mannum fæstende; sóþlíce ic secge eow, ðæt hig onféngon hyra méde. Ðú sóþlíce ðonne ðú fæste, smýra ðín heafod, and þweah ðíne ansýne; ðæt ðú ne

THE SERMON ON THE MOUNT.

sý gesewen fram mannum fæstende, ac ðínum fæder ðe ys on díglum, and ðín fæder ðe gesyhþ on díglum, hyt ágylt ðé. Nellen ge gold-hordian eow gold-hordas on eorþan, ðær óm and moþþe hit fornimþ, and ðær þeofas hit delfaþ and forstelaþ; gold-hordiaþ eow sóþlíce gold-hordas on heofenan, ðær náðor óm ne moþþe hit ne fornimþ, and ðar þeofas hit ne delfaþ, ne ne forstelaþ. Wítodlíce ðær ðín gold-hord is, ðær is ðín heorte. Ðínes líchaman leohtfæt is ðín eage; gyf ðín eage biþ ánfeald, eall ðín líchama biþ beorht; gif ðín eage sóþlíce biþ mánfull, eall ðín líchama byþ þýsterfull. Eornustlíce gyf ðæt leoht ðe on ðé is synt þýstru, hú mycle beoþ ða þýstru?

Ne mæg nán man twám hláfordum þeowian, oððe he sóþlíce ǽnne hataþ, and óðerne lufaþ; oððe he biþ ánum gehýrsum, and óðrum ungehýrsum. Ne mágon ge Gode þeowian and woruldwelan. Forðam ic secge eow, ðæt ge ne sín ymbhýdige eowre sáwle, hwæt ge eton; ne eowrum líchaman, mid hwam ge sýn ymbscrýdde. Hú nys seó sáwl sélre ðonne mete, and eower líchama betera ðonne ðæt reáf? Behealdaþ heofonan fuglas, forðam ðe hig ne sáwaþ, ne hig ne rípaþ, ne hig ne gadriaþ on berne; and eower heofonlíca fæder hig fét. Hú ne synt ge sélran ðonne hig? Hwylc eower mæg sóþlíce geþencan ðæt he ge-eacnige áne elne to hys anlícnesse? And to hwí synt ge ymbhýdige be reáfe? Besceawiaþ æceres lílian, hú hig weaxaþ. Ne swincaþ hig, ne hig ne spinnaþ; Ic secge eow sóþlíce, ðæt furðon Salomon on eallum hys wuldre næs oferwrigen swá swá án of ðyson. Sóþlíce gyf æceres weod, ðæt ðe to-dæg is, and biþ to-morgén on ofen ásend, God scrýt, ealá ge gehwǽdes geleafan, ðam mycle má he scrýt eow? Nellen ge eornustlíce beon ymbhýdige, ðus cweðende, Hwæt ete we? oððe, Hwæt drince we? oððe. Mid hwam beo we oferwrogene? Sóþlíce ealle ðás þing þeoda sécaþ; witodlíce eower fæder wát ðæt ge ealra ðyssa þinga beþurfon. Eornustlíce sécaþ ǽrest Godes ríce and hys rihtwísnesse, and ealle ðás þing eow beoþ ðær-to ge-eac node. Ne beo ge ná hogiende ymb ða morgenlícan neode, sóþlíce se morgenlíca dæg caraþ ymb hyne sylfne; ǽghwylc dæg hæfþ genóh on hys ágenum ymbhogan.

Nellen ge déman, ðæt ge ne sýn fordémede; witodlíce ðam ylcan dóme ðe ge démaþ, eow biþ gedémed, and on ðam ylcan gemete ðe ge metaþ, eow byþ gemeten. To hwí gesihst ðú ðæt mot on ðínes bróðor eagan, and ðú ne gesyhst ðone beam on ðínum ágenum eagan? Oððe húmeta cwyst ðú to ðínum bréðer, Bróður, þafa ðæt ic út-ádó ðæt mot of ðínum eagan, ðonne se beam biþ on ðínum ágenum eagan? Lá ðú líccetere, ádó ǽrest út ðone beam of ðínum ágenum eagan, and beháwa ðonne ðæt ðú út-ádó ðæt mot of ðínes bróður eagan. Nellen ge syllan ðæt hálige húndum, ne ge ne wurpen eowre mere-grotu tofóran eowrum swýnon, ðe-læs hig mid hyra fótum hig fortredon, and hig ðonne ongean ge-wende eow toslýton. Biddaþ, and eow biþ geseald; sécaþ, and ge hit fíndaþ; cnuciaþ, and eow biþ ontýned. Witodlíce ǽlc ðæra ðe bit, he onfehþ; and se ðe sécþ, he hyt fínt; and ðam cnuciendum biþ ontýned. Hwylc man is of eow, gyf his sunu hyne bit hláfes, sylst ðú him stán? Oððe gyf he bytt fisces, sylst ðú him næd-dran? Eornustlíce nú ge, ðe yfele synt, cunnan góde sylena eowrum bearnum syllan, mycle má eower fæder ðe on heofenum ys syleþ gód ðam ðe hyne biddaþ? Eornustlíce ealle ða ðing, ðe ge wyllon ðæt men eow dón, dóþ ge him ðæt sylfe, ðæt ys sóþlíce ǽ and wítegena bebod.

Gangaþ inn þurh ðæt nearwe geat; forðon ðe ðæt geat is swíðe wíd, and se weg is swíðe rúm ðe to forspilled

THE SERMON ON THE MOUNT.

nesse gelǽt, and swýðe manega synt ðe þurh ðone weg faraþ. Ealá hú nearo and hú angsum is ðæt geat, and se weg, ðe to lífe gelǽdt, and swýðe feawa synt ðe ðone weg fíndon. Warniaþ eow fram leasum wítegum, ða cumaþ to eow on sceapa gegyrelum, ac hig beoþ innane reáfigende wulfas; fram hyra wæstmum ge hí undergytaþ. Cwyst ðú gaderaþ man wínberian of þornum, oððe fíc-æppla of þyrncinum? Swá ǽlc gód treow byrþ góde wæstmas; and ǽlc yfel treow byrþ yfele wæstmas. Ne mæg ðæt góde treow beran yfle wæstmas, ne ðæt yfele treow góde wæstmas. Ǽ'lc treow ðe ne byrþ gódne wæstm, sý hyt forcorfen, and on fýr áworpen. Wítodlíce be hyra wæstmum ge hig oncnáwaþ.

Ne gǽþ ǽlc ðæra on heofena ríce, ðe cwyþ to me, Drihten, Drihten; ac se ðe wyrcþ mínes fæder willan ðe on heofenum is, se gǽþ on heofena ríce. Manege cweðaþ on ðam dæge to me, Drihten, Drihten, hú ne wítegode we on ðínum naman, and on ðínum naman we út-áwurpon deoflu, and on ðínum naman we worhton mycle mihta? Ðonne cweðe ic to him, Ðæt ic ᴗ w næfre ne cúðe; gewítaþ fram me, ge ðe worhton unrihtwýsnesse. Eornustlíce ǽlc ðæra ðe ðás mine word gehýrþ, and ða wyrcþ, biþ gelíc ðam wísan were, se hys hús ofer stán getimbrode. Ðá com ðær rén, and mycele flód, and ðær bleowun windas, and áhruron on ðæt hús; and hyt ná ne feoll, sóþlíce hit wæs ofer stán getimbrod. And ǽlc ðæra ðe gehýrþ ðás míne word, and ða ne wyrcþ, se biþ gelíc ðam dysigan men, ðe getimbrode hys hús ofer sand-ceosel. Ðá rínde hit, and ðær comun flód, and bleowun windas, and áhruron on ðæt hús; and ðæt hús feoll, and hys hryre wæs mycel.

REIGN OF KING ALFRED.
FROM A.-S. CHRONICLE.

871. Þá feng Ælfred, Æðelwulfing, tó Westseaxna ríce, and þæs ymb ænne mónáð gefeaht Ælfred cyning wið ealne þone here lytle werede æt Wiltúne, and hine longe on dæg geflýmde, and þá Deniscan áhton wælstowe geweald. And þæs geáres wurdon nigen folcgefeoht gefohten wið þone here on þý cyneríce be súðan Temese, bútan þam þe him Ælfred, þæs cyninges bróðor, and ánlípige ealdormen and cyninges þegnas oft ráde onridon, þe man ná ne rímde. And þæs geáres wærun ofslegene nígon eorlas and án cyning, and þý geáre námon Westseaxe frið wið þone here.

872. Hér fór se here tó Lundenbyrig from Reádingum and þær wintersetl nam; and þá námon Myrce frið wið þone here.

873. Hér fór se here on Norðhymbre, and he nam wintersetl on Lindesse æt Turcesíge.

874. Hér fór se here from Lindesse tó Hreopedúne, and þær wintersetl nam, and þone cyning Burhréd ofer sæ ádræfdon ymb twá and twéntig wintra, þæs þe he ríce hæfde, and þæt land eall geeodon, and he fór tó Róme and þær gesæt. And þý ylcan geáre hie sealdon Ceólwulfe, ánum unwísum cyninges þegne, Myrcna ríce tó healdanne, and he him áðas swór and gíslas scalde, þæt hit him gearo wære, swá hwylce dæge swá hie hit habban woldon, and he gearo wære mid him selfum and on eallum þám, þe him læstan woldon tó þæs heres þearfe.

875. Hér fór se here from Hreopedúne, and Healf-

dene fôr mid sumum þam here on Norðanhymbre, and nam wintersetl be Tinan þære eá, and se here þæt lond geeode and oft hergode on Peohtas and on Strætclédwealas. And fôr Godrûn and O'scitel and Anwind, þá þrí cyningas of Hreopedûne tô Grantebrycge mid miclum here and sæton þær án geár. And þý sumere fôr Ælfred cyning ût on sæ mid sciphere and gefeaht wið seofon sciphlæstas and hiora án geféng and þá oðre geflýmde.

876. Hér hine bestæl se here and intô Werhám Westseaxna férde, and síððan wið þone here se cyning frið nam, and þá gíslas sealdon, þe on þam here weorðoste wæron, tô þam cyninge, and him þá áðas swóron on þam halgan beáge, þe hie ær nánre þeóde noldon, þæt hí hræðlíce of his ríce fóren; and hí þá under þam hí nihtes bestælon þære fyrde, se gehorsade here, intô Exanceastre, and þý ylcan geáre Healfdene Norðanhumbra land gedælde and ergende wæron and hiora tilgende.

877. Hér com se here intô Exanceastre from Werhám and se sciphere seglode west ymbútan; and þá gemétte hie micel ýst on sæ, and þær forwearð hundtwelftig scipa æt Swanawic. And se cyning Ælfred æfter þam gehorsodum here mid fyrde rád oð Exanceaster, and hí hindan ofrídan ne mealite, ær hie on þam fæstene wæron, þær him man tô ne meahte. And hie him þær fore gíslas sealdon, swá feala swá he habban wolde, and miccle áðas swóron, and þá gódne frið heóldon. And þá on hærfeste gefôr se here on Mercna lond and hit gedældoi. sum, and sum Ceólwulfe sealdon.

878. Hér hine bestæl se here on midne winter ofer twelftan niht tô Cyppanháme, and geridon Westseaxna lond, and gesæton, and micel þæs folces ofer sæ ádræfdon, and þæs oðres þone mæstan dæl hí geridon and him tô gecirdon, bútan þam cyninge Ælfrede, and he lytle weorode uneáðelíce æfter wudum fôr and on mórfæsten-

um. And þæs ylcan wintres wæs Ingwæres bróðor and Healfdenes on Westseaxum, on Défenascyre, mid twentigum scipum and þrim scipum, and hine man þær ofslóh and eahta hund manna mid, and feowertig manna his heres, and þær wæs se gúðfana genumen, þe hí hræfen héton. And þæs on Eástron worhte Ælfred cyning lytle weorude geworc æt Æðelinga-igge, and of þam geweorce wæs winnende wið þone here and Sumorsæten se dæl, se þær néhst wæs. Ðá on þære seofoðan wucan ofer Eástron he geráð tó Ecgbyrhtes-stánc be cástan Sealwuda, and him cómon þær ongean Sumorsæte ealle and Wilsæte and Hamtúnscire se dæl, þe hire beheonan sæ wæs, and his gefægene wærun. And he fór ymb áne niht of þám wicum tó Igleá, and þæs eft ymb áne niht tó Æðandúne, and þær gefeaht wið ealne þone here, and hine geflýmde, and him æfter rád oð þæt geweorc, and þær sæt feowertyne niht. Ðá sealde se here him gíslas and micele áðas, þæt hí of his ríce woldon, and him eác gehéton, þæt hiora cyning fulwihte onfón wolde, and hie þæt gelæston swá. And þæs ymb þreó wucan com se cyning tó him, Godrún, þrittiga sum þára manna, þe in þam here weorðuste wæron, æt Alre, þæt is wið Æðelinga igge, and his se cyning þær onféng æt fúlwihte, and his crismlýsing wæs æt Wetmór. And he þær wæs twelf niht mid þam cyninge, and he hine and his geféran mid miclum feo weorðode.

880. Hér fór se here of Cirenceastre on Eástengle, and gesæt þæt lond and gedælde, and þý ylcan geáre fór se here ofer sæ, þe ær on Fullanhomme sæt, on Froncland tó Gent and sæt þær án geár.

882. Hér fór se here úp andlang Mæse feor on Froncland, and þær sæt án geár. And þý ylcan geáre fór Ælfred cyning mid scipum út on sæ and gefeaht wið feower sciphlæstas Deniscra manna, and þára scipa twá genam.

and þá men ofslægene wæron þe þær on wæron. And twegen scipheras him on hand eodon, and þá wæron miclum forslægene and forwundode, ær hie on hand eodon.

885. Hér tódælde se foresprecena here on twá, óðer dæl eást, óðer dæl to Hrófesceastre, and ymbsæton þá ceastre, and worhton óðer fæsten ymbe hie selfe, and hí þeáh ceastre áweredon oððæt Ælfred cyning com útan mid fyrde. Þá eode se here tó hiora scipum and forlét þæt geweorc, and hí wurdon þær behorsode, and sóna þý ylcan sumere ofer sæ gewiton. And þy ylcan geáre sende Ælfred cyning sciphere on Eástengle. Sóna swá hie cómon on Stufe múðan, þá métton hie sixtýne scipu wicinga and wið þá gefuhton; and þá scipu eall geræhton, and þá men ofslógon. Þá hie þá hámweard wendon mid þære herehýðe, þá métton hí micelne sciphere wicinga, and þá wið þá gefuhton þý ylcan dæge, and þá Deniscan áhton sige; and þý ylcan geáre se here on Eástenglum bræc frið wið Ælfred cyning.

886. Þý geáre gesette Ælfred cyning Lundenburg, and him eall Angelcyn tó gecirde, þæt bútan Deniscra manna hæftnede wæs, and he þá befæste þá burh Æðelréde ealdormen tó healdanne.

893. Hér on þisum geáre fór se micela here, þe we gefyrn ymbe spræcon, eft of þam eástríce (Francna) westweard tó Bunnan, and þær wurdon gescipode, swá þæt hie ásetton him on ánne síð ofer mid horsum mid ealle; and þá cómon up Limine múðan mid twá hund scipa and fíftigum scipum. Se múða is on eástweardre Cent, æt þæs micelan wuda eástende, þe we Andred hátað. Se wudu is eástlang and westlang hundtwelftiges míla lang oððe lengra, and þrittiges míla brád. Seó eá, þe we ær ymbe spræcon, líð út of þam wealde. On þá eá hie tugon up hiora scipu oð þone weald feower míla fram þam múðan úteweardan, and þær ábræcon án geweorc inne

on þam fenne; sæton feáwa cirlisce men on, and wæs sám worht. Ðá sóna æfter þam com Hæsten mid hund eahtatigum scipa and worhte him geweorc át Middeltúne, and se oðer here æt Apuldre.

894. On þeós geáre, þæt wæs ymb twelf mónáð þæs þe hie on þam eástrice geweorc geworht hæfdon, Norðhymbre and Eástengle hæfdon Ælfrede cyninge áðas geseald, and Eástengle foregísla sex; and þeáh ofer þá treówa, swá oft swá þá oðre hergas mid ealle herige út fóron, þonne fóron hie oððe mid, oððe on heora healfe án Ðá gegadrode Ælfred cyning his fyrde, and fór, þæt he bewícode betwih þám twám hergum þær, þær he néhst rýmet hæfde for wudufæstenne and for wæterfæstenne, swá þæt he mihte ægðerne geræcan, gif hie ænigne feld sécan wolden. Ðá fóron hie síððan æfter þam wealde hlóðum and flocrádum be swá hwæðere efcse, swá hit þonne fyrdleás wæs, and hí man eác mid oðrum floccum sóhte mæstra daga ælce oððe on niht, ge of þære fyrde ge eác of þám burgum. Hæfde se cyning his fyrd on twá tónumen, swá þæt hí wæron symle healfe æt hám, healfe úte, bútan þám mannum, þe þá burh healdan sceoldon. Ne com se here oftor eall úte of þám sætum þonne tuwa; oðre síðe, þá hie ærest tó londe cómon, ær seó fyrd gesamnod wære, oðre síðe, þá hie of þám sætum faran woldon. Ðá hie geféngon micele herehyð, and þá woldon ferian norðweardes ofer Temese innan Eástseaxe, ongean þá scipu: þá forrád seó fyrd hie foran, and him wið gefeaht æt Fearnháme, and þone here geflýmde; and þá herehyðe áhreddon. And hi flugon ofer Temese butan ælcum forda, þá up be Colne on ánne iggað; þá besæt seó fyrd hie þær útan þá hwíle þe hie þær lengest mete hæfdon. Ac hí hæfdon þá hiora stemn gesetenne and hiora mete genotudne, and wæs se cyning þá þyderweardes on faere mid þære scíre þe mid him fyrdedon

Ðá he þá wæs þyderweardes, and seó oðre fyrd wæs hámweardes; þá Deniscan sæton þær behindan, for þam hiora cyning wæs gewundod on þam gefeohte, þæt hí hine ne mihton ferian: þá gegaderodon þá þe on Norðhymbrum búgeað and on Eástenglum sum hund scipa, and fóron súð ymbútan, and sum feowertig scipa norð ymbútan, and ymbsæton án geweorc on Défenascyre be norð þære sæ, and þá, þe súð ymbútan fóron, ymbsæton Eaxanceaster. Ðá se cyning þæt hýrde, þá wende he hine west wið Eaxanceastres mid eallre þære fyrde, bútan swíðe gewealdenum dæle cásteweardes þæs folces. Ðá fóron forð oð þe hie cómon tó Lundenbyrig, and þá mid þám burhwarum and þam fultume, þe him westan com, fóron eást tó Beámfleóte. Wæs Hæsten þá þær cumen mid his herge, þe ær æt Middeltúne sæt, and eác se micela here wæs þá þær tó cumen, þe ær on Limenemúðan sæt, æt Apuldre. Hæfde Hæsten ær geworht þæt geweorc æt Beámfleóte, and wæs þá út áfaren on hergáð, and wæs se micela here æt hám. Ða fóron hí tó and geflýmdon þone here and þæt geweorc ábræcon, and genámon eall þæt þær binnan wæs ge on feo, ge on wífum, ge eác on bearnum, and brohton eall in tó Lundenbyrig, and þá scipu ealle oððe tóbræcon oððe forbærndon, oððe tó Lundenbyrig brohton oððe tó Hrófesceastre. And Hæstenes wif and his sunu twegen man brohte tó þam cyninge; and he hí him eft ágeaf, forþam þe hiora wæs oðer his godsunu, oðer Æðelredes ealdormannes. Hæfdon hí hiora onfangen, ær Hæsten tó Beámfleóte cóme, and he him hæfde geseald gíslas and áðas, and se cyning him eác wel feoh sealde, and eác swá þá he þone cniht ágeaf and þæt wíf. Ac sóna swá hie tó Beámfleóte cómon, and þæt geweorc geworht wæs, swá hergode he on his ríce þone ylcan ende, þe Æðelréd, his cumpæder, healdan sceolde. And eft oðre síðe he wæs on hergáð

gelend on þæt ylce ríce, þá þá man his geweorc ábræc.
Ðá se cyning hine þá west wende mid þære fyrde wið
Eaxanceastres, swá ic ær sæde, and se here þá burh beseten hæfde: þa he þær tó gefaren wæs, þá eodon hie tó
hiora scipum. Ðá he þá wið þone here þær west ábysgod wæs, and þá hergas wæron þá gegaderode begen tó
Sceóbyrig on Eástseaxum, and þær geweorc worhton,
fóron begen æt gædere up be Temese, and him com
micel eáca tó ægðer ge Eástenglum ge of Norðhymbrum; fóron þá up be Temese, oð þæt hie gedidon æt
Sæferne. Ðá up be Sæferne þá gegaderode Æðelréd
ealdorman and Aðelm ealdorman and Æðelnóð ealdorman and þá cyninges þegnas þe þá æt hám æt þám geweorcum wæron, of ælcre byrig be eástan Pedredan,
ge be westan Sealwuda, ge be eástan ge eác be norðan
Temese, and be westan Sæferne, ge eác sum dæl þæs
norðwealcynnes; and þá hí þá ealle gegadrode wæron,
þá of-fóron hie þone here hindan æt Buttingtúne on
Sæfernstaðe, and hine þær útan besæton on ælce healfe
on ánum fæstenne. Ðá hie þá feala wucena sæton on
twá healfe þære eá, and se cyning wæs west on Défenum wið þone sciphere: þá wæron hie mid meteleáste
gewægde, and hæfdon micelne dæl þæra horsa freten,
and þá oðre wæron hungre ácwolen: Ðá eodon hie út tó
mannum þe on eásthealfe þære eá wicodon and him wið
gefuhton. And þá cristenan hæfdon sige, and þær
wearð Ordhelm, cyninges þegn, ofslægen, eác monige
oðre cyninges þegnas, and se dæl, þe þær áweg com,
wurdon on fleáme generede. Ðá hie on Eástseaxe
cómon tó hiora geweorce, þá gegadrode seó láf on Eastenglum and of Norðhymbrum micelne here onforan
winter, and befæston hiora wif and hiora scipu and hiora
feoh on Eástenglum and fóron ánstreces dæges and
nihtés, þæt hie gedidon on ánre westre ceastre, on Wir-

healum, seó is Légaceaster geháten. Ðá ne mihte seó fyrd hie ná hindan offaran, ær hie wæron inne on þam geweorce, besæton þeáh þæt geweorc útan sume twegen dagas, and genáman ceápes eall þæt þær bútan wæs, and þá men ofslógon, þe hie foran forrídan mihton bútan geweorce, and þæt corn eall forbærndon and mid hiora horsum fræton on ælcre efennehðe; and þæt wæs ymb twelf mónað þæs þe hie ær hider ofer sæ cómon.

895. And þá sóna æfter þam on þysum geáre fór se here of Wirheale innan Norðwealas, forþam hie þær sittan ne mihton, þæt wæs for þy þe hie wæron benumene ægðer ge þæs ceápes ge þæs cornes, þe hie gehergod hæfdon. Ðá hie þá eft út of Norðwealum wendon mid þære herehýðe þe hie þær genumen hæfdon; þá fóron hie ofer Norðhymbra land and Eástengla, swá swá seó fyrd hie geræcan ne mihte, oð þæt hie cómon on Eástseaxna land eásteweard on án ígland, þæt is úte on þære sæ, þæt is Meresíg háten. And swá se here eft hámweard wende, þe Eaxanceastre beseten hæfde, þá hergodon hie úp on Súðseaxum neáh Cisseceastre, and þa burhware hie geflýmdon and hiora manig hund ofslógon and hiora scipu sumu genámon. Ðá þy ylcan geáre onforan winter þá Deniscan, þe on Meresíge sæton, tugon ꞇeora scipu up on Temese, and þá up on Ligan; þæt wæs ymb twá gér þæs þe hie hider ofer sæ cómon.

896. On þý ylcan geáre worhte se foresprecena here geweorc be Ligan, twentig míla bufan Lundenbyrig. Ðá þæs on sumera fóron micel dæl þára burhwara and eác swá oðres folces, þæt hie gedidon æt þára Deniscena geweorce, and þær wurdon geflýmde, and sume feower cyninges þegnas ofslægene. Ðá þæs on hærfeste þá wícode se cyning on neáweste þære byrig þá hwile þe hie hiora corn geripon, þæt þá Deniscan him ne mihton þæs rípes forwyrnan. Ðá sume dæge rád se cyning up

be þære eá and geháwode, hwær man mihte þá eá toɪ-
wyrcan, þæt hie ne mihton þá scipu út brengan, and hie
þá swá didon, worhton þá twá geweorc on twá healfe
þære eás. Ðá hie þá þæt geweorc furðum ongunnen
hæfdon and þær tó gewicod hæfdon, þá ongeat se here,
þæt hie ne mihton þá scipu út brengan: þá forléton hí hí
and eodon ofer land, þæt hie gedidon æt Cwátbrycge be
Sæfern, and þær geweorc worhton. Ðá rád seó fyrd
westweard æfter þam herige, and þá men of Lunden-
byrig gefetedon þá scipu, and þá ealle, þe hie álædan ne
mihton, tóbræcon, and þá þe þær stælwyrðe wæron bin-
nan Lundenbyrig gebrohton. And þá Deniscan hæfdon
hiora wíf befæst innan Eástengle, ær hie út of þam ge-
weorce fóron; þá sæton hie þone winter æt Cwátbrycge,
þæt wæs ymb þreó gér þæs þe hie on Limene múðan
cómon hider ofer sæ.

897. Ðú þæs on sumera on þisum geáre, tófór se here,
sum on Eástengle, sum on Norðhymbre, and þá þe feoh-
leáse wæron him þær scipu begéton, and súð ofer sæ
fóron tó Sigene. Næfde se here, godes þances, Angel-
cyn ealles forswíðe gebrocod; ac hie wæron micele
swíðor gebrocode on þám þrim geárum mid ceápes
cwylde and manna, eallra swíðost mid þam þæt manige
þára sélestena cyninges þegena, þe þær on londe wæron,
forðférdon on þám þrim geárum; þára wæs sum Swiðulf,
biscop on Hrófesceastre, and Ceólmund ealdorman on
Cent, and Beorhtulf ealdorman on Eástseaxum, and
Wulfréd ealdorman on Hamtúnscyre, and Ealheard bis-
cop æt Dorceceastre, and Eádulf cyninges þegen on
Súðseaxum, and Beornwulf wicgeféra on Winteceastre,
and Ecgulf cyninges horsþegn, and monige eác mid
him, þeáh ic þá geþungnestan nemde. Þý ylcan geáre
drehton þá hergas on Eástenglum and Norðhymbrum
Westseaxna land swíðe be þam súðstæðe mid stælher-

gum; ealra swíðost mid þám æscum, þe hie feala geára
ær timbrodon. Ðá hét Ælfred cyning timbrian lange
scipu ongén þá æscas, þá wæron fulneáh twá swá lange
swá þá oðru; sume hæfdon sixtig ára, sume má; þá
wæron ægðer ge swiftran ge unwealtran ge eác hýran
þonne þá oðru; næron náðer ne on Frisisc gescæpene
ne on Denisc, bútan swá him selfum þuhte, þæt hie nyt-
wyrðoste beón meahton. Ðá æt sumum cyrre þæs ylcan
geáres cómon þær scipu six tó Wiht, and þær mycel yfel
gedidon ægðer ge on Défenum, ge wel hwær be þam
særíman. Ðá hét se cyning faran mid nigonum tó þára
niwena scipa, and forfaran him þone múðan foran on
úter mere; þá fóron hie mid þrim scipum út ongén hie,
and þreó stódon æt ufeweardum þam múðan on dry-
genum. Wæron þá men uppe on londe of agáne: þá
geféngon hie þára þreora scipa twá æt þam múðan úte-
weardum, and þá men ofslógon, and þæt án óðwand.
On þam wæron eác þá men ofslægene bútan fifum; þá
cómon for þý onweg, þé þára oðerra scipu ásæton: þá
wurdon eác swíðe uneáðelíce áseten. Þreó ásæton on
þá healfe þæs deópes, þe þá Deniscan scipu áseten wæron,
and þá oðru ealle on oðre healfe, þæt heora ne mihte nán
tó oðrum. Ac þá þæt wæter wæs æbbod feala furlanga
from þám scipum, þá eodon þá Deniscan from þám þrim
scipum tó þám oðrum þrim, þe on heora healfe beebbode
wæron, and hie þá gefuhton þær. Ðær wearð ofslægen
Lucumon cyninges geréfa, and Wulfheard Frisa, and
Æbbe Frisa, and Æþelhere Frisa, and Æðelferð cyning-
es geneát, and ealra manna Frisiscra and Engliscra
sixtig and twegen, and þára Deniscra hundtwelftig. Ðá
com þám Deniscum scipum þeáh ær flód tó, ær þá crist-
nan mihton heora út áscúfan, and hie for þý út óðreówon.
Ðá wæron hie tó þam gesárgode, þæt hie ne mihton
Súðseaxna land útan berówan; ac hiora þær twá sæ on

lond bedráf, and þá men man lædde tó Winteceastre tó
þam cyninge, and he hie þær áhón hét. And þá me⬤cóm-
on on Eástengle þe on þam ánum scipe wæron swíðe for-
wundode. Þý ylcan geare forwearð nó læs þonne twen-
tig scipa mid mannum mid ealle be þam súðríman.

901. Hér gefór Ælfred, Aðulfing, six nihtum ær
ealra háligra mæssan. Se wæs cyning ofer eall Angel-
cynn bútan þam dæle, þe under Dena onwealde wæs,
and heóld þæt ríce oðrum healfum læs þe þrittig wintra,
and þá féng Eádweard, his sunu, tó ríce.

Ac forhwon falleð se snáw,   foldan behýdeð,
Bewrihð wyrta cíð,   wæstmas getígeð,
Geðýð hí and geðreátað,   ðæt hí ðráge beoð
Cealde geclungen: ful oft he gecostað eác
Wildeóra worn,   wætum he oferhrægeð;
Gebryceð burga geátu,   bealdlíce fereð,
Reáfað swíðor mycle,   þonne se swíðra nið
Se hine gelædeð   on ða laðan wic,
Mid ðám fǽcnan   feónde tó willan?
    Lytle hwíle   leáf béoð gréne,
    Þonne hí eft fealewiað   feallað on eorðan.
    And forweorniað,   weorðað to duste:
    Swá þonne gefeallað   þa þe firena ǽr
    Lange læstað,   lifiað him in máne;
    Hýdað heáhgestreón,   healdað georne
    On fæstenne,   feóndum tó willan;
    And wénað wanhogan   þæt hí wile wuldorcyning
    Ælmihtig God   éce gehýran.

CHARACTER OF WILLIAM, THE CONQUEROR.
FROM A.-S. CHRONICLE.

1087. Æfter ure Drihtnes Hǽlendes Cristes gebyrtíde an þúsend wintra and seofan and hundeahtatig wintra, on þám án and twentigan geare, þæs þe Willelm weolde and stihte Engleland, swá him God uðe, gewearð swíðe hefelíc and swíðe wólbérendlíc gear on þissum lande. Swylc coðe com on mannum, þæt fullneah æfre þe oðer man wearð on þám wyrrestan yfele, þæt is on þám drife, and þæt swá stranglíce, þæt manige men swulton on þam yfele. Syððan com þurh þa mycclan ungewiderunge, þe comon swá we befóran tealdon, swíðe mycel hunger ofer eall Engleland, þæt manig hundred manna earmlíce deáðe swulton þurh þone hunger. Eala, hú earmlíce and hú hreówlic tíd wæs þá. Ða þa wreccæ men lægen fordrifene fullneah to deáðe, and siððan com se scearpa hungor and adyde hi mid ealle. Hwám ne mæg earmian swylcere tíde? Oððe hwá is swá heard-heort þæt ne mæg wépan swylces ungelimpes? Ac swylce þing gewurðað for folces synna, þæt hi nellað lufian God and rihtwísnesse; swá swá hit wæs on þam dagum, þæt litel rihtwísnesse wæs on þisum lande mid ænige men, búton mid munecan áne, þær þær hi wel ferdon.

Se cyng and þa heafod men lufedon swíðe and ofer swíðe gitsunge on golde and on seolfre, and ne róhtan hú synlíce hit wære begytan, búton hit come to heom. Se cyng sealde his land swá deóre to male swá heo deórest mihte; þonne com sum oðer and beade máre þonne þe oðer ær sealde, and se cyng hit let þam men þe him máre beád; þonne com se þridde, and beád gét máre,

and se cyng hit let þám men to handa þe him ealra mǽst
beád, and ne róhte ná hú swíðe synlíce þa gerefan hit be-
geatan óf earme mannum, ne hú manige unlaga hi dy-
don. Ac swá man swýðor spæc embe rihte lage, swá man
dyde máre unlaga. Hi arerdon unrihte tóllas, and man-
ige oðre unriht hi dydan þe sindon éarfoþe to areccenne.

Eác on þám ilcan geare, ætfóran hærfeste, forbarn þæt
hálige mynster Sancte Paule, þe biscopstóle on Lundene,
and manige oðre mynstres, and þæt mǽste dǽl and þæt
rotteste eal þære burh. Swylce eác, on þám ilcan tíman,
forbarn fullneah ælc heáfod port on eallum Englelande.
Eala hreówlíc and wépendlíc tíd wæs þæs geares, þe swá
manig ungelimp wæs forðbringende!

Eác, on þám ilcan geare, tofóran Assumptio Sancte
Marie, fór Willelm cyng of Normandige into France
mid fyrde, and hergode uppan his ágenne hláford, Phil-
ippe þám cynge, and slóh of his mannum mycelne dǽl,
and forbærnde þa burh Maþante, and ealle þa hálige myn-
stres þe wæron innan þære burh, and twegen hálige men,
þe hýrsumodon Gode on ancer-settle wuniende, þær
wæron forbærnde. Ðissum þus gedóne, se cyng Wil-
lelm cérde ongean to Normandige. Hreówlíc þing he
dyde, and hreówlícor him gelamp. Hú hreówlicor?
Him geyfelade and him stranglíce églade. Hwæt mæg
ic tellan? Se scearpa deáð, þe ne forlét ne ríce men ne
heane, se hine genam. He swealt on Normandige, on
þone nextan dæg after Nativitas Sancte Marie, and man
bebyrgede hine on Caþum, æt Sancte Stephanes mynstre;
ǽrer he hit arǽde, and siððan manifealdlíce gegódade.
Eala, hú leas, and hú unwrest is þisses middaneardes
wela! Se þe wæs ǽrer ríce cyng, and maniges landes
hláford, he næfde þa ealles landes búton seofon fót mǽl
and se þe wæs hwílum gescrýd mid golde and mid gim
mum, he læg þa oferwrogen mid moldan!

CHARACTER OF WILLIAM, THE CONQUEROR. 69

He læfde æfter him þreó sunan, Rodbeard hét se yldesta, se wæs eorl on Normandige æfter him. Se óðer hét Willelm, þe bǽr æfter him on Engleland þone cinehelm. Se þridda hét Heanric, þám se fæder becwǽð gersuman unateallendlíce.

Gif hwá gewilnigeð to gewítanne hú gedón man he was, oððe hwilcne wurðscipe he hæfde, oððe hú fela lande he wære hláford, þonne wille we be him awritan swá swá we hine ageaton, þe him on lócodan, and oðre hwíle on his hírede wunedon.

Se cyng Willelm, þe we embe sprécað wæs swíðe wís man, and swíðe ríce, and wurðfulre and strengere þonne ǽnig his foregenga wære. He wæs milde þám gódum mannum þe God lufedon, and ofer eall gemett stearc þám mannum þe wiðcwǽdon his willan. On þám ilcan stede þe God him geuðe þæt he móste Engleland gegán, he arerde mǽre mynster, and munecas þær gesætte, þæt hit wel gegódade. On his dagum wæs þæt mǽre mynster on Cantwarbyrig getimbrod, and eác swíðe manig óðer ofer eall Engleland. Eác þis land wæs swíðe afylled mid munecan, and þa leofodan heora líf æfter Sanctus Benedictus regule, and se Cristendóm wæs swilc on his dæge þæt ælc man hwæt his háde to belumpe folgode, se þe wolde. Eác he was swíðe wurðful; þriwa he bǽr his cinehelm ælce geare, swá oft swá he wæs on Engleland. On Eastron he hine bǽr on Winceastre; on Pentecosten on Westmynstre; on midewintre on Gleaweceastre; and þænne wæron mid him ealle þa ríce men ofer eall Engleland, arcebiscopas, and leódbiscopas, abbodas, and eorlas, þegnas and cnihtas.

Swilce he wæs eác swíðe stearc man and ræðe, swá þæt man ne dorste nán þing ongean his willan dón. He hæfde eorlas on his bendum þe dydan ongean his willan. Biscopas he sætte of heora biscopríce, and abbodas of heora abbodríce, and þegnas on cweartern, and æt nextan he ne spárode his ágene broðor, Odo hét. He wæs swíðe ríce biscop on Normandige; on Baius wæs his biscopstól, and wæs manna fyrmest to eácan þám cynge, and he hæfde eorldóm on Engleland; and þonne se cyng wæs on Normandige, þonne wæs he mægeste on þisum lande; and hine he sætte on cweartern.

Betwyx oðrum þingum nis ná to forgytanne þæt góde friðe þe he macode on þisum lande, swá þæt án man, þe hir self aht wære, miht faran ofer his ríce mid his bósum full goldes ungedered; and nán man ne dorste sleán oðerne man, næfde he næfre swá mycel yfel gedón wið þone oðerne. He rixode ofer Engleland, and hit mid his geapscipe swá þurhsmeade, þæt næs án híd landes innan Englelande þæt he nyste hwá heo hæfde, óððe hwæs heo wurð wæs, and sýððan on his gewrit gesæt. Brytland him wæs on gewealde, and he þærinne casteles gewrohte, and þæt mancyn mid ealle gewealde. Swilce eác Scotland he him underþéodde for his mycle strengþe. Normandige þæt land wæs his gecynde, and ofer þone eorldóm þe Mans is geháten, he rixode; and gif he móste þa gýt twá gear libban, he hæfde Yrlande mid his werscipe gewunnon, and wiðútan ælcum wæpnum.

Wítodlíce on his tíman hæfdon men mycel geswinc and swíðe manige teónan. Castelas he lét wyrcean, and earme men swíðe swencean. Se cyng wæs swá swíðe stearc, and benam of his underþeóddum manig marc goldes, and má hundred punda seolfres, þæt he nam be wihte, and mid mycelan unrihte of his landleóde for littelre neóde. He wæs on gitsunge befeallan, and grædinesse he lufode mid ealle. He sætte mycel deór frið, and he lægde laga þærwið, þæt swá hwá swá slóge heort oððe hinde, þæt hine man sceolde blendian. He forbeád þa heortas, swylce eác þa báras; swá swíðe he lufode þa

headeór swilce he wære heora fæder. Eâc he sætte be
þám haran þæt hi mosten freó faran. His ríce men hit
mǽndon, and þa earme men hit beceorodan. Ac he wæs
swá stíð þæt he ne róhte heora ealra níð; ac hi móston
mid ealle þes cynges wille folgian gif hi woldon libban,
oððe land habban, oððe eahta, oððe wel his seht. Wálá,
wá þæt ænig man sceolde módigan swá, hine sylf up
ahebban, and ofer ealle men tellan! Se ælmihtiga God
cýðe his sáwle mildheortnesse, and dó him his synna for-
gifenesse. Ðás þing we habbað be him gewritene, æg-
ðer ge góde ge yfele, þæt þa gódan men niman æfter
heora gódnesse, and forfleon mid ealle yfelnesse, and
gán on þone weg þe us lǽdeð to heofonan rice.

Æfter his deáðe, his sunu, Willelm hét eallswá þe
fæder, feng to þám ríce, and wearð gebletsode to cynge
fram Landfrance, arcebiscop, on Westmynstre, þrim da-
gum ǽr Michæles Mæssedæg, and ealle þa men on En-
glelande him to abúgon, and him áðas swóron. Ðísum
þus gedóne, se cyng ferde to Winceastre and sceawode
þæt madmehús and þa gersuman þe his fæder ǽr gegade-
rode; Ða wǽron unasecgendlíce ǽnige men hú mycel
þær wæs gegaderod, on golde, and on seolfre, and on fa-
tum, and on pællum and on gimmum, and on manige
oðre deórwurðe þingum, þe earfoðe sindon to ateallanne.
Se cyng dyde þa swá his fæder him bebeád ǽr he deád
wǽre; dǽlde þa gersuman for his fæder sáwle to ælcum
mynstre þe wæs innan Englelande, — to sumum mynstre
ten marc goldes, to sumum six, to ælcum cyrican uppe
land sixtig penegas, and into ælcere scíre man seonde
hundred punda feós to dǽlanne earme mannum, for his
sáwle; and ǽr he forðferde, he beád þæt man sceolde un-
lesan ealle þa men þe on hæftnunge wǽron under his
anwealde.

NARRATIVES OF OHTHERE AND WULFSTAN.

FROM KING ALFRED'S OROSIUS.

[A.D. 887?]

Ohthere sǽde his hláforde Ælfrede cyninge, þæt he ealra Norðmanna norðmest búde. He cwǽð þæt he búde on þam lande norðweardum wið þa West-sǽ; he sǽde þeah þæt þæt land sý swýðe lang norð þanon, ac hit is eall weste, búton on feawum stowum sticcemælum wiciað Finnas, on huntaðe on wintra, and on sumera on fiscoðe be þære sǽ. He sǽde þæt he æt sumum cyrre wolde fandian, hú lange þæt land norð-rihte lǽge, oððe hwæþer ǽnig man be norðan þam westene búde; þa fór he norð-rihte be þam lande, let him ealne weg þæt weste land on þæt steórbórd, and þa wíd-sǽ on bæcbórd, þrý dagas: þa wæs he swá feor norð swá ða hwæl-huntan fyrrest farað. Þa fór he þa-gyt norð-ryhte swá feor swá he mihte on þám oðrum þrim dagum geseglian; þa beáh þæt land þær easte-ryhte, oððe seó sǽ in on þæt land, he nyste hwæþer, búton he wiste þæt he þær bád westan windes, oððe hwón norðan, and seglede þanon east be lande, swá swá he mihte on feower dagum geseglian; þa sceolde he bídan ryhte norðan windes, forðan þæt land þær beáh súð-rihte, oððe seó sǽ in on þæt land, he nyste hwæþer þa seglede he þanon suð-rihte be lande, swá swá he mihte on fíf dagum geseglian. Ða læg þær án mycel eá up in þæt land; þa cyrdon hý up in on ða eá, forðam hý ne dorston forð be þære eá seglian for unfriðe, forþam þæt land wæs eall gebún on oðre healfe þære eá. Ne mette he ǽr nán gebún land syððan he fram his ágnum háme fór; ac him wæs ealne weg weste land on þæt steórbórd, bútan fisceran and fugeleran and huntan; and þæt wæron ealle Finnas, and him wæs á wíd-sǽ on þæt bæcbórd.

Ða Beormas hæfdon swíðe well gebún hyra land, ac hi ne dorston þær-on cuman; ac ðára Terfinna land wæs eall weste, bútan þær huntan gewicodon, oððe fisceras, oððe fugeleras. Fela spella him sǽdon þa Beormas ægðer ge of hyra ágenum lande ge of þam landum þe ymb hy útan wǽron; ac he nyste hwæt þæs sóðes wæs, forþam he hit sylf ne geseáh. Þa Finnas, him þúhte, and þa Beormas sprǽcon neah án geðeóde.

Swíðost he fór ðyder, to-eácan þæs landes sceawunge, for þam hors-hwælum, forþam hi habbað swýðc æðele bán on hyra tóðum. Þa téð hy bróhton sume þam cyninge; and hyra hýd bið swiðe gód to scip-rápum. Se hwæl bið micle læssa þonne oðre hwalas, ne bið he lengra þonne syfan elna lang. Ac on his ágnum lande is se betsta hwæl-huntað; þa beóð eahta and feowertiges elna lange, and þa mǽstan fiftiges elna lange; þára he sǽde þæt he syxa sum ofslóge syxtig on twám dagum. He wæs swíðe spedig man on þám æhtum þe heora speda on beóð, þæt is, on wildeórum: he hæfde þa-gyt, þa he þone cyning sohte, tamra deóra unbebohtra syx hund. Ða deór hi hatað hránas, þára wǽron syx stæl-hránas; þa beóð swýðe dýre mid Finnum, forþam hy fóð þa wildan hránas mid. He wæs mid þám fyrstum mannum on þam lande, næfde he þeah má þonne twentig hryðera, and twentig sceápa, and twentig swýna; and þæt lytle þæt he erede he erede mid horsum; ac hyra ár is mǽst on þam gafole þe ða Finnas him gyldað, þæt gafol bið on deóra fellum, and on fugela feðerum, and hwæles báne, and on þám scip-rápum þe beóð of hwæles hýde geworht, and of seoles. Æghwilc gylt be his gebyrdum; se byrdesta sceal gildan fiftyne mearðes fell, and fíf hránes, and án beran fell, and tyn ambra feðra, and berenne kyrtel, oððe yterenne, and twégen scip-rápas, ægþer sý syxtig elna lang, oþer sý of hwæles hýde geworht, oðer of seoles.

He sǽde þæt Norðmanna land wǽre swýðe lang and swíðe smæl. Eall þæt his man aþer oððe ettan oððe erian mæg, þæt lið wið þa sǽ, and þæt is þeah on sumum stowum swýðe clúdig, and licgað wílde móras wið eastan, and wið uppon emnlange þam bynum lande. On þám mórum eardiað Finnas. And þæt byne land is easteweard brádost, and symle swá norðor swá smælre: easteweard hit mǽg beón syxtig míla brád, oððe hwene briédre, and middeweard þritig oððe brádre; and norðeweard, he cwǽð, þær hit smalost wære, þæt hit mihte beón þreóra míla brád to þam móre, and se mór syðpan on sumum stowum swá brád swá man mǽg on twám wucum oferferan; and on sumum stowum swá brád swá man mǽg on syx dagum oferferan.

Ðonne is to-emnes þam lande súðeweardum on oðre healfe þæs móres Sweoland, oþ þæt land norðweard, and to-emnes þam lande norðeweardum, Cwenaland. Ða Cwenas hergiað hwílum on þá Norðmen ofer þone mór, hwílum þá Norðmen on hy. And þær sind swíðe micle meras fersce geond þa móras; and berað þa Cwenas hyra scypu ofer land on þa meras, and þanon hergiað on þa Norðmen. Hy habbað swýðe lytle scipa, and swíðe leohte.

Ohthere sǽde þæt seó scír hatte Halgoland, þe he on búde. He cwǽð þæt nán man ne búde be norðan him. Ðonne is án port on súðeweardum þam lande, þone man hǽt Sciringes-heal; þyder he cwǽð þæt man ne mihte geseglian on ánum mónðe, gyf man on niht wicode, and ælce dæge hæfde ambyrne wind. And ealle þa hwíle he sceal seglian be lande; and on þæt steórbórd, him bið ǽrest Isaland, and þonne þa igland þe synd betwux Isalande and þissum lande. Ðonne is þis land oð he cymð to Sciringes-heale, and ealne weg on þæt bæcbórd Norðwege. Wið súðan þone Sciringes-heal fylð swýðe mycel sǽ up in on þæt land, seó is brádre þonne ǽnig man oferseon mǽge; and is Gotland on oðre healfe ongean, and siðða Sillende. Seó sǽ lið manig hund míla up in on þæt land.

And of Sciringes-heale, he cwǽð þæt he seglode on fíf dagum to þam porte þe man hæt æt Hæðum, se stent betuh Winedum and Seaxum and Angle, and hyrð in on Dene. Ða he þiderweard seglode fram Sciringes-heale, þa wæs him on þæt bæcbórd Denamearc, and on þæt steórbórd wíd sǽ þrý dagas; and þa twégen dagas ǽr he to Hæþum come, him wæs on þæt steórbórd Gotland and Sillende and iglanda fela. On þám landum eardodon Engle, ǽr hi hider on land comon. And hym wæs ða twégen dagas on þæt bæcbórd þa igland þe in Denemearce hýrað.

WULFSTAN sǽde þæt he gefóre of Hæðum, þæt he wǽre on Trúso on sýfan dagum and nihtum, þæt þæt scyp wæs ealne weg yrnende under segle. Weonodland him wæs on steórbórd, and on bæcbórd him wæs Langaland, and Lǽland, and Falster, and Scóneg, and þas land eall hýrað to Denemearcan. And þonne Burgendaland wæs ús on bæcbórd; and þá habbað him-sylf cyning. Ðonne æfter Burgendalande wǽron ús þas land þa synd hátene, ǽrest Blecingég, and Meore, and Eowland, and Gotland on bæcbórd, and þás land hýrað to Sweon. And Weonodland wæs ús ealne weg on steórbórd oð Wisle-múðan. Seó Wisle is swýðe mycel eá, and heo tolið Witland and Weonodland; and þæt Witland belimpeð to Estum, and seó Wisle lið út of Weonodlande, and lið in Estmere; and se Estmere is húru fiftene míla brád. Ðonne cymeð Ilfing eastan in Estmere, of þam mere þe Trúso standeð in staðe, and cumað út samod in Estmere, Ilfing eastan of Eastlande, and Wisle súðan of Winodlande; and þonne benimð Wisle Ilfing hire naman, and ligeð of þam mere west and norð on sǽ; forðy hit man hæt Wisle-múðan.

Ðæt Eastland is swýðe mycel, and þær bið swýðe manig burh, and on ælcere byrig bið cyning, and þær bið swýðe mycel hunig and fiscað; and se cyning and þa rícostan men drincað myran meolc, and þa unspédigan and þa þeówan drincað médo. Ðær bið swýðe mycel gewinn betweonan him, and ne bið ðær nænig ealo ge-browen mid Estum, ac þær bið médo genoh. And þær is mid Estum ðeáw, þonne þær bið man deád, þæt he lið inne unforbærned, mid his magum and freóndum, mónáð, gehwilum twégen: and þá cyningas and þá oðre heáh-ðungene men swá micle lencg swá hi máran spéda hab-bað, hwílum healf gear þæt hi beóð unforbærned, and licgað bufan eorðan on hyra húsum. And ealle þa hwíle þe þæt líc bið inne, þær sceal beón gedrync and plega, oð ðone dæg þe hí hine forbærnað. Ðonne þy ylcan dæg hí hine to þam áde béran wyllað, þonne todǽlað hí his feoh þæt þær to láfe bið, æfter þam gedrynce and þám plegan, on fíf oððe syx, hwílum on má, swá swá þæs feós andefn bíð. Alecgað hit þonne forhwæga on ánre míle þone mæstan dǽl fram þam túne, þonne oðerne, þonne þæne þriddan, oþþe hyt eall aled bið on þære ánre mile; and sceal beón se læsta dǽl nyhst þam túne ðe se deáda man on lið. Ðonne sceolon beón gesamnode ealle ða men ðe swyftoste hors habbað on þam lande, forhwæga on fít mílum, oððe on syx mílum fram þam feó. Ðonne ærnað hy ealle toweard þam feó; ðonne cymeð se man se þæt swifte hors hafað to þam ǽrestan dǽle and to þam mǽs-tan, and swa ælc æfter oðrum, oð hit bið eall genumen; and se nimð þone læstan dǽl se nyhst ðam tune ðæt feóh geærneð. And þonne rideð ælc hys weges mid ðan feóh, and hyt motan habban eall; and forðy þær beóð þa swyftan hors ungefóhge dýre. And þonne his gestreón beóð þus eall aspended, þonne byrð man hine út, and forbærneð mid his wæpnum and hrægle, and swíðost ealle his spéda hý forspendað mid þam langan legere þæs deádan mannes inne, and þæs þe hý be þám wegum alecgað, þe ða fremdan to ærnað and nimað. And þæt is mid Estum þeáw, þæt þær sceal ælces geðeódes man beón forbærned; and gyf þær man án bán findeð unforbærned, hí hit sceolan miclum gebetan. And þær is mid Eastum án mægð þæt hí magon cýle gewyrcan, and þý þær licgað þa deadan men swá lange and ne fuliað, þæt hý wyrcað þone cýle hine on; and þeah man asette twégen fætels full ealað oððe wæteres, hy gedóð þæt oþer bið ofer-froren, sam hit sý sumor sam winter.

Módor ne rǽdeð   ðonne heo magan cenneð,
Hú him weorþe geond woruld   wídsið sceapen.
Oft heo to bealwe   bearn afédeð,
Selfre to sorge,   siððan dreógeð
His earfoðu   orlegstunde;
Heo ðæs eaforan sceal   oft and gelome
Grimme greótan,   ðonne he geóng fareð,
Hafað wilde mód,   wérige heortan,
Sefan sorhfulne,   slídeð geneahhe
Wérig, wilna leás,   wuldres bedǽled;
Hwílum hygegeómor   healle weardað,
Lifað leódum feor; locað geneahhe
Fram ðám unlǽdan   ǽngan hláford.   [cenneð
Forðan náh seó módor geweald   ðonne heo magan
Bearnes blǽdes; ac sceal on gebyrd faran
A'n æfter ánum   ðæt is eald gesceaft.

CONVERSION OF THE SAXONS.
ÆLFRIC'S HOMILY, IV. ID. MART.

A.D. 1000.]

Gregorius se hálga papa, Engliscre ðeode apostol, on ðisum andwerdan dæge, æfter menigfealdum gedeorfum, and halgum gecnyrdnyssum, Godes ríce gesæliglice astáh. He is rihtlice Engliscre ðeode apostol, forðan ðe he, þurh his ræd and sánde, ús fram deofles biggengum ætbræd, and to Godes geleafan gebigde. Manega hálige béc cyðað his drohtnunge and his halige líf, and eac " Historia Anglorum," ða ðe Ælfred cyning of Ledene on Englisc awende. Seo bóc sprecð genoh swutelice be ðisum halgan were. Nu wylle we sum ðing scortlice eow be him gereccan, forðan ðe seo foresæde bóc nis eow eallum cuð, þeah ðe heo on Englisc awend sy.

Ðes eadiga papa Gregorius wæs of æðelborenre mægðe and eawfæstre acenned; Romanisce witan wæron his magas; his fæder hatte Gordianus, and Felix, se eawfæsta papa, wæs his fifta fæder. He wæs, swa swa we cwædon, for worulde æðelboren, ac hé oferstáh his æðelborennysse mid halgum ðeawum, and mid gódum weorcum geglengde. Gregorius is Grecisc nama, se swéigð on Ledenum gereorde, " Uigilantius," þæt is on Englisc, " Wacolre." He wæs swiðe wacol on Godes bebodum, ðaða he sylf herigendlice leofode, and hé wacollice ymbe manegra ðeoda þearfe hógode, and him lífes weig geswutelode. He wæs fram cildháde on bóclicum lárum getyd, and hé on ðære láre swa gesæliglice ðeah, þæt on ealre Romana-byrig næs nán his gelica geðuht. He gecneordlæhte æfter wísra láreowa gebisnungum, and næs forgytol, ac gefæstnode his láre on fæstháfelum gemynde.

He hlód ða mid þurstigum breoste ða flowendan láre, ðe
hé eft æfter fyrste mid hunig-swettre protan þæslice bealc-
ette. On geonglicum gearum, ðaða his geogoð æfter
gecynde woruld-ðing lufian sceolde, þa ongann hé hine
sylfne to Gode geðeodan, and to eðele þæs upplican lifes
mid eallum gewilnungum orðian. Witodlice æfter his
fæder forðsiðe hé arærde six munuc-lif on Sicilia-lande,
and þæt seofoðe binnon Romana-burh getimbrode, on
ðam he sylf regollice, under abbodes hæsum drohtnode.
Da seofon mynstru he gelende mid his ágenum, and
genihtsumlice to dæghwomlicum bigleofan gegódode.
Done ofer-eácan his æhta hé aspende on Godes þearfum,
and ealle his woruldlican aðelborennysse to heofonlicum
wuldre awende. He code ǽr his gecyrrednysse geond
Romanaburh mid pællenum gyrlum, and scinendum
gymmum, and readum golde gefrætewod; ac æfter his
gecyrrednysse he ðenode Godes ðearfum, he sylf ðcarfa,
mid wácum wæfelse befangen.

Swa fulfremedlice hé drohtnode on anginne his gecyr-
rednysse swa þæt hé mihte ða gyú beon geteald on ful-
fremedra halgena getele. He lufode forhǽfednysse on
mettum, and on drence, and wæccan on syndrigum gebed-
um: þær to-eacan hé ðrowade singallice untrumnyssa,
and swa hé stiðlicor mid andwerdum untrumnyssum of-
sett wæs, swa hé geornfullicor þæs ecan lifes gewilnode.

Da undergeat se papa, þe on þam timan þæt apostolice
setl gesæt, hú se eadiga Gregorius on halgum mæg-
num ðeonde wæs, and he ða hine of ðære munuclican
drohtnunge genám, and him to gefylstan gesette, on dia-
conhádc geendebyrdne. Da gelámp hit, æt sumum sæle,
swa swa gýt for oft deð, þæt Englisce cýpmenn brohton
heora ware to Romana-byrig, and Gregorius eode be
ðære strǽt to ðam Engliscum mannum, heora ðing
sceawigende. Da gesceah he betwux ðam warum cýpe-

cnihtas gesette, þa wæron hwites lichaman and fægeres
andwlitan menn, and æðellice gefexode. Gregorius ða
beheold þæra cnapena wlite, and befrán of hwilcere þeode
hí gebrohte wæron. Ða sæde him man þæt hí of Engla-
lande wæron, and þæt ðære ðeode mennisc swa wlitig
wære. Eft ða Gregorius befrán, hwæðer þæs landes folc
Cristen wære ðe hæðen? Him man sæde, þæt hí hæðene
wæron. Gregorius ða of inneweardre heortan langsume
siccetunge teah, and cwæð, Wálawá, þæt swa fægeres
híwes menn sindon ðam sweartan deofle underðeodde.
Eft hé axode, hú ðære ðeode nama wære, þe hí of-co-
mon? Him wæs geandwyrd, þæt hí Angle genemnode
wæron. Ða cwæð he, Rihtlice hí sind Angle gehátene,
forðan ðe hí engla wlite habbað, and swilcum gedafenað
þæt hí on heofonum engla geferan beon. Gýt ða Greg-
orius befrán, hú ðære scíre nama wære, þe ða cnapan of-
alædde wæron. Him man sæde, þæt ða scírmen wæron
Dere gehátene. Gregorius andwyrde, Wel hí sind Dere
gehátene, forðan ðe hí sind fram graman generode, and
to Cristes mildheortnysse gecygede. Gýt ða he befrán,
Hú is ðære leode cyning gehaten? Him wæs geand-
swarod, þæt se cyning Ælle geháten wære. Hwæt ða,
Gregorius gamenode mid his wordum to ðam naman,
and cwæð, Hit gedafenað þæt Alleluia sy gesungen on
ðam lande, to lofe þæs Ælmihtigan Scyppendes. Greg-
orius ða sona eode to ðam papan þæs apostolican setles,
and hine bæd, þæt he Angelcynne sume láreowas asende,
ðe hí to Criste gebigdon, and cwæð, þæt hé sylf gearo
wære þæt weorc to gefremmenne mid Godes fultume,
gif hit ðam papan swa gelicode. Ða ne mihte se papa
þæt geðafian, þeah ðe hé eall wolde; forðan ðe ða Ro-
maniscan ceaster-gewaran noldon geðafian þæt swa ge-
togen mann, and swa geðungen láreow þa burh eallunge
forlete, and swa fyrlen wræcsið gename.

Æfter ðisum gelámp þæt micel mann-cwealm becom ofer ðære Romaniscan leode, and ǽrest ðone papan Pelagium gestód, and buton yldinge adydde. Witodlice æfter ðæs papan geendunge, swa micel cwealm wearð þæs folces, þæt gehwær stodon aweste hús geond þa burh, búton bugigendum. Ða ne mihte swa-ðeah seo Romanaburh buton papan wunian, ac eal folc ðone eadigan Gregorium to ðære geðincðe ánmodlice geceas, þeah ðe hé mid eallum mægne wiðerigende wære. Gregorius ða asende ænne pistol to ðam casere Mauricium, se wæs his gefædera, and hine halsode, and micclum bæd, þæt hé næfre ðam folce ne geðafode þæt he mid þæs wurðmyntes wuldre geuferod wære, forðan ðe hé ondred þæt he ðurh ðone micclan hád on woruldlicum wuldre, þe he ǽr awearp, æt sumum sæle bepæht wurde. Ac ðæs caseres heahgerefa, Germanus, gelæhte ðone pistol æt Gregories ærendracan, and hine totǽr; and siððan cydde þam casere, þæt þæt folc Gregorium to papan gecoren hæfde. Mauricius ða se casere þæs Gode ðancode, and hine ge hádian het. Hwæt ða, Gregorius fleames cepte, and on dym-hófon ætlutode; ac hine man gelæhte, and teah to Petres cyrcan, þæt he ðær to papan gehalgod wurde. Gregorius ða ǽr his hádunge þæt Romanisce folc, for ðam onsigendum cwealme, ðisum wordum to bereowsunge tihte: Mine gebroðra þa leofostan, ús gedafenað þæt we Godes swingle, þe we on ǽr towearde ondrædan sceoldon, þæt we huru nú andwerde and afándode ondrædan. Geopenige ure sárnys ús infǽr sóðre gecyrrednysse, and þæt wite ðe we ðrowiað tobrece ure heortan heardnysse. Efne nu ðis folc is mid swurde þæs heofonlican graman ofslegen, and gehwilce ænlipige sind mid færlicum slihte aweste. Ne seo ádl ðam deaðe ne forestæpð, ac ge geseoð þæt se sylfa deað þære ádle yldinge forhradað. Se geslagena bið mid deaðe gegripen, ǽrðan ðe he to heofungum soðre behreowsunge gecyrran mæge. Hógiað forði hwilc se becume ætforan gesihðe þæs strec-an Déman, seðe ne mæg þæt yfel bewépan ðe hé ge-fremode. Gehwilce eorð-bugigende sind ætbrodene, and heora hús standað aweste. Fæderas and moddru bestandað heora bearna líc, and heora yrfenuman him sylfum to forwyrde forestæppað. Uton eornostlice fleon to heofunge soðre dǽdbote, þa hwile ðe we moton, ǽrðan þe se færlica slege ús astrecce. Uton gemunan swa hwæt swa we dweligende agylton, and uton mid wópe gewitnian þæt þæt we mánfullice adrugon. Uton for-hradian Godes ansyne on andetnysse, swa swa se witega ús mánað: Uton ahebban ure heortan mid handum to Gode; þæt is, þæt we sceolon ða gecnyrdnysse ure bene mid geearnunge gódes weorces up-aræran. He forgifð truwan ure forhtunge, seðe þurh his witegan clypað, Nylle ic þæs synfullan deað, ac ic wille þæt hé gecyrre and lybbe.

Ne geortruwige nán man hine sylfne for his synna micelnysse: witodlice ða ealdan gyltas Niniueiscre ðeode ðreora daga bereowsung adilegode; and se gecyrreda sceaða on his deaðes cwyde þæs ecan lifes mede geear-node. Uton awendan ure heortan; hrædlice bið se Déma to urum benum gebíged, gif we fram urum ðwyrnyssum beoð gerihtlæhte. Uton standan mid ge-maglicum wópum ongean ðam onsigendum swurde swa miccles domes. Soðlice gemágnys is þam soðan Déman gecweme, þeah ðe heo mannum unðancwurðe sy, forðan ðe se arfæsta and se mildheorta God wile þæt we mid gemáglicum benum his mildheortnysse ofgán, and hé nele swa micclum swa we geearniað ús geyrsian. Be ðisum hé cwæð ðurh his witegan, Clypa me on dæge ðinre gedrefednysse, and ic ðe ahredde, and ðu mærsast me. God sylf is his gewita þæt he miltsian wile him to clypigendum, seðe mánað þæt we him to clypian sceolon. Forði, mine gebroðra þa leofostan, uton gecuman on ðam feorðan dæge þysre wucan on ærne-merigen, and mid estfullum mode and tearum singan seofonfealde lætanias, þæt se streca Déma us geárige, þonne hé gesihð þæt we sylfe ure gyltas wrecað.

Eornostlice ðaða micel menigu, ægðer ge preosthádes ge munuchádes menn, and þæt læwede folc, æfter ðæs eadigan Gregories hæse, on þone wodnes-dæg to ðam seofonfealdum letanium gecomon, to ðam swiðe aweddc se foresæda cwealm, þæt hund-eahtatig manna, on ðære ánre tide feallende, of life gewiton, ða hwile þe þæt folc ða letanias sungon. Ac se halga sacerd ne geswác þæt folc to mánigenne þæt hí ðære bene ne geswicon, oðþæt Godes miltsung þone reðan cwealm gestilde.

Hwæt ða Gregorius, siððan hé papanhád underfeng, gemunde hwæt hé gefyrn Angel-cynne gemynte, and ðærrihte ðæt luftyme weorc gefremode. He na to ðæs hwón ne mihte þone Romaniscan biscop-stól eallunge forlætan, ac hé asende oðre bydelas, geðungene Godes ðeowan, to ðysum íglande, and he sylf micclum mid his benum and tihtingum fylste, þæt ðæra bydela bodung forðgenge, and Gode wæstmbære wurde. Ðæra bydela naman sind þus gecigede, Augustinus, Mellitus, Laurentius, Petrus, Iohannes, Iustus. Ðas lareowas asende se eadiga papa Gregorius, mid manegum oðrum munecum, to Angelcynne, and hí ðisum wordum to ðære fare tihte: Ne beo ge afyrhte ðurh geswince þæs langsuman færeldes, oððe þurh yfelra manna ymbe-spræce; ac mid ealre ánrædnysse and wylme þære soðan lufe þas ongunnenan ðing þurh Godes fultum gefremmað. And wite ge þæt eower méd on ðam ecan edleane swa miccle máre bið, swa micclum swa ge máre for Godes willan swincað. Gehyrsumiað eadmódlice on eallum ðingum Augustine, þone ðe we eow to ealdre gesetton: hit fremað eowrum sawlum swa hwǽt swa ge be his mynegunge gefyllað. Se Ælmihtga God, þurh his gife, eow gescylde, and geinne me þæt ic mote eoweres geswinces wæstm on ðam ecan eðele geseon, swa þæt ic beo gemet samod on blisse eoweres edleanes, ðeah ðe ic mid eow swincan ne mæge; forðon ðe ic wille swincan. Augustinus ða mid his geferum, þæt sind gerehte feowertig wera, ferde be Gregories hǽse, oðþæt hí to ðisum íglande gesundfullice becomon.

On ðam dagum rixode Æþelbyrht cyning on Cantwarebyrig ríclice, and his rice wæs astreht fram ðære micclan eá Humbre oð suð sǽ. Augustinus hæfde genumen wealhstodas of Francena rice, swa swa Gregorius him bebead; and hé ðurh ðæra wealhstoda muð þam cyninge and his leode Godes word bodade: hu se mildheorta Hælend, mid his ágenre ðrowunge þysne scyldigan middaneard alysde, and geleaffullum mannum heofonan rices infær geopenode. Ða andwyrde se cyning Æðelbriht Augustine, and cwæð, þæt hé fægere word and behát him cydde; and cwæð, þæt hé ne mihte swa hrædlice þone ealdan gewunan ðe hé mid Angel-cynne heold forlætan; cwæð þæt hé moste freolice ða heofonlican lare his leode bodian, and þæt he him and his geferan bigleofan ðenian wolde; and forgeaf him ða wununge on Cantwarebyrig, seo wæs ealles his ríces heafod-burh.

Ongann ða Augustinus mid his munecum to geefenlæcenne þæra apostola líf, mid singalum gebedum, and wæccan, and fæstenum Gode ðeowigende, and lífes word þam ðe hí mihton bodigende, ealle middaneardlice ðing, swa swa ælfremede, forhógigende, ða þing ána þe hí to bigleofan behófedon underfónde, be ðam ðe hí tæhton sylfe lybbende, and for ðære soðfæstnysse ðe hí bodedon, gearowe wæron ehtnysse to ðoligenne, and deaðe sweltan, gif hí ðorfton.

Hwæt ða gelyfdon forwel menige, and on Godes nam-
an gefullode wurdon, wundrigende þære bilewitnysse
heora unscæððigan lífes, and swetnysse heora heonfon-
lican láre. Ða æt nextan, gelustfullode ðam cyninge
Æðelbrihte heora clæne líf and heora wynsume behát,
þa soðlice wurdon mid manegum tácnum geseðde; and
he ða gelyfende wearð gefullod, and micclum ða cristen-
an gearwurðode, and swa swa heofonlice ceaster-gewar-
an lufode: nolde swa-ðeah nænne to cristendome ge-
neadian; forðan ðe hé ofaxode æt ðam láreowum his
hæle þæt Cristes ðeowdom ne sceal beon geneadad, ac
sylfwilles. Ongunnon ða dæghwomlice forwel menige
efstan to gehyrenne ða halgan bodunge, and forleton
heora hæðenscipe, and hí sylfe geðeoddon Cristes gelað-
unge, on hine gelyfende.

Betwux ðisum gewende Augustinus ofer sǽ to ðam
ercebiscope Etherium, and hé hine geháðode Angel-
cynne to ercebiscope, swa swa him Gregorius ǽr gewis-
sode. Augustinus ða geháðod cyrde to his biscop-stole,
and asende ærendracan to Rome, and cydde ðam eadigan
Gregorie þæt Angel-cynn cristendom underfeng, and he
eac mid gewritum fela ðinga befrán, hu him to droht-ni-
genne wære betwux ðam níg-hworfenum folce. Hwæt
ða Gregorius micclum Gode ðancode mid blissigendum
mode, þæt Angel-cynne swa gelumpen wæs, swa swa he
sylf geornlice gewilnode, and sende eft ongean ærend-
racan to ðam geleaffullan cyninge Æþelbrihte, mid ge-
writum and menigfealdum lácum, and oðre gewritu to
Augustine, mid andswarum ealra ðæra ðinga þe hé hine
befrán, and hine eac ðisum wordum mánode: Broðer min
se leofosta, ic wát þæt se Ælmihtiga God fela wundra
þurh ðe þære ðeode ðe hé geceas geswutelað, þæs ðu miht
blissigan, and eac ðe ondrædan. Ðu miht blissigan ge-
wisslice þæt ðære ðeode sawla þurh ða yttran wundra

beoð getogene to ðære incundan gife. Ondræd ðe swa-ðeah þæt ðin mód ne beo aháfen mid dyrstignysse on ðam tácnum þe God ðurh ðe gefremað, and þu ðonon on ídelum wuldre befealle wiðinnan, þonon ðe ðu wiðutan on wurðmynte aháfen bist.

Gregorius asende eac Augustine halige lác on mæsse-reafum, and on bócum, and ðæra apostola and martyra reliquias samod; and bebead, þæt his æftergengan symle ðone pallium and þone ercehád æt ðam apostolican setle Romaniscre gelaðunge feccan sceoldon. Augustinus ge-sette æfter ðisum biscopas of his geferum gehwilcum burgum on Engla ðeode, and hí on Godes geleafan ðeonde ðurhwunodon oð ðisum dægðerlicum dæge.

Se eadiga Gregorius gedihte manega halige traht-béc, and mid micelre gecnyrdnysse Godes folc to ðam ecan life gewissode, and fela wundra on his life geworhte, and wuldorfullice þæs papan setles geweold ðreottyne gear, and six monðas, and tyn dagas, and siððan on ðisum dæge gewát to ðam ecan setle heofenan rices, on ðam he leofað mid Gode Ælmihtigum á on ecynsse. Amen.

Yldo beóð eorðan   æghwæs cræftig,
Mid hýðendre   hildewræsne,
Rúmre racenteage   ræceð wíde;
Langre linan   lisseð eal ðæt heo wile;
Beám heo abreóteð,   and bebriceð telgum;
Astyreð slándendne   stefn on siðe,
Afylleð hine on foldan; friteð æfter ðám
Wildne fugol; heo oferwígeð wulf
Heo oferbídeð stánas,   heo oferstígeð stýle
Heo abíteð íren mid óme,   déð úsic swá.

CONVERSION OF THE NORTH ANGLES.
FROM ALFRED'S TRANSL. OF BEDE'S ECCL. HIST.

[A.D. 887?]

II., 9. Þære tide eác swylce Norðanhymbra þeód mid heora cyninge Eádwine Cristes geleáfan onfeng, þe him Paulinus, se hálga biscop, bodade and lærde. Þam cyninge seó onfengnes Cristes geleáfan, and þæs heofonlican ríces eác swylce on hálsunge, geweox meaht eorðlíces ríces, swá þæt nænig Angelcyninga ær him eall Breotone gemæro on anweald onfenge, oððe heora mægðe on, Angelcynnes oððe Britta, eardodon; eall þæt he on anweald onfeng, ge eác swylce Monige, Britta eáland, Angelcynnes ríce underþeódde, swá we ær beforan sægdon.

Þisse þeóde, þæt is Norðanhymbrum, wæs se æresta intinga to onfónne Cristes geleáfan, þæt se forespreccna heora cyning Eádwine wæs mid mægsibbe geþeóded Cantwarena cyningum: onfeng he þanon to wife Æðelburge, Æðelbyrhtes dohtor þæs cyninges, seó oðre naman wæs Táte háten.

Þá he ærest his ærendracan sende to Eádbalde hire bréðer, se wæs þá Cantwara cyning, and þisse fæmnan gemanan bæd and wilnade; and þá andswarode he, þæt þæt alyfed ne wære, þæt cristenu fæmne hæðenum men to wife seald wære, þý læs se geleáfa and þá gerýnu þæs heofonlican cyninges mid þæs cyninges gemanan aidlad wæren, se þe þæs sóðan cyninges bigang ne cúðe. Þá þá ærendracan þá eft þás word Eádwine sægdon, þá gehét he sóna, þæt he náht wiðꞈ ..ꞈardes dón wolde þam cristenum geleáfan, þe seó fæmne beeode, ac þæt heo móste þone geleáfan and bigang hire æfæstnisse mid eallum hire geférum, þe hire mid comen, þý cristenan þeáwe lifigean and þone wel healdan; ne he nóne wiðsóc, þæt he silfa eác swylce þá ylcan æfestnisse underfenge, gif wíse witan þæt funden, þæt heo háligre and gode leófre gemeted beón mihte.

Þá wæs seó fæmne geháten and æfter fæce Eádwine onsended, and æfter þon þe hi ær funden hæfdon wæs gehálgod to biscope gode se leófa wer sanctus Paulinus, se mid hi féran sceolde to þon þe he þá fæmnan and hire geféran æghwæðer ge mid þá mærsunge heofonlícra gerýna ge mid his dæghwamlícre láre trymede, þæt heo on þam gemanan þára hæðenra besmiten ne wære. Þá com he mid þá foresprecenan fæmnan to Eádwine þam cyninge swá swá he wære gesiðcundlícre gegaderunge; ac he máre mid ealle his móde beheóld, þæt he þá þeóde, þe he gesóhte, to ongitenisse þæs sóðan godes and to Cristes geleáfan þurh his láre gecégde.

Mid þý he þa se Biscop on þá mægðe com mid þa fæmnan, þá wende he swíðe, þæt he æghwæðer ge his geféran þá þe mid hine comon þurh drihtnes gife geheólde, þæt hi ne asprungen fram heora geleáfan, and gif he hwylce mihte þæra hæðenra þæt he þurh his láre to Cristes geleáfan gecirde; ac swá se Apostolus cwiðeð: þeah þe he swá mycelre tide wunne on his láre, þæt god þá mód þára ungeleáfsumra ablende, þý læs him scine seó onlýhtnes Cristes godspelles and his wuldres.

Þá wæs þý æfteran geare, com man on Norðanhymbra mægðe, wæs his nama Eomær; wæs he sended fram Westseaxna cyninge se wæs háten Cwichelm, þæt he sceolde Eádwine þone cyning samod ge lífe ge ríce beniman. Hæfde he and wæg mid hine twigecgde handseax geættred, þæt gif seó wund to lyt genihtsumode to þæs cyninges deáðe, þæt þæt áttor gefultumade. Com he to

þam cyninge þý ǽrestan Eásterdæge be Deorwentan
þære eá, þær wæs þá cyninges ealdorbotl. Þá eode he
in, swá swá he his hláfordes ǽrende secgan sceolde, and
mid þý he þá geswippre múðe licettende ǽrend wrehte
and leáse fleswede, þá astod he semninga and getogene
þý wǽpne under his sceáte rǽsde on þone cyning. Þá
þæt þá Lilla geseah, se cyninges þegn him se holdesta,
næfde he scild æt handa, þæt he þone cyning mid ge-
scildan mihte, sette þá his líchoman betwih, beforan þam
stinge, and he þurhstong þone cyninges þegn and þone
cyning gewundade. Þá wæs he sóna mid ǽghwanon
mid wǽpnum ymbhýped; hwæt he þá eác on þam inge-
rece oðerne cyninges þegn, se wæs Forðhere háten, mid
þý mánfullan wǽpne acwealde.

Þá wæs þære ylcan nihte þára hálgan Eástrena, þæt
seó cwén cende dohtor þam cyninge, þære nama wæs
Eánflæd. Mid þý he þá se ylca cyning on þæs biscopes
andweardnesse þancunge dide his godum for þære dehter
þe him acenned wæs, ongean þon ongan se biscop þan-
cunge dón drihtne Criste and þam cyninge cýðan, þæt
he þæt mid his bénum æt him onfenge, þæt heo, seó
cwén, gesund and bútan hefigum sáre þæt bearn cende.
Þá se cyning þis gehýrde, þá ongan he lustfullian þæs
biscopes wordum and gehét hine silfne deófulgildum
wiðsacan, and þæt he wolde Cristes þeówdóm geceósan,
gif he him líf and sige forgeáfe on þam gewinne, þe he
gehogod hæfde wið þam cyninge, þe se myrdra ær fram
sended wæs, se þe hine gewundade; and þa ylcan his
dohtor Criste to gehálgianne þam biscope to wedde ge-
sealde, þæt he þæt geháe gelǽstan wolde. Seó wæs ge-
fullad þý hálgan dæge æt Pentecosten ǽrest manna of
Norðanhymbra þeóde mid endlifum fæmnum of þære
cwéne hírede, heo wæs twelfte. Þære tíde eác wæs se
cyning geháled fram þære wunde, þe him ǽr gedón

wæs: þá gesomnade he his fyrd wið Westseaxum and
þider com, and sóna þæs þe he on hí feaht, wæron him
ealle his fýnd gecýðde, þa þe ær emb his feorh syredon,
and he þa sume ofsloh, sume on anweald onfeng.

And he sigefast swa eft hám ferde, na læs þæt he
sóna in stepe and ungeþeahtendlíce þam gerynum onfón
wolde þæs cristenan geleáfan, þeah þe þæt wære, þæt he
ofer þæt deófulgildum ne þeówde, siððan he hine to
Cristes þeówdóme gehátenne hæfde; ac he ærest georn-
lice á of tíde æghwæðer ge fram þam arwurþan were,
sancte Pauline, þæt riht leornade þæs hálgan geleáfan, ge
eác mid his ealdormannum, þa þe he wiseste and snoter-
este wiste, þæt he gelomlíce mid him þeahtade and
sohte, hwæt be þisum þingum to dónne wære; ge he eác
silfa, mid þy he wæs on gecynde se gleáweste man, oft
lange ána sæt swígende muðe ac midde inneweardre
heortan manige þing sprecende, smeáde hwæt him selest
to dónne wære, and hwylc æfestnes him to healdenne
wære.

12. Swylce eác wæs sum godspræce and heofonlíc on-
wrigenes, þe him iú seó godcunde arfæstnes onwreáh, þá
he wrecca wæs mid Redwalde, Eástengla cyninge; seó
swíðe gefultumade his andgit to onfónne and to ongi-
tanne þa monunge þære hálwendan láre. Mid þy he þá
se biscop Paulinus geseah, þæt he unyðelice mihte þa
heánesse þæs cynelícan módes to eádmodnesse gecirran,
þæt he onfón wolde his ecre hælo and þam gerýne þære
liffæstan róde Cristes, and he samod for his hælo, þæs
cyninges and þære þeóde, þe he fore wæs, ge mid worde
trymnesse mid mannum wan, ge eác mid þa godcundan
arfæstnisse mid worde his gebeda, þæt he for hí þingade:
þá æt nyhstan geleornade he on gáste and him onwrigen
wæs, hwylc onwrigenes giú heofonlíc ætywde þam
cyninge þá he wrecca wæs. Ne ylde he hit leng, ac

eode sóna to þam cyninge and hine manode, þæt he his
gehát gefylde, þe he on þære onwrigenesse gehet þe him
ætywed wæs, gif he þære tide yrmðo beswícode and to
heánesse cyneríces become. Wæs þis godgespræce and
þeós onwrigenes þises gemetes:

Mid þy hine ehte Æðelfrið, se þe ær him cyning wæs,
and he þurh missenlíce stowe manigra geara tíde flyma
wæs; þá gesohte he æt nyhstan and com to Rædwolde,
Eástengla cyninge, and hine bæd, þæt he his lif gescilde
wið swa micles ehteres sætningum; and him gehét, þæt
he swa dón wolde, swa he hine bad. Æfter þam þa
Æðelfrið se cyning hine þær geacsade, þæt he mid Ræd-
wolde þone cyning wæs, þá sende he sóna ærendracan to
him and mycel feoh wið þam þe he hine ofsloge, oððe
hine him to cwale ageafe; ne he hwæðere awiht on þam
fremode. Sende he eft æfterran síðe ærendracan, sende
þriddan síðe and máran gife mycle þonne he him ær
sende wið his cwale, and hét eác him onbeódan, þæt he
hine wolde mid fyrde to gefeohte gesecan, gif he his
word and his gife forhogode. Þá wæs his mód æg-
hwæðer ge mid þam beótungum gebreged, ge mid þam
gifum gewemmed, þæt he geþafode þæs cyninges béne
and gehét, þæt he Eádwine ofsloge oððe his feóndum to
cwale ageafe.

Þá wæs sum cyninges þegn, his freónd se treówesta,
þe þas þing gehyrde and ongeat. Þá eode he to his inne,
þær he hine restan wolde, and wæs foreweard niht, and
hine acigde ut, and him sæde and cyðde, hu hine man
ymbe gedón wolde; cwæð him þá to: "Gif þu wilt, on
þás seolfan tíd, ic þé alæde of þisse mægðe in þa stowe,
þær þé næfre ne Rædwold ne Æðelfrið gemetan magon."
Cwæð he to him: "On þance me sindon þíne word and
þín lufu; and hwæðere ne mæg ic þæt dón, þæt þú me
lærest, þæt ic ærest þa treówðe forlæte, þe ic to swa mi-

clum cyninge genam, mid þy he me nawiht yfeles dide
ne láðes ætywde; ac gif ic deáð þrowian sceal, leófre me
is, þæt he me to deáðe gesylle, þonne unæðelra man.
Oððe lá hwider mæg ic nu leng fleón? manigra geara
tída ofer ealle Breotone ic flyma wæs, þæt ic me his héte
bearh and wearnode!"

Þá eode se his freónd on weg fram him, and he Eád-
wine ána þær ute gewunode. Sæt swíðe unrót on stáne
beforan þære healle dura, and ongan mid manegum
hætum his geþohta geswenced beón, and ne wiste,
hwider he eode oððe hwæt him selest to dónne wǽre.
Mid þy he þá lange swígendum nearonessum his módes
and mid þy blindan fýre soden wæs, þá geseah he sem-
ninga on middre nihte man wið his gangan uncuðes
hrægeles and andwlitan. Þá he þá to him com, þá wæs
he forht geworden. Þá eode he to him, grette hine and
frægn, for hwon he on þære tíde, þe oðre men slæpon, on
stáne waccende sǽte? Þá frægn he hine, hwæt þæs to
him belumpe, hwæðer he wacode þe slepte, and hwæðer
he þe ute þe inne sǽte? Þá andswarode he and cwæð
him to: "Ne tala þu me, þæt ic ne cunne þone intingan
þínre unrótnesse and þínre wacone and anlepnesse and
þínes utsetles; ac ic cuðlice wat, ge hwæt þu eart ge for
hwon þu gnornast, and hwylc toweard yfel þu þe on
neáhnisse forhtast. Ac gesege me, hwylce mede þu
wille sillan þam men, gif hwylc sí, þe þé fram þisum
nearonessum alyse, and Rædwolde on mod beswape, þæt
he þé nán wiht láðes ne dó, ne þé þínum feóndum to
cwale ne agife?" Þá andswarede he and cwæð, þæt he
eall góð, þe he mihte, for mede þyslícre fremsumnesse
sillan wolde. Þá ætécte he þa git his gespræc and
cwæð: "And gif he þé eác, adwæsctum þínum feónd-
um, on sóðe cynerice geháteð, swa þæt nales þæt on ealle
þíne yldran, ac ealle cyningas, þa þe on Breotone wæron

ǽr þé, in mihte and on ríce feor oferstígest?" Þá wæs he
Eádwine bealdra geworden on þǽre frignesse and sóna
gehét, se þe him swá micle fremsumnisse forgeáfe, þæt
he him þæs wolde wurðlíce þancunge dón. Cwæð he
þriddan síðe to him, se þe wið him spræc: "And nu,
gif se man, se þe þé þyslíce gife and swá micle sóðlíce þé
tówearde forecwið, eác swylce geþeahte þínre hǽlo and
beteran lífes and nyttran þé ætýwan mæg, þonne ǽnig
þínra maga oððe þínra yldrena ǽfre gehýrde, cwíst þu,
hwæðer þu his þá hálwendan monunge onfón wille and
him hýrsum beón?" Þá ne ylde he Eádwine nánuht, ac
sóna gehét, þæt he wolde on eallum þingum him ge-
hýrsum beón and his láre lustlíce onfón, se þe hine fram
swá monegum yrmðum and teónum generede and to
heánisse cyneríces forð gelædde.

Þá he þá þisse andsware onfeng se þe mid hine spræc,
þá in stæpe sette he mid þá swíðran hand him on þæt
heáfod and þus cwæð: "Þonne þis tácen þyslíc þé to-
cume, þonne gemune þu þisse tíde and uncres gespræces,
and ne ylde þu, þæt þu þá þing gefylle, þe þu me gehéte."
Þá he þás word gespræc, þá ne wiste he semninga hwar
he com, wolde þæt he on þam ongeáte þæt, þæt man ne
wæs se þe him ætýwde, ac þæt hit gást wæs. And mid
þý he þá se geónga æðeling ána þǽr þá git sæt, and wæs
swíðe gefeónde be þǽre frofre, þe him geháten wæs, ac
hwæðere sorgiende móde geornlíce þohte hwæt se wǽre
oððe hwanon he cóme, se þe þas þing to him sprecende
wæs; þá com eft tó him se foresprecena his freónd, and
mid blíðe andwlitan hine hálette and grette, and þus
cwæð: "Arís and gang in, gerest þinne líchoman and
þín mód bútan sorgum, forþam þæs cyninges heorte is
oncirred, ne wille he þé nánuht láðes gedón; ac he má
wile his treówe and his gehát wið þé gehealdan, and þé
feorhhÿrde beón." Sæde him þá æfter þam þæt: "Se

cyning his geþohte big þam, þe ic þe ær sǽde, þǽre
cwéne on dégolnisse onwreáh; þá onwende heó hine fram
þǽre yfelan ingehygde his módes, lǽrde hine and man-
ode, þæt þæt nænig þing ne gedafenade né gerise swá
æðelum cyninge and swá geþungenum, þæt he sceolde his
freónd þone betstan on nýde gesettan on gold bebycgean,
and his treówe for feogitsunge and lúfan forleósan, seó
þe dýrwurðre wǽre and máre eallum máðmum."

Hwæt sceolon we þæs máre secgean? dide se cyning
swá swá hit ǽr cweden wæs, ná læs þæt an þæt he
þone wreccan, þe hine gesóhte, to cwale ne gesealde;
ac eác swylce him gefultumade, þæt he to ríce be-
com. Forþam sóna siððan þá ǽrendracan hám cirdon,
þe his cwale ǽrendedon þá gebeón Rædwold his
fyrde and micel werod gesomnade to gewinnanne
wið Æðelfrið. Þá fór he him to geanes ungelíce
werode, forþam he ne wolde him first alýfan, þæt he
móste his werod eall gesomnian; þá gefóron hí tosomne
and gefuhton on gemǽre Myrcna þeóde æt eástdǽle
þǽre eá, þe is Idle nemned, and þǽr man Æðelfrið þone
cyning ofslóh. Swylce eác on þam ylcan gefeohte man
slóh Rædwoldes sunu, se wæs Rægnhere háten. And
swá he Eádwine æfter þam godgespræce, þe he ær on-
féng, na læs þæt án þæt he him þá sætnunge þá gewearn-
ode þæs unholdan cyninges; ac swylce eác æfter his
slæge him on þæs ríces wuldor æfter fyligde.

Mid þý he þá Paulínus se biscop godes word bodade
and lǽrde, and se cyning ylde þá git to gelýfanne and
þurh sume tíd, swá swá we ǽr cwædon, gelimplícum
ána sæt and geornlíce mid hine silfne smeáde and þohte,
hwæt him sélost to dónne wǽre, and hwylc æfæstnis him
to healdenne wǽre; þá wæs sume dæge se godes wer
ingangende to him, þær he ána sæt, and sette his þá
swíðran hand him on þæt heáfod, and hine acsode,

hwæðer he þæt tácen ongitan mihte? Þá oncneów he hit sóna sweótole and wæs swíðe forht geworden, and him to fótum feóll. And hine se godes man úp ahóf and him cúðlíce to spræc and þus cwæð: "Hwæt þu nu hafast þurh godes gife þínra feónda handa beswicene, þe þu þé ondrede, and þu þurh his sylene and gife þam ríce onfenge, þe þu wilnadest! ac gemune nu, þæt þu þæt drihtne gelæste, þæt þu gehete, þæt þu onfó his geleáfan and his bebodu healde, se þe þé fram hwílendlícum earfóðum generede and eác on áre hwílendlíces ríces ahóf; and gif þu forð his willan gehýrsum beón wilt, þone he þurh me þé bodað and læreð, he þonne þé eác fram tintregum genereð ælcera yfela and þé dælnimende gedéð mid hine þæs écan ríces on heofonum."

13. Þá se cyning þás word gehýrde, þá andswarode he him and cwæð, þæt he ægðer ge wolde ge scolde þam geleáfan onfón þe he lærde; cwæð, þæt he wolde mid his freóndum and mid his witum spræce and geþeaht habban, and gif hí mid hine þæt geþáfian woldon, þæt hí ealle ætsomne on lífes wyllan gehálgode wæron. Þá dide se cyning swá swá he cwæð, and se biscop þæt geþáfode. Þá hæfde he gespræce and geþeaht mid his witum, and synderlíce wæs fram him eallum frignende, hwylc him þuhte and gesewen wære þeós niwe lár and þære godcundnisse bigang, þe þær læred wæs? Him þá andswarode his ealdorbiscop, Céfi wæs háten: "Geseoh þu, cyning, hwylc þeós lár sí, þe ús nu bodad is. Ic þé sóðlíce andette, þæt ic cúðlíce geleornad hæbbe, þæt eallinga náwiht mægenes ne nytnesse hafað seó æfæstnis, þe we óð þis hæfdon and beeodon, forþam nænig þínra þegna neádlícor ne gelustfullode hine silfne to úra goda bigange þonne ic; and naht þam læs manige sindon, þá þe máran gife and fremsumnisse æt þé onfengon þonne ic, and on eallum þingum máran gesynto hæfdon. Hwæt

ic wát, gif úre godas ænige mihte hæfdon, þonne woldon hí me má fultumian, forþam ic him geornlícor þeódde and hýrde. Forþam me þynceð wíslíc, gif þu geseo þá þing beorhtran and strengran, þe ús niwan bodade sindon, þæt we þám onfón."

Þisum wordum oðer þæs cyninges wita and ealdormann geþáfunge sealde and to þǽre sprǽce feng and þus cwæð "Þyslic me is gesewen, cyning leófosta, þis andwearde líf manna on eorðan to wiðmetenisse þǽre tíde, þe ús uncúð is, swá gelíc swá þu æt swǽsendum sitte mid þínum ealdormannum and þegnum on wintertíde, and sí fýr onæled, and þín heall gewyrmed, and hit ríne and sníwe and styrme úte; cume þonne án spearwa and hræðlíce þæt hús þurhfleó, þurh oðre duru in, þurh oðre út gewíte: hwæt he on þá tíd, þá he inne býð, ne býð ríned mid þý storme þæs wintres! ac þæt býð án eágan bryhtm and þæt læste fæc, and he sóna of wintra in winter eft cymeð. Swá þonne þis manna lif to medmyclum fæce ætýweð; hwæt þǽr foregénge, oððe hwæt þǽr æfterfylige, we ne cunnon. Forþam gif þeós niwe láre áwiht cúðlícre and gerisenlícre bringe, heo þæs wyrðe is, þæt we þǽre fyligean."

Þisum wordum gelícum oðre ealdormen and þæs cyninges þeahteras sprǽcon, þá get to geýhte Ceáfi and cwæð, þæt he wolde Paulínus þone bisceop geornlícor gehýran be þam gode sprecende, þe he bodade; þá hét se cyning swá dón. Þá he þá his word gehýrde, þá clypode he and þus cwæð: "Geare ic þæt ongeat, þæt þæt nawiht wæs, þæt we beeodon, forþam swá micle swá ic geornlícor on þam bigange þæt silfe sóð sóhte, swá ic hit læs mette. Nu þonne ic openlíce andette, þæt on þisse láre þæt silfe sóð scineð, þæt ús mæg syllan þá gife ecre eádignisse and éces lífes hælo. Forþam ic lære nu, cyning leófesta, þæt þæt tempel and þá weofedu þá þe we bútan wæstmum ǽnigre nytnisse hálgodon, þæt we þá hraðe forleósan and on fýre forbærnan."

Hwæt he þá se cyning openlíce andette þam biscope and him eallum, þæt he wolde fæstlíce þám deófolgildum wiðsacan and Cristes geleáfan onfón! Mid þý he þá se cyning fram þam foresprecenan biscope sóhte and acsode heora hálignesse, þe hí ǽr beeodon, hwá hit, þá wígbed and þá heargas þára deófolgilda mid heora hegum, þé hí ymbsette wǽron, aídlian sceolde and toweorpan; þá andswarode he se biscop: "Efne ic þá godas lange mid dysignisse beeode oð þis; hwá mæg hí gerisenlícor nu toweorpan to bysne oðra manna þonne ic silfa þurh þá snyttro þe ic fram þam sóðan gode onfeng? And he þá sóna fram him awearp þá ídlan dysignisse, þe he ǽr beeode, and þone cyning bæd, þæt he him wǽpen sealde and gestédhors, þæt he mihte on cuman and þæt deófolgild toweorpan, forþam þam bisceope ne wæs alýfed, þæt he móste wǽpen wegan, né ælcor bútan on myran rídan. Þá sealde se cyning him sweord, þæt he hine mid begyrde, and nam him spere on hand and hleóp on þæs cyninges stédan and to þám deófolgildum rád. Þá þæt folc hine þá geseah swá gescyrpedne, þá wendon hí, þæt he tela ne wiste, ac þæt he wedde. Sóna þæs þé he gelihte to þam hearge, þá sceát he mid his spere, þæt hit sticode fæste on þam hearge, and wæs swíðe gefeónde þære ongitenisse þæs sóðan godes biganges, and he þá hét his geféran toweorpan ealne hearh and þá getimbro, and forbærnan. Is seó stów git ætéowed giú þára deófolgilda náht-feor eást fram Eoforwicceastre begeondan þære eá, and git to dæg is nemned Godmundingahám, þǽr se bisceop þurh þæs sóðan godes onbryrdnisse towearp and fordide þá wígbed, þe he silf ǽr gehálgode.

Þá onfeng Eádwine cyning mid eallum þám æðelingum his þeóde and mid micle folce Cristes geleáfan and fulluhtes bæðe. Þý endlyftan geáre his ríces he wæs gefullod fram Pauline þam biscope, his láreówe, on Eoferwicceastre þý hálgestan eásterdæge on Sanct Pétres cyricean þæs apostoles, þá he þær hræðe geweorce of treowe cyricean getimbrode, síððan he gecristnad wæs.

Feower tída sýnd getealde on anum geare, þe synd ver, æstas, autumnus, hiems. Ver is lencten-tíd, seó hæfð emnihte; æstas is sumor, se hæfð sunn-stede; autumnus is hærfest þe hæfð oðre emnihte; hiems is winter se hæfð operne sunn-stede. On þysum feower tídum yrnð seó sunne geond mistlíce dælas, bufon þisum ymbhwyrfte, and þæs eorðan getempraþ, sóðlíce þurh Godes fore-sceawunge, þæt heo symle on nánre stowe gewunige, and mid hyre hætan middan-eardes wæstmas for-bærne. Ac heo gæð geond stowa, and tempraþ þa corðlícan wæstmas ægðer ge on wæstme ge on rípunge. Þonne se dæg langað, þonne gæð seó sunne norð-weard, oðþæt heo becymð to þam tácne þe is geháten cancer, þær is se sumerlíca sunn-stede; for þam þe heo cymð þær ongean eft súðweard and se dæg þonne sceortað oðþæt seó sunne cymð eft súð to þam winterlícum sunn-stede and þær eft stent. Ðonne heo norð-weard byð, þonne macað heo lenctenlíce emnihte on midde-weardum hyre ryne. Eft þonne heo súð-weard byð, þonne macað heo hærfestlíce emnihte. Swá heo súðor bið, swá hit swíðor winterlæcð, and gæð se winterlíca cyle æfter hyre; ac þonne heo eft ge-went ongean, þonne todræfð heo þone winterlícan cyle mid hyre hátum leóman.

AN ACCOUNT OF THE POET CÆDMON.
FROM ALFRED'S TRANSL. OF BEDE'S ECCL. HIST.

[A.D. 887?]

IV, 23. Wæs ymb syx hund wintra and h..nd-eahtatig from þære Dryhtenlican menniscnesse, þætte seo ærfeste Cristes þeowe, Hild, Abbudisse þæs mynstres þe is cweden Streoneshalh, swa swa we beforan sædon, æfter monigum heofonlicum dædum ðe heo on eorþan dyde, to onfonne þæs heofonlican lifes mede, and heo of eorþan alædded, leorde, þy fifteoþan dæge kalendarum Decembrium, mid þy heo hæfde syx and syxtig wintra, þæm wintrum todældum efenlice dæle; þreo and þrittig þa ærestan heo æþellice gefylde in weoruldháde drohtiende, and efen feolo þa æfter-fylgendan heo æþelicor in munuclife Drihtne gehalgade. Wæs heo eac swylce æþele in weoruld-gebyrdum, þæt heo wæs Edwines þæs cyninges nefan dohtor, se wæs Hereric haten; mid þy cyninge he to bodunge, and to láre þære eadegan gemynde Paulinus, þæs ærestan biscopes Norþan-hymbra, Cristes geleafan and geryno onfeng, and þone unwemme geheold, oðþæt þe he geearnode þæt he to his Gesihðe becom.

Đa heo þa Hild weoruldhád forleort, and Gode ánum geteohode þeowian, ða gewát heo in East-Engla mægþe, forþon heo wæs þæs cyninges mæge; wilnade þanon, gif heo meahte, þæt heo wolde hire eþel forlætan, and eal þæt heo for weorulde hæfde, and wolde cuman in Gallia rice, and in Cale ðam mynstre in elþeodignesse for Dryhtne lifian, þæt heo þy eð meahte þæt ece eþel in heofonum geearnian; forþon þe in þæm ylcan mynstre hire sweoster Hereswyð, seo wæs Aldwulfes modor,

East-Engla cyninges, regollicum þeodscypum under-
þeoded, in þa tíd bád þone ecan sige, ðære bysene heo
wæs onhyrgende in foresetnesse elþeodunge, and eall
ger in þære foresprecenan mægþe East-Engla hæfd wæs,
oðþæt heo eft from Aidane þæm biscope wæs húm ge-
laþad and gesponnen.

Ða onfeng heo anes hiwscipes stowe to norðdæle
Wire þære ea, and þær efenlice án gear munuc-líf
dyde mid feawum hire geferum. Æfter þyssum heo
wæs geworden abbudisse in þæm mynstre þe is geciged
Heortea. Ðæt mynster wæs geworden and getimbred
noht micle ǽr fram Hegu þære ǽrestan Cristes þeowe,
seo ǽrest wífa is sægd in Norþan-hymbra mægþe þæt
heo munuc-háde and halig refte onfenge, þurh halgunge
Aidanes þæs biscopes. Ac heo nalæs æfter med-micelre
tíde þæs þe þæt mynster getimbred wæs, gewát to þære
ceastre þe in Englisc is haten Kalcacester and hire þær
wic ásette, þæt heo Gode inlifde. Ða feng to þæs myn-
stres gerece Hild, seo Cristes þeowe, and heo þæt sona
mid regollice life gesette and geendebyrdade, swa swa
heo æt gelǽredum wæpned-monnum geleornian mihte;
forþon þe Aidan se biscop and monige oþre æfeste weras
and góde, þa þe hie cuþon, for hire snytro and wísdóme,
and fore lufan þæs godcundan þeowdomes, hi gelomlice
neosodan and sohton, and hie georne lufedon, and hie
geornlice tydon and lærdon.

IV, 24. On þisse abbudissan mynstre, wæs sum broðor
synderlice mid godcundre gyfe gemǽred, and geweorþ-
ad; forþon he gewunade gerisenlice leoð wyrcean, þa þe
to æfæstnesse and to árfæstnesse belumpon; swa þætte
swa hwæt swa he of godcundum stafum þurh boceras
geleornade, þæt he æfter med-miclum fæce in scóp-ge-
reorde, mid þa mæstan swétnesse and inbryrdnesse ge
glengde, and in Englisc gereorde wel gehwær forð-

brohte; and for his leoð-songum, monigra monna mód oft to worolde forhohnesse, and to geþeodnesse þæs heofonlican lífes onbærnde wæron. Ond eac swylce monige oðre æfter him in Ongel-þeode ongunnon æfeste leoð wyrcan, ac nænig hwæþere him þæt gelice dón meahte; forþon he nalæs from monnum ne þurh mon gelǽred wæs, þæt he þone leoðcræft geleornade; ac he wæs godcundlice gefultumod, and þurh Godes gyfe þone songcræft onfeng; ond he forþon næfre noht leasunga, ne ideles leoþes wyrcan meahte, ac efne þa án þa þe to æfestnesse belumpon, and his þa æfestan tungan gedafenode singan.

Wæs he se mon in weoruldháde geseted oð ða tíde þe he wæs gelyfedre yldo, and he næfre ænig leoð geleornade; and he forþon oft in gebeorscipe, þonne þær wǽs blisse intingan gedemed, þæt hie ealle sceoldon þurh endebyrdnesse be hearpan singan, ðonne he geseah þa hearpan him nealæcan, þonne arás he for scome from þæm symble, and hám eode to his huse. Ða he þæt þa sumre tíde dyde, þæt he forlet þæt hús þæs gebeorscipes, and út wæs gongende to neata scypene, þara heord him wæs þære nihte beboden, ða he þa þær in gelimplicre tíde his limu on reste gesette and onslæpte, þa stód him sum mon æt, þurh swefn, and hine halette and grette, and hine be his naman nemde, Cædmon, sing me æthwegu. Þa andswarode he, and cwæð. Ne con ic noht singan, and ic for þon of þyssum gebeorscipe út-eode, and hider gewát, forþon ic noht cuðe. Eft he cwæð, seðe mid him sprecende wæs, Hwæðere þu meaht me singan. Cwæð he, Hwæt sceal ic singan. Cwæð he, Sing me Frumsceaft. Ða he þa þas andsware onfeng, ða ongan he sona singan, in herenesse Godes Scyppendes, þa fers and þa word þe he næfre ne gehyrde, þara endebyrdnes þis is.

Nu we sceolan herian heofon-rices Weard,
Metodes mihte, and his mód-geþonc,
Wera Wuldor-Fæder; swa he wundra gehwæs,
Ece Dryhten, ord onstealde.
He ǽrest gesceop, eorðan bearnum,
Heofon to hrofe, halig Scyppend;
Þa middangeard, moncynnes Weard,
Ece Dryhten, æfter teode
Firum foldan, Frea Ælmihtig.

Ða arás he from þæm slæpe, and eall þa þe he slæpende song fǽste in gemynde hæfde, and þæm wordum sona monig word in þæt ylce gemet, Gode wyrþes songes, to-geþeodde. Ða com he on marne to þam tún-gerefan, seþe his ealdormon wæs, him sæde, hwylce gyfe he onfeng, and he hine sona to þære abbudyssan gelædde, and hire þæt cyðde and sægde. Þa het heo gesomnian ealle þa gelærdestan men and þa leorneras, and him andweardum het secgan þæt swefn, and þæt leoð singan, þætte eallra heora dome gecoren wære, hwæt oððe hwonon þæt cumen wære. Ða wæs him eallum gesegen, swa swa hit wæs, þæt him wære from Dryhtne sylfum heofonlic gifu forgifen. Ða rehton hie him and sǽgdon sum halig spell, and godcundre láre word: bebudon him þa, gif he mihte, þæt he him sum sunge, and in swinsunge leoðsonges þæt gehwyrfde. Ðá he þa hæfde þa wísan onfangene, þa eode he hám to his huse, and com eft on morgen, and, þy betstan leoðe geglenged, him asong and ageaf þæt him beboden wæs.

Ða ongan seo abbudysse clyppan and lufian þa Godes gyfe in þæm men, and heo hine þa monode and lǽrde, þæt he weoroldhád forlete, and munuchád onfenge; ond he þæt wel þafode: and heo hine in þæt mynster onfeng mid his gódum, and hine geþeodde to gesomnunge þara Godes þeowa, and het hine lǽran þæt getæl þæs hal-

gan stæres and spelles; ond he eall þæt he in gehernesse
geleornian mihte, mid hine gemyngade, and, swa clæne
nyten eodorcende, in þæt swéteste leoð gehwyrfde, and
his song and his leoð wæron swa wynsum to gehyrenne,
þæt þa sylfan his láreowas æt his muðe writon and leor-
nodon. Song he ǽrest be middangeardes gesceape, and
be fruman moncynnes, and eall þæt stær Genesis, þæt is
seo ǽreste Moises bóc, and eft be útgonge Israela folces
of Ægypta londe, and be ingonge þæs gehát-londes, and
be oðrum monigum spellum þæs halgan gewrites canones
bóca, and be Cristes menniscnesse, and be his þrowunge,
and be his up-astignesse on heofonas, and big þæs Hal-
gan Gastes cyme, and þara apostola láre; and eft bi þam
ege þæs toweardan dómes, and be fyrhto þæs tintreglican
wites, and be swétnesse þæs heofonlican ríces, he monig
leoð geworhte; and swylce eac oþer monig be þam god-
cundum fremsumnessum and dómum he geworhte. On
eallum þam he geornlice gymde þæt he men atuge fram
synna lufan and mán-dæda, and to lufan and to georn-
fullnesse awehte gódra dæda; forþon he wæs se mon
swiðe ǽfest, and reogollicum þeodscypum eaðmodlice
underþeoded; and wið þam þa ðe on oþre wísan dón
woldon, he wæs mid wylme micelre ellenwódnesse on-
bærned, and he forþon fægere ende his líf betynde and
geendade.

Forþon þa ðære tide nealehte his gewitenesse and forð-
fore, ða wæs he feowertyne dagum ǽr, þæt he wæs
licumlicre untrymnesse þrycced and hefigad, hwæþere to
þon gemetlice, þæt he ealle þa tíd mihte ge sprecan ge
gangan. Wæs þær on neaweste untrumra manna hús,
on þam hyra þeaw wæs þæt hi þa untruman, and þa þe
æt forðfore wæron, inlædan sceoldan, and him þær æt-
somne þenian. Da bæd he his þén, on æfenne þære nihte
þe he of worulde gangende wæs, þæt he on þam húse

nim stowe gegearwade, þæt he restan mihte. Ða wundrade se þen for hwon he þæs bæde, forþon him þuhte þæt his forðfore swa neh ne wære, dyde hwæþere swa swa he cwæð and bebead: ond mid þy he þa þær on reste eode, and he gefeonde mode sumu þing ætgædere mid him sprecende and gleowiende wæs þe þær ær inne wæron, þa wæs ofer middeniht þæt he frægn, hwæþer hi ænig husel þær-inne hæfdon? Ða andswarodon hie and cwædon, Hwilc þearf is þe husles? Ne þinre forðfore swa neh is, nu þu þus rotlice and þus glædlice to us sprecende eart. Cwæð he eft, Berað me hwæþere husel to. Ða he hit on handa hæfde, þa frægn he, hwæþer hi ealle smylte mód, and butan eallum incan, bliðe to him hæfdon? Ða andswarodon hi ealle, and cwædon, þæt hi nænigne incan to him wistan, ac hi ealle him swíðe bliðe móde wæron, and hi wrixendlice hine bædon þæt he him eallum bliðe wære. Ða andswarode he, and cwæð, Míne broþro þa leofan, ic eom swiðe bliþmód to eow and to eallum Godes monnum. And he swa wæs hine getrymmende mid þy heofonlican wegneste, and him oþres lífes ingang gearwade. Ða gyt he frægn, hu neh þære tide wære, þætte þa broðor arísan sceoldon, and Godes folc læran and heora uht-sang singan? Andswearodon hi, Nis hit feor to þon. Cwæð he, Tela, utan we wel þære tíde bidan; and þa him gebæd, and hine gesenade mid Cristes róde-tácne, and his heafod onhylde to þam bolstre, and med-mycel fæc onslæpte, and swa mid stillnesse his líf geendade. Ond swa wæs geworden, þætte swa swa he hluttere móde and bylewite and smyltre willsumnesse Drihtne þeowde, þæt he eac swylce swa smylte deaðe middangeard wæs forlætende, and to his gesyhðe becom.

ON THE BEGINNING OF CREATION.
FROM ÆLFRIC'S HOMILIES.

[A.D. 1000.]

An angin is ealra þinga, þæt is God Ælmihtig. He is ordfruma and ende; he is ordfruma, forði þe he wæs æfre; he is ende butan ælcere geendunge, forðan þe he bið æfre ungeendod. He is ealra cyninga Cyning, and ealra hlaforda Hlaford. He hylt mid his mihte heofenas and eorðan, and ealle gesceafta butan geswince, and he besceawað þa niwelnyssa þe under þyssere eorðan sind. He aweeð ealle duna mid anre handa, and ne mæg nan þing his willan wiðstandan. Ne mæg nan gesceaft fulfremedlice smeagan ne understandan ymbe God. Maran cyððe habbað englas to Gode þonne men, and þeahhweðere hí ne magon fulfremedlice understandan ymbe God. He gesceop gesceafta þaða he wolde; þurh his wisdom hí geworhte ealle þíng, and þurh his willan hé hí ealle geliffæste. Ðeos þrynnys is án God; þæt is se Fæder and his wisdom of him silfum æfre acenned; and heora begra willa, þæt is se Halga Gast; he nis na acenned, ac he gæð of þam Fæder and of þam Sunu gelice. Ðas þry hadas sindon án Ælmihtig God, se geworhte heofenas and eorðan, and ealle gesceafta. He gesceop tyn engla werod, þæt sind englas and heahenglas, throni, dominationes, principatus, potestates, virtutes, cherubim, seraphim. Her sindon nigon engla werod; hí nabbað nænne lichaman, ac hí sindon ealle gastas swiðe strange and mihtige and wlitige, on micelra fægernysse gesceapene, to lofe and to wurðmynte heora Scyppende. Ðæt teoðe werod abreað and awende on yfel. God hí gesceop ealle góde, and let hí habban agenne cyre, swa hí heora Scyppend lufedon and filigdon, swa hí hine forleton. Ða wæs þæs teoðan werodes ealdor swiðe fæger and wlitig gesceapen, swa þæt hé wæs geháten Leohtberend. Þa began he to modigenne for þære fægernysse þe he hæfde, and cwæð on his heortan þæt hé wolde and eaðe mihte beon his Scyppende gelíc, and sittan on þam norð-dæle heofenan rices, and habban andweald and ríce ongean God Ælmihtigne. Þa gefæstnode he þisne ræd wið þæt werod þe hé bewiste, and hí ealle to þam ræde gebugon. Ðaða hí ealle hæfdon þysne ræd betwux him gefæstnod, þa becom Godes grama ofer hí ealle, and hí ealle wurdon awende of þam fægeran híwe, þe hí on gesceapene wæron, to laðlicum deoflum. And swiðe rihtlice him swa getimode, þaða he wolde mid modignysse beon betera þonne he gesceapen wæs, and cwæð, þæt he mihte beon þam Ælmihtigum Gode gelíc. Þa wearð he and ealle his geferan forcuþran and wyrsan þonne ænig oðer gesceaft; and þa hwile þe he smeade hu he mihte dælan ríce wið God, þa hwile gearcode se Ælmihtiga Scyppend him and his geferum helle wíte, and hí ealle adræfde of heofenan rices myrhðe, and let befeallan on þæt ece fyr, þe him gegearcod wæs for heora ofermettum. Þa sona þa nigon werod, þe ðær to lafe wæron, bugon to heora Scyppende mid ealre eaðmodnesse, and betæhton heora ræd to his willan. Þa getrymde se Ælmihtiga God þa nigon engla werod, and gestaþelfæste swa þæt hí næfre ne mihton ne noldon syððan fram his willan gebugan; ne hí ne magon nu, ne hí nellað nane synne gewyrcan, ac hi æfre beoð ymbe þæt án, hu hi magon Gode gehyrsumian and him gecweman. Swa mihton eac þa oðre, þe ðær feollon, dón, gif hi woldon; forþi ðe God hí geworhte to wlitegum engla gecynde, and let hí habban agenne cyre, and

hí næfre ne gebigde, ne hí nydde mid nanum þingum to
þam yfelan ræde; ne næfre se yfela ræd ne com of Godes
geþance, ac com of þæs deofles, swa swa we ær cwædon.

Nu þencð manig man and smeað hwanon deofol come;
þonne wite he þæt God gesceop to mæran engle þone þe
nu is deofol; ac God ne gesceop hine na to deofle; ac
þaða he wæs mid ealle fordón and forscyldgod þurh þa
miclan upahefednysse and wiðerweardnysse, þa wearð
he to deofle awend, seðe ær wæs mære engel geworht.
Ða wolde God gefyllan and geinnian þone lyre þe for-
loren wæs of þam heofenlicum werode, and cwæð þæt
hé wolde wyrcan mannan of eorðan, þæt se eorðlíca man
sceolde geþeon and geearnian mid eadmodnysse þa wun-
unga on heofenan ríce, þe se deofol forwyrhte mid mod-
dignysse. And God þa geworhte ænne mannan of
láme, and him on ableow gast, and hine geliffæste, and
he wearð þa man gesceapen on sawle and on lichaman;
and God him sette naman Adám, and he wæs þa sume
hwile ánstandende. God þa hine gebrohte on neorxna-
wange, and hine þær gelogode, and him to cwæð:
"Ealra þæra þinga þe on neorxna-wange sindon þu most
brucan, and hí ealle beoð þe betæhte, butan ánum treowe
þe stent on middan neorxna-wange: ne hrepa þu þæs
treowes wæstm, forþan ðe þu bist deadlic, gif ðu þæs
treowes wæstm geetst." Hwí wolde God swa lytles
þinges him forwyrnan, þe him swa miccle oðre þing be-
tæhte? Gyse hu mihte Adám to-cnawan hwæt he
wære, buton he wære gehyrsum on sumum þinge his
Hlaforde. Swylce God cwæde to him, "Nast þu na
þæt ic eom þin Hlaford, and þæt þu eart min þeowa, buton
þu do þæt ic þe háte, and forgáng þæt ic þe forbeode.
Hwæt mæg hit þonne beon þæt þu forgán sceole: ic þe
secge; forgang þu anes treowes wæstm and mid þære
eaðelícan gehyrsumnysse þu geearnast heofenan ríces

myrhðu and þone stede þe se deofol of-afeoll þurh ungehyrsumnesse. Gif ðu þonne ðis lytle bebód tobrecst, þu scealt deaðe sweltan." And þa wæs Adam swa wís þæt God gelædde to him nytenu, and deorcynn, and fugelcynn, ðaða he hí gesceapene hæfde; and Adam him eallum naman gesceop; and swa swa he hí þa genamode swa hí sindon gyt gehátene. Þa cwæð God, "Nis na gedafenlic þæt þes man ana beo, and næbbe nænne fultum; ac uton gewyrcan him gemacan, him to fultume and to frofre." And God þa geswefode þone Adam, and þaþa he slep, þa genam he án rib of his sídan, and geworhte of þam ribbe ænne wifman, and axode Adam hu heo hátan sceolde. Þa cwæð Adam, "Heo is bán of minum bánum, and flæsc of minum flæsce; beo hire nama Virago, þæt is fæmne; forðan ðe heo is of hire were genumen." Ða sette Adam eft hire oðerne naman, Æva, þæt is líf: forðan ðe heo is ealra lybbendra modor.

Ealle gesceafta, heofonas and englas, sunnan and mónan, steor..an and eorðan, ealle nytenu and fugelas, sǽ and ealle fixas, and ealle gesceafta God gesceop and geworhte on six dagum; and on þam seofoðan dæge he geendode his weorc, and geswac ða and gehalgode þone seofoðan dæg, forðan ðe he on ðam dæge his weorc geendode. And he beheold þa ealle his weorc ðe he geworhte, and hí wæron ealle swiðe góde. Ealle ðing he geworhte buton ælcum antimbre. He cwæð, "Geweorðe leoht" and ðærrihte wæs leoht geworden. He cwæð eft "Geweorðe heofen" and þærrihte wæs heofen geworht, swa swa he mid his wisdome and mid his willan hit gedihte. He cwæð eft, and het ða eorðan þæt heo sceolde forðlædan cuce nytenu; and he ða gesceop of þære eorðan eall nytencynn, and deorcynn, ealle ða ðe on feower fótum gáð; ealswa eft of wætere he gesceop fixas and fugelas, and sealde ðam fixum sund, and ðam fugelum fliht; ac he ne sealde nanum nytene ne nanum fisce nane sawle; ac heora blod is heora lif, and swa hraðe swa hi beoð deade, swa beoð hí mid ealle geendode. Þaða he worhte ðone man Adám he ne cwæð ná "Geweorðe man geworht" ac he cwæð, "Uton gewyrcan mannan to ure anlicnysse" and he worhte ða þone man mid his handum, and him on ableow sawle; forði is se man betera, gif he góde geðihð, þonne ealle ða nytenu sindon; forðan ðe hí ealle gewurðað to nahte, and se man is ece on anum dæle, þæt is on ðære sawle; heo ne geendað næfre. Se lichama is deadlic þurh Adames gylt, ac ðeah-hwæðere God arærð eft ðone lichaman to ecum ðingum on dómes dæg. Nu cwædon gedwolmen þæt deofol gesceope sume gesceafta, ac hí leogað; ne mæg he náne gesceafta gescyppan, forðan ðe he nis na Scyppend, ac is atelic sceocca, and mid leasunge he wile beswican and fordón þone unwaran; ac he ne mæg nænne man to nanum leahtre geneadian, buton se man his agenes willes to his láre gebuge. Swa hwæt swa is on gesceaftum wiðerweardlíc geþuht and mannum derige, þæt is eall for urum synnum and yfelum geearnungum.

Þa ongeat se deofol þæt Adam and Eva wæron to ðy gesceapene þæt hi sceolon mid eadmodnysse and mid gehyrsumnysse gearnian ða wununge on heofenan rice ðe he of-afeoll for his up-ahefednysse, þa nam he micelne graman and ándan to þam mannum, and smeade hú he hí fordón mihte. He com ða on næddran hiwe to þam twam mannum, ærest to ðam wife, and hire to cwæð, "Hwí forbead God eow þæs treowes wæstm, ðe stent on middan neorxna-wange?" Þa cwæð þæt wíf, "God us forbead þæs treowes wæstm, and cwæð þæt we sceoldon deaðe sweltan, gif we his on-byrigdon." Ða cwæð se deofol: "Nis hit na swa þu segst, ac God wát genoh geare, gif ge of ðam treowe geetað, þonne beoð eowere eagan geopenode, and ge magon geseon and tocnáwan ægðer ge gód ge yfel, and ge beoð englum gelice." Næron hí blinde gesceapene, ac God hí gesceop swa bilewite þæt hí ne cuðon nan ðing yfeles, naðor ne on gesihðe, ne on spræce, ne on weorce. Wearð þeah þæt wíf ða forspanen þurh ðæs deofles láre, and genam of ðæs treowes wæstme and geæt, and sealde hire were, and he geæt. Ða wæron hí butu deadlice, and cuðon ægðer ge gód ge yfel; and hí wæron ða nacode, and him ðæs sceamode. Þa com God and axode hwi he his bebod tobræce? and adræfde hí butu of neorxna-wange, and cwæð, "Forðan ðe ðu wære gehyrsum ðines wifes wordum, and min bebod forsawe, þu scealt mid earfoðnyssum þe metes tilian, and seo eorðe þe is awyriged on þinum weorce, sylð þe ðornas and bremblas. Þu eart of eorðan genumen, and þu awenst to eorðan. Þu eart dust, and ðu awentst to duste." God him worhte þa reaf of fellum, and hí wæron mid þam fellum gescrydde.

Ða deadan fell getácnodon þæt hí wæron ða deadlice þe mihton beon undeadlice, gif hi heoldon þæt eaðelice Godes bebod. Ne þorfte Adam ne eal mancynn þe him siððan of-acom næfre deaðes onbyrian, gif þæt treow moste standan ungehrepod, and his nán man ne onbyrigde; ac sceolde Adam and his ofspring tyman on asettan tyman swa swa nu dóð clæne nytenu, and siððan ealle buton deaðe faran to ðam ecan life. Næs him gesceapen from Gode, ne he næs genedd þæt he sceolde Godes bebod tobrecan; ac God hine lét frigne, and sealde him agenne cyre, swa he wære gehyrsum, swa he wære ungehyrsum. He wearð þa deofle gehyrsum, and Gode ungehyrsum, and wearð betæht, he and eal mancynn, æfter ðisum life, into helle-wíte, mid þam deofle

On the Beginning of Creation.

ðe hinc forlærde. Þa wiste God hwæðere þæt he wæs forlæred, and smeade hu he mihte his and ealles mancynnes eft gemiltsian.

On twam þingum hæfde God þæs mannes sawle gegódod; þæt is mid undeadlicnysse, and mid gesælðe. Þa þurh deofles swicdom and Adames gylt we forluron þa gesælðe ure sawle, ac we ne forluron ná þa undeadlicnysse; heo is éce, and næfre ne geendað, þeah se lichama geendige, þe sceal eft þurh Godes mihte arisan to ecere wununge. Adam þa wæs wunigende on þisum life mid geswince, and he and his wif ða bearn gestryndon ægðer ge suna ge dohtra; and he leofode nigon hund geara and þrittig geara, and siððan swealt, swa swa him ær beháten wæs, for þam gylte; and his sawul gewende to helle.

Weland him be wurman   wræces cunnade
Anhydig eorl   earfoþa dreag,
Hæfde him to gesiþþe   sorge and longað,
Winter-cealde wræce,   wean oft onfond,
Siððan hine Niðhad on   nede legde,
Swoncre seono-bende,   onsyllan mon.
Ðæs ofereode;   þisses swa mæg.

We geascodan   Eormanrices
Wylfenne geþoht;   ahte wide folc
Gotena rices;   þæt wæs grim cyning.
Sæt secg monig   sorgum gebunden,
Wean on wenan   wyscte geneahhe,
Þæt þæs cyne-rices   ofercumen wære.
Ðæs ofereode;   þisses swa mæg.

ASSUMPTION OF ST. JOHN, THE APOSTLE.
FROM ÆLFRIC'S HOMILY VI. KAL. JAN.

[A D. 1000.]

Iohannes se Godspellere, Cristes dyrling, wearð on ðysum dæge tc heofenan rices myrhðe, þurh Godes neosunge, genumen. He wæs Cristes moddrian sunu, and he hine lufode synderlice. Witodlice ðisum leofan leorning-cnihte befæste se Hælend his modor, þaþa he on rode hengene mancynn alysde; þæt his clæne lif ðæs clænes mædenes Marian gymde, and heo ða on hyre swyster suna ðenungum wunode.

Eft on fyrste, æfter Cristes upstige to heofonum, rixode sum wælhreow casere on Romana rice, æfter Nerone, se wæs Domicianus gehaten, cristenra manna ehtere: se het afyllan ane cyfe mid weallendum ele, and þone mæran godspellere þæron het bescufan; ac he, ðurh Godes gescyldnysse, ungewemmed of ðam hatum bæðe eode. Eft ðaða se wælhreowa ne mihte ðæs eadigan apostoles bodunge alecgan, þa asende he hine on wræcsið to anum igoðe þe is Paðmas geciged, þæt he ðær þurh hungres scearpnysse acwæle. Ac se Ælmihtiga Hælend ne forlét to gymeleaste his gelufedan apostol, ac geswutelode him on ðam wræcsiðe þa toweardan onwrigenysse, be ðære he awrat ða bóc ðe is gehaten Apocalipsis: and se wælhreowa Domicianus on þam ylcan geare wearð acweald æt his witena handum; and hí ealle anmodlice ræddon þæt ealle his gesetnyssa aydlode wæron. Þa wearð Nerva, swiðe arfæst man, to casere gecoren. Be his geðafunge gecyrde se apostol ongean mid micclum wurðmynte, seðe mid hospe to wræcsiðe asend wæs.

Hĩm urnon ongean weras and wif fægnigende and cweðende " Gebletsod is seðe com on Godes naman."

Mid þam ðe se apostol Iohannes stop into ðære byrig Ephesum, þær bær man him togeanes anre wydewan líc to byrigenne; hire nama wæs Drusiana. Heo wæs swiðe gelyfed and ælmesgeorn, and þa ðearfan, ðe heo mid cystigum mode eallunga afedde, dreorige mid wópe ðam líce folgodon. Ða het se apostol ða bære settan, and cwæð, " Min Drihten, Hælend Crist! Arære ðe, Drusiana; aris, and gecyrr ham, and gearca ús gereordunge on þinum huse." Drusiana þa arás swilce of slæpe awreht, and, carfull be ðæs apostoles hæse, ham gewende.

On ðam oðrum dæge eode se apostol be þære stræt, þa ofseah he hwær sum uðwita lædde twegen gebroðru, þe hæfdon behwyrfed eall heora yldrena gestreon on deorwurðum gymstanum, and woldon ða tocwysan on ealles þæs folces gesihðe, to wæfersyne, swylce to forsewennysse woruldlicra æhta. Hit wæs gewunelic on ðam timan þæt ða ðe woldon woruld-wisdom gecneordlice leornian, þæt hí behwyrfdon heora are on gymstanum, and ða tobræcon; oððe on sumum gyldenum wecge, and ðone on sǽ awurpan; þe-læs ðe seo smeaung þæra æhta hí æt þære lare hremde. Þa clypode se apostol ðone uðwitan Graton him to, and cwæð, " Dyslic bið þæt hwa woruldlice speda forhogige for manna hérunge, and beo on Godes dome geniðerod. Ydel bið se læcedom þe ne mæg ðone untruman gehælan; swa bið eac ydel seo lár ðe ne gehælð ðære sawle leahtras and unðeawas. Soðlice min lareow, Crist, sumne cniht ðe gewilnode þæs ecan lifes þysum wordum lærde, þæt he sceolde ealle his welan beceapian, and þæt wurð ðearfum dælan, gif he wolde fulfremed beon, and he syððan hæfde his goldhord on heofenum, and ðær to-eacan þæt ece líf.'

Graton þa, se uðwita, him andwyrde, þas gymstanas synd to-cwysede for ydelum gylpe, ac gif ðin láreow is soð God, gefeg ðas bricas to ansundnysse, þæt heora wurð mæge þearfum fremian." Iohannes þa gegaderode ðæra gymstana bricas, and beseah to heofonum, þus cweðende, " Drihten, Hælend, nis ðe nan ðing earfoðe; þu ge-edstaðelodest ðisne tobrocenan middangeard on þinum geleaffullum, þurh tácen þære halgan rode; ge-edstaðela nu þas deorwurðan gymstanas, ðurh ðinra engla handa, þæt ðas nytenan menn þine mihta oncnáwon, and on þe gelyfon." Hwæt, ða færlice wurdon ða gymstanas swa ansunde, þæt furðon nan tácen þære ærran tocwysednysse næs gesewen. Þa se uðwita Graton samod mid þam cnihtum feoll to Iohannes fotum, gelyfende on God. Se apostol hine fullode mid eallum his hirede, and he ongann Godes geleafan openlice bodian. Þa twegen gebroðra, Atticus and Eugenius, sealdon heora gymstanas, and ealle heora æhta dældon wædlum, and filigdon þam apostole, and micel menigu geleaffulra him eac to geðeodde.

Þa becom se apostol æt sumum sæle to þære byrig Pergamum, þær ða foresædan cnihtas iú ær eardodon, and gesawon heora ðeowan mid godewebbe gefreatewode, and on woruldlicum wuldre scinende. Ða wurdon hí mid deofles flán þurhscotene, and dreorige on mode, þæt hi wædligende on ánum wáclicum wæfelse ferdon, and heora ðeowan on woruldlicum wuldre scinende wæron. Þa undergeat se apostol ðas deoflican facn, and cwæð, " Ic geseo þæt eower mód is awend, and eower andwlita, forðan ðe ge eowre speda þearfum dældon, and mines Drihtnes lare fyligdon: gað nu forði to wuda, and heawað incre byrðene gyrda, and gebringað to me." Hí dydon be his hæse, and he on Godes naman ða grenan gyrda gebletsode, and hí wurdon to readum golde

awende. Eft cwæð se apostol Iohannes, " Gað to ðære
sǽ-strande, and feccað me papolstanas." Hí dydon swa;
and Iohannes þa on Godes mægenðrymme hí geblet-
sode, and hí wurdon gehwyrfede to deorwurðum gym-
mum. Þa cwæð se apostol, " Gað to smiððan, and fand-
iað þises goldes and ðissera gymstana." Hí ða eodon,
and eft comon, þus cweðende, " Ealle ðas goldsmiðas
secgað þæt hí næfre ær swa clæne gold, ne swa read, ne
gesawon: eac ðas gym-wyrhtan secgað þæt hi næfre swa
deorwurðe gymstanas ne gemetton." Þa cwæð se apos-
tol him to, " Nimað þis gold, and ðas gymstanas, and
farað, and bicgað eow land-áre; forðan þe ge forluron ða
heofenlican speda. Bicgað eow pællene cyrtlas, þæt ge
to lytelre hwile scinon swa swa róse, þæt ge hrædlice
forweornion. Beoð blowende and welige hwilendlice,
þæt ge ecelice wædlion. Hwæt la, ne mæg se Ælmihti-
ga Wealdend þurhteon þæt he do his ðeowan rice for
worulde, genihtsume on welan, and unwiðmetenlice
scinan? Ac he sette gecámp geleaffullum sawlum, þæt
hi gelyfon to geagenne þa ecan welan, ða ðe for his
naman þa hwilwendan speda forhógiað. Ge gehældon
untruman on þæs Hælendes naman, ge afligdon deoflu,
ge forgeafon blindum gesihðe, and gehwilce uncoðe ge-
hældon; efne nu is ðeos gifu eow ætbroden, and ge sind
earmingas gewordene, ge ðe wæron mære and strange.
Swa micel ege stod deoflum fram eow, þæt hí be eowere
hæse þa ofsettan deofolseocan forleton; nu ge ondrædað
eow deoflu. Þa heofenlican æhta sind us eallum ge-
mæne. Nacode we wæron acennede, and nacode we
gewitað. Þære sunnan beorhtnys, and þæs monan leoht,
and ealra tungla sind gemæne þam rican and ðam heanan.
Rén-scuras, and cyrcan duru, fulluht, and synna forgyf-
enys, huselgang, and Godes neosung, sind eallum ge-
mæne, earmum and eadigum: ac se ungesæliga gytsere

wile mare habban þonne him genihtsumað, þonne he furðon orsorh ne bricð his genihtsumnysse. Se gytsere hæfð ænne lichaman, and menigfealde scrúd; he hæfð ane wambe, and þusend manna bigleofan: witodlice þæt he for gytsunge úncyste nanum oðrum syllan ne mæg, þæt he hordað, and nat hwam; swa swa se witega cwæð. 'On ídel bið ælc man gedrefed seðe hordað, and nat hwam he hit gegaderað.' Witodlice ne bið he þæra æhta hlaford, þonne he hi dælan ne mæg; ac he bið þæra æhta ðeowa, þonne he him eallunga þeowað: and þær to-eacan him weaxað untrumnyssa on his lichaman, þæt he ne mæg ǽtes oððe wǽtes brucan. He· carað dæges and nihtes þæt his feoh gehealden sy; he gymð grædelic his teolunge, his gafoles, his gebytlu; he berypð þa wánnspedigan, he fulgǽð his lustum and his plegan; þonne færlice gewitt he of ðissere worulde, nacod and forscyldigod, synna ana mid him ferigende; forðan þe he sceal éce wíte ðrowian."

Efne ðaða se apostol þas lare sprecende wæs, ða bær sum wuduwe hire suna lic to bebyrgenne. Seo dreorige modor þa samod mid þam licmannum rarigende hí astrehte æt þæs halgan apostoles fotum, biddende þæt he hire sunu on Godes naman arǽrde, swa swa he dyde þa wydewan Drusianam. Iohannes þa of-hreow þære meder and ðæra licmanna dreorignysse, and astrehte his lichaman to eorðan on langsumum gebede, and ða æt nextan arás, and eft up-ahafenum handum langlice bæd. Þaða he ðus ðriwa gedón hæfde, ða het he unwindan þæs cnihtes líc, and cwæð: " Eala ðu cniht, þu ne cuðest ðinne Scyppend; þu ne cuðest manna Hælend; þu ne cuðest ðone soðan freond; and forði þu beurne on þone wyrstan feond. Nu ic ageat mine tearas, and for ðinre nytennysse geornlice bǽd, þæt þu of deaðe arise, and þisum twam gebroðrum, Attico and Eugenio, cyðe hu

micel wuldor hí forluron, and hwilc wíte hí geearnodon."
Mid ðam þa arás se cniht Stacteus, and feoll to Iohannes
fotum, and begann to ðreagenne þa gebroðru þe mis-
wende wæron, þus cweðende, " Ic geseah þa englas þe
eower gymdon, dreorige wepan and ða awyrigedan
sceoccan blissigende on eowerum forwyrde. Eow wæs
heofenan rice gearo, and scinende gebytlu mid wistum
afyllede, and mid ecum leohte: þa ge forluron þurh un-
wærscipe, and ge begeaton eow ðeosterfulle wrununga
mid dracum afyllede, and mid brastligendum ligum, mid
unasecgendlicum wítum afyllede, and mid anðræcum
stencum; on ðam ne ablinð granung and þoterung dæges
oððe nihtes: biddað forði mid inweardre heortan ðysne
Godes apostol, eowerne lareow, þæt he eow fram ðam
ecum forwyrde aræ re, swa swa he me fram deaðe
aræ rde; and he eowre sawla, þe nu synd adylegode of
þære liflican béc, gelæ de eft to Godes gife and miltsunge."

Se cniht þa Stacteus, ðe of deaðe arás, samod mid þam
gebroðrum, astrehte hine to Iohannes fót-swaðum, and
þæt folc forð mid ealle, anmodlice biddende þæt he him
to Gode geþingode. Se apostol þa bebead ðam twam
gebroðrum þæt hi ðritig daga be hreowsunge dædbet-
ende Gode geoffrodon, and on fæce geornlice bæ don,
þæt ða gyldenan gyrda eft to þan ærran gecynde awend-
on, and þa gymstanas to heora wacnysse. Æfter ðritigra
daga fæce, þapa hí ne mihton mid heora benum þæt gold
and þa gymstanas to heora gecynde awendan, ða comon
hi mid wope to þam apostole, þus cweðende, " Symle þu
tæhtest mildheortnysse, and þæt man oðrum miltsode; and
gif man oðrum miltsað, hu micele swiðcr wile God milt-
sian and arian mannum his handgeweorce! Þæt þæt we
mid gitsigendum eagum agylton, þæt we nu mid wep-
endum eagum behreowsiað." Ða andwyrde se apostol,
" Berað ða gyrda to wuda, and þa stanas to sǽ-strande:

hi synd gecyrrede to heora gecynde." Þaþa hi þis gedon hæfdon, ða underfengon hi eft Godes gife, swa þæt hi adræfdon deoflu, and blinde and untrume gehældon, and fela tacna on Drihtnes naman gefremedon, swa swa hi ær dydon.

Þaþa se apostol wæs nigon and hund-nigontig geara, þa æteowode him Drihten Crist mid þam oðrum apostolum, þe he of ðisum life genumen hæfde, and cwæð " Iohannes, cum to me; tima is þæt þu mid ðinum gebroðrum wistfullige on minum gebeorscipe." Iohannes þa arás, and eode wið þæs Hælendes; ac he him to cwæð. " Nu on sunnan-dæg, mines æristes dæge, þu cymst to me;" and æfter þam worde Drihten gewende to heofenum. Se apostol micclum blissode on ðam beháte, and on þam sunnan-uhtan ærwacol to ðære cyrcan com, and þam folce, fram hancrede oð undern, Godes gerihta lærde, and him mæssan gesang, and cwæð þæt se Hælend hine on þam dæge to heofonum gelaðod hæfde. Het ða delfan his byrgene wið þæt weofod, and þæt greot utawegan. And he eode cucu and gesund into his byrgene, and astrehtum handum to Gode clypode, " Drihten Crist, ic þancige ðe þæt þu me gelaðodest to þinum wistum: þu wást þæt ic mid ealre heortan þe gewilnode. Oft ic ðe bæd þæt ic moste to ðe faran, ac ðu cwæde þæt ic anbidode, þæt ic ðe mare folc gestrynde. Þu heolde minne lichaman wið ælce besmittennysse, and þu simle mine sawle onlihtest, and me nahwar ne forlete. Þu settest on minum muðe ðinre soðfæstnysse word, and ic awrat ða lare ðe ic of ðinum muðe gehyrde, and ða wundra ðe ic ðe wyrcan geseah. Nu ic ðe betæce, Drihten! þine bearn, ða ðe þin gelaðung, mæden and modor, þurh wæter and þurh þone Halgan Gast, ðe gestrynde. Onfoh me to minum gebroðrum mid ðam ðe ðu come, and me gelaðodest. Geopena ongean me lifes geat, þæt ðæra ðeostra ealdras me ne gemeton. Þu eart Crist, ðæs lifi-gendan Godes Sunu, þu þe be ðines Fæder hæse mid-dangeard gehældest, and us ðone Halgan Gast asendest. Þe we heriað, and þanciað þinra menigfealdra góda geond ungeendode worulde. Amen."

Æfter dysum gebede æteowode heofenlic leoht bufon ðam apostole, binnon ðære byrgene, ane tid swa beorht scinende, þæt nanes mannes gesihð þæs leohtes leoman sceawian ne mihte; and he mid þam leohte his gast ageaf þam Drihtne þe hine to his rice gelaðode. He gewát swa freoh fram deaðes sarnysse of ðisum and-weardan life, swa swa he wæs ælfremed fram licham-licere gewemmednysse. Sóðlice syððan wæs his byrgen gemet mid mannan afylled. Manna wæs gehaten se heofenlica mete, þe feowertig geara afedde Israhela folc on westene. Nu wæs se bigleofa gemett on Iohannes byrgene and nan ðing elles; and se mete is weaxende on hire oð ðisne andweardan dæg. Þær beoð fela tacna æteowode and untrume gehælde, and fram eallum freced-nyssum alysede, þurh ðæs apostoles ðingunge. Þæs him getiðað Drihten Crist, þam is wuldor and wurðmynt mid Fæder and Halgum Gaste á butan ende. Amen.

Is hwæðere æfter gecynde on gesceapennysse ælc lichamlice gesceaft ðe eorðe acenð fulre and mægen-fæstre on fullum monan þonne on gewanedum. Swa eac treowa, gif hi beoð on fullum monan geheawene, hi beoð heardran and lang-fǽrran to getimbrunge, and swiðost, gif hi beoð unsæpige geworhte. Nis ðis nan wíglung, ac is gecyndelic ðing þurh gesceapennysse.

FROM ALFRED'S METRES OF BOETHIUS.

[A.D. 887?]

PROŒMIUM.—Ælfred cyning wæs wealstod þisse béc and hie of bóc-ledene on Englisce wende, swá hio nu is gedón. Hwilum he sette word be worde, hwilum andgit of andgite, swá swá he hit sweótolost, and andgitfullícost gereccan mihte for þæm mistlícum and manigfealdum weoruld-bisgum, þe hine oft ægðer ge on móde ge on líchoman bisgodon. Þa bisgu us sind swíðe earfoð-rime þe on his dagum on þa rícu becómon þe he under-fangen hæfde; and þeah þá he þás bóc hæfde geleornode and of Lædene to Engliscum spelle gewende, þá geworhte he hí efter to leóðe, swa swá heo nu gedón is. And nu bit and for Godes naman halsað ælcne þara þe þás bóc rædan lyste, þæt he for hine gebidde, and him ne wíte gif he hit rihtlícor ongite þonne he mihte; for þam þe, ælc mon sceal be his andgites mæðe and be his æmettan sprecan þæt he sprecð, and dón þæt he déð.

I, 1. Ða lioð þe ic wrecca geo lustbærlíce song, ic sceal nu heofiende singan, and mid swíðe ungeradum wordum gesettan. Þeah ic geo hwilum gecoplíce funde, ac ic nu wepende and gisciende of geradra worda misfo. Me ablendan þas ungetreowan woruld-sælþa, and me þá forletan swá blindne on þis dimme hol! Ðá bereafodon ælcere lustbærnesse þá ðá ic him æfre betst truwode; þá wendon hi me heora bæc to, and me mid ealle fromgewitan! To hwon sceoldan mine friend secgan þæt ic gesælig mon wǽre? Hu mæg se beón gesælig se ðe on þam gesælðum þurhwunian ne mot?

FROM ALFRED'S METRES OF BOETHIUS.

Hwæt ic lioða fela   lustlíce geo
Sang on sælum,   nu sceal siofigende,
Wópe gewæged,   wreccea giomor,
Singan sár-cwidas.   Me þios siccetung hafað,
5   Agæled þes geocsa,   þæt ic þa ged ne mæg
Gefegean swá fægre,   þeah ic fela gio þá
Sette sóð-cwida   þonne ic on sælum wæs.
Oft ic nu miscyrre   cuðe spræce,
And þeah uncuðre   ær hwilum fond;
10   Me þás woruld-sælþa   wel hwær blindne
On þis dimme hol   dysigne forlæddon,
And me þá berypton   rædes and frofre,
For heora untreowum   þe ic him æfre betst
Truwian sceolde;   hi me towendon
15   Heora bacu bitere   and heora blisse from.
Forhwam wolde ge,   woruld-frynd mine,
Secgan oððe singan   þæt ic gesælig mon
Wǽre on worulde?   ne synt þa word sóð
Nu þa gesælþa ne magon   simle gewunigan.

II, 3. Đa ongan se Wisdom singan and giddode þus: Donne seó sunne on hádrum heofone beorhtost scíneð, þonne aðeostriað ealle steorran, for þam þe heora beorht- nes ne beóð nán beorhtnes for hire. Donne smylte bláweð súðan-westan wind, þonne weaxað swíðe hraðe feldes blosman; ac þonne se stearca wind cymð norðan- eástan, þonne to-weorpð he swíðe hraðe þære rosan wlite. Swá oft þone tó smylton sǽ þæs norðan windes yst on- styreð. Eala þæt nán wuht nis fæste-standendes weorces á wuniende on worulde!

Đa se Wisdom eft   word-hord onleac,
Sang soð-cwidas,   and þus selfa cwæð:
Donne seó sunne   sweotolost scíneð
Hádrost of heofone,   hræðe beóð aðistrod

5　Ealle ofer eorðan　oðre steorran,
　　Forþam heora birhtu ne bið　auht birhtnesse
　　To gesetanne,　wið þære sunnan leoht.
　　Ðonne smolte blæwð　súðan and westan
　　Wind under wolcnum,　þonne weaxað hraðe
10　Feldes blostman,　fægen þæt hi móton.
　　Ac se stearca storm,　þonne he strong cymð
　　Norðan and eástan,　he genimeð hraðe
　　Þære rosan wlite.　And eac þa rúman sæ
　　Norðerne yst,　nede gebædeð
15　Þæt heo strange geond styreð,　on staðu beateð.
　　Eala þæt on eorðan　auht fæstlíces
　　Weorces on worulde　ne wunað æfre!

II, 5. Ðá seó Gesceadwísnes ða þis spell asæd hæfde, þa ongan heo singan and þus cwæð: Eala hu gesælig seó forme eld was þises middangeardes, þa ælcum men þuhte genoh on þære eorðan wæstmun. Næron þa welige hámas, ne mistlíce swotmettas ne drincas; ne deorwyrða hrægla hi ne girndan, forþam hi þá git næron, ne hio nánwuht ne gesawon, ne ne geherdon. Ne gymdon hie nánes fyrenlustes, búton swíðe gemetlíce þa gecynd beeodon. Ealne weg hi æton æne on dæg, and þæt wæs to æfennes. Treówa wæstmas hi æton and wyrta; nalles scir wín hi ne druncon, ne nánne wætan hi ne cuðon wið hunige mengan, ne seolocenra hrægla mid mistlícum bleowum hi ne gymdon. Ealne weg hi slepon ute on treówa sceadum. Hluterra wella wæter hi druncon. Ne geseah nán cepa ealand, ne weroð, ne geherde nán man þa get nánne sciphere, ne furðon ymbe nán gefeoht sprecan. Ne seó eorðe þa get besmiten mid ofslegenes mannes blode, ne man furðon gewundod; ne man ne geseah þa get yfel willende men; nænne weorðscipe næfdon, ne hi nán man ne lufode. Eala þæt ure tída nu

ne mihtan weorðan swilce! Ac nu manna gitsung is
swá byrnende swá þæt fýr on þære helle, seó is on þam
munte þe Ætna hatte, on þam igland þe Sicilia hatte.
Se munt bið simle swefle byrnende, and ealla þa neah
stowa þær ymbutan forbærnð. Eala hwæt se forma git-
sere wære, þe ærest þa eorðan ongan delfan æfter golde
ard æfter gimmum, and þa frecnan deórwurðnessa funde
þe ær behyd wæs, and behelod mid þære eorðan!

  Sóna swá se Wisdom þás word hæfde
  Swetole areahte he þá siððan ongan
  Singan sóð-cwidas and þus selfa cwæð:
  Hwæt seó forme eld fold-buendum
5 Geond eorðan sceat æghwam dohte
  Þá þá anra gehwæm on eorð-wæstmum
  Genoh þuhte! Nis hit nu þa swelc.
  Næron þa geond weorulde welige hámas,
  Ne mislíce mettas ne drincas,
10 Ne hi þara hrægla huru ne gymdon,
  Þe nu driht-guman deórost lætað;
  Forþam heora nænig næs þa gieta,
  Ne hi ne gesawon sund-buende,
  Ne ymbutan hi awer ne herdon.
15 Hwæt hi firenlusta frece ne wæron,
  Búton swá hi meahton gemetlícost
  Þa gecynd began þe him Crist gesceop,
  And hi æne on dæge æton symle
  On æfen-tíd eorðan-wæstmas,
20 Wudes and wyrta; nalles win druncon
  Scir of steape. Nas þa scealca nán,
  Þe mete oððe drinc mængan cuðe
  Wæter wið hunige; ne heora wæda þon má
  Sioloce siowian, ne hi siaro-cræftum
25 Godweb giredon; ne hi gimreced
  Setton searolíce: ac hi simle him

Eallum tídum   ute slepon
Under beam-sceade,   druncon burnan wæter
Calde wellan.   Nænig cepa ne seah
30 Ofer ear-geblond   ellendne wearod;
Ne huru ymbe scip-hergas   sæ-tilcas ne herdon,
Ne furðum fira nán   ymbe gefeoht sprecan.
Næs þeós eorðe besmiten   awer þá geta
Beornes blode,   ne hi ne bil rude,
35 Ne furðum wundne wer   weoruld-buende
Gesawan under sunnan.   Nænig siððan wæs
Weorð on weorulde   gif man his willan begeat
Yfelne mid eldum,   he wæs æghwæm láð.
Eala þæt hit wurde,   oððe wolde God
40 Þæt on eorðan nu,   ussa tída,
Geond þas wídan weoruld   wǽren æghwær
Swelce under sunnan!   Ac hit is sæmre nu,
Þæt þeos gitsung hafað   gumena gehwelces
Mód amerred,   þæt he máran ne recð,
45 Ac hit on witte   weallende byrnð;
Efne seó gitsung,   þe nænne grund hafað,
Swearte swæfeð   sumes onlíce
Efne þam munte   þe nu manna bearn
Etne hátað,   se on iglonde
50 Sicilia   swefle byrneð,
Þæt man helle fýr   hátéð wide,
Forþæm hit simle bið   sin-byrnende;
And ymbutan hit   oðra stowa
Blate forbærnð,   biteran lege.
55 Eala, hwæt se forma   feoh-gitsere
Wǽre on worulde   se þás wong-stedas
Gróf æfter golde   and æfter gim-cynnum;
Hwæt he frecnu gestreon   funde mænegum
Bewrigen on weorulde,   wætere oððe eorðan.

II, 7. Swá hwá swá wilnige to habbenne þone idelan nlisan and þone unnyttan gilp, behealde he on feower healfe his hú widgille þæs heofones hwealfa bið, and hú nearwa þære eorðan stede is, þeah heo us rúm þince: þonne mæg hine scamian þære brædinge his hlisan, for þam he hine ne mæg furðum tobrædan ofer þa nearwan eorðan áne. Eala, ofer-módan, hwi ge wilnigen þæt ge underlutan mid eowrum swiran þæt deáðlícne geoc? Oððe hwi ge seón on swá idelan geswince, þæt ge woldon eowerne hlisan tobrædan ofer swá manega þeoda? Þeah hit nu gebyrige þæt þa utemestan þeoda eowerne naman upahebban, and on manig þeodisc eow herigen, and þeah hwá wexe mid micelre æðelcundnesse his gebyrda, and þeo on eallum welum and on eallum wlencum, ne se deáð þeah swelces ne recð. Ac he forsiehð þa æðelo, and þone rícan gelíce and þone heanan ofswelgð, and swá geemnet þa rícan and þa heanan. Hwæt sint nu þæs foremæran and þæs wísan goldsmiðes bán Welondes? For þy ic cwæð þæs wísan, for þy þam cræftegan ne mæg næfre his cræft lósigan, ne hine man ne mæg þonne eð on him geniman þe man mæg þa sunnan awendan of hire stede. Hwær sint nu þæs Welondes bán? oððe hwá wat nu hwær hi wæron? Oððe hwær is nu se foremæra and se arœda Romewara heretoga, se wæs hátan Brutus, oðre naman Cassius? oððe se wísa and fæstræda Cato, se wæs eac Romana heretoga; se wæs openlíce uðwita. Hu ne wæran þás gefyrn forðgewitene, and nán man nat hwær hi nu sint! Hwæt is heora nu to láfe, butan se lytla hlisa and se nama mid feaum stafum awriten! And þæt git wyrse is þæt we witon manige foremære and gemynd-wyrðe weras forðgewitene þe swiðe feawa manna á ongit. Ac manige licgað deáde mid ealle forgitene, þæt se hlisa hie furðum cuðe ne gedéð. Þeah ge nu wenen and wilnian þæt ge

lange libban scylan her on worulde, hwæt bið eow þonne
þy bet? Hu ne cymð se deáð, þeah þe he late cume, and
adéð eow of þisse worulde? And hwæt forstent eow
þonne se gilp? huru þam þe se æfterra deáð gegripð and
on ecnesse gehæft?

  Gif nu hæleða hwone hlisan lyste,
  Unnytne gelp ágan wille,
  Þonne ic hine wolde wordum biddan
  Þæt he hine æghwonon utan ymbe-þohte
5 Sweotole ymb-sawe súð, eást and west,
  Hú wídgil sind wolcnum ymbutan
  Heofones hwealfe. Hige-snotrum
  Mæg eaðe þincan þæt þeós eorðe sie
  Eall for þæt oðer ungemet lytel,
10 Þeah heo unwisum wídgel þince
  On stede stronglíc steorleasum men.
  Þeah mæg þone wisan on gewit-locan
  Þære gitsunge gelpes scamian
  Þonne hine þæs hlisan heardost lysteð;
15 And he þeah ne mæg þone tobredan
  Ofer þás nearowan nænige þinga
  Eorðan-sceatas; is þæt unnet gelp.
  Eala, ofermódan, hwi eow á lyste
  Mid eowrum swiran, selfra willum,
20 Þæt swære geoc symle underlutan?
  Hwy ge ymb þæt unnet ealnig swincen,
  Þæt ge þone hlisan habban tiliað,
  Ofer þioda má þonne eow þearf sie?
  Þeah eow nu gesæle þæt eow súð oððe norð
25 Þa ytmestan eorð-buende
  On manig þeodisc miclum herien,
  Ðeah hwá æðele sie eorl-gebyrdum
  Welum geweorðad and on wlencum þeo
  Duguðum deore, deáð þæs ne scrifeð

30 Þonne him rúm forlæt rodora waldend;
   Ac he þone weligan wædlum gelice
   Efn mærne gedéð ælces þinges.
   Hwær sind nu þæs wísan Welandes bán,
   Þæs gold-smiðes þe wæs geo mærost?
35 Forþy ic cwæð þæs wísan Welandes bán,
   Forþy ængum ne mæg eorð-buendra
   Se cræft losian þe him Crist onlænð.
   Ne mæg man æfre þy eð ænne wræccan
   His cræftes beniman þe man oncerran mæg
40 Sunnan on swifan, and þisne swiftan rodor
   Of his riht-ryne rinca ænig.
   Hwá wat nu þæs wísan Welandes bán,
   On hwelcum hi hlæwa hrusan þeccen?
   Hwær is nu se wísa Romana wita
45 And se aroda þe we ymb sprecað,
   Heora heretoga se geháten wæs
   Mid þæm burhwarum Brutus nemned?
   Hwær is eac se wísa and se weorð-georna
   And se fæst-ræda folces hyrde,
50 Se wæs uðwita ælces þinges
   Céne and cræftig, þæm wæs Caton nama?
   Hi wæron gefyrn forð-gewitene;
   Nat nænig man hwær hi nu sindon.
   Hwæt is heora here buton se hlisa án,
55 Se is eac to lytel swelcra láriowa,
   Forþæm þá mago-rincas máran wyrðe
   Wæron on worulde. Ac hit is wyrse nu
   Þat geond þás eorðan æghwær sindon
   Heora gelícan hwon ymb-spræce,
60 Sume openlice ealle forgitene
   Þæt hi se hlisa hiw-cuðe ne mæg
   Fore-mære weras forð gebrengan.
   Ðeah ge nu wenen and wilnigen

> þæt ge lange tíd   libban moten,
> 65 Hwæt eow æfre þý bet   beó oððe þince,
> Forþæm þe náne forlet   þeah hit lang þince
> Deáð æfter dogor-rime,   þonne he hæfð Drihtnes
> Hwæt þonne hæbbe   hæleða ænig   [leafe?
> Guma æt þæm gilpe,   gif hine gegripan mœc
> 70 Se eca deáð,   æfter þisum worulde?

III, 5. Ðe þe wille fullíce anweald ágan, he sceal tilian ærest þæt he hæbbe anweald his ágenes módes, and ne sie to ungerisenlíce underþeod his unðeawum, and ado of his móde ungerisenlíce ymbhogan, forlæte þa seofunga his eormða. Ðeah he nu rícsige ofer ealne middangeard, from easteweardum oð westeweardne, from Indeum, þæt is se súðeast ende þisses middaneardes, oð þæt iland þe we hátað Thyle, þæt is on þam norðwest ende þisses middaneardes, þær ne bið nawðer ne on sumera niht, ne on wintra dæg; þeah he nu þæs ealles wealde, næfð he no þe máran anweald, gif he his ingeðances anweald næfð, and gif he hine ne warenað wið þa unðeawas þe we ær ymbsprecon.

> Se þe wille anwald ágan   þonne sceal he ærest tilian
> Þæt he his selfes   on sefan áge
> Anwald innan,   þý læs he æfre sie
> His unðeawum   eall underþyded;
> 5 Ado of his móde   mislícra fela
> Þara ymbhogona   þe him unnet sie;
> Læte sume hwíle   seofunga
> And ermða þinra.   Ðeah him eall sie
> Þes middangeard   swá swá mere-streamas
> 10 Utan belicgað   on æht gifen,
> Efne swá wíde   swá swá westmest nu
> An igland ligð,   ut on garsecg
> Þær nængu bið   niht on sumera,

Ne wuhte þon má on wintra dæg,
15 Toteled tídum, þæt is Tíle háten;
Þeah nu ánra hwa ealles wealde
Þæs iglandes and eac þonan
Oð Indeas eastewearde,
Þeah he nu þæt eall ágan móte,
20 Hwy bið his anwald auhte þý mára,
Gif he siððan nah his selfes geweald
Ingeþances and hine eorneste
Wel ne bewarenað, wordum and dædum,
Wið þa unþeawas þe we ymbsprecað?

IV, 1. Ic hæbbe swíðe swifte feðera, þæt ic mæg fleogan ofer þone hean hróf þæs heofones. Ac þær ic nu moste þín mód gefiðerigan mid þam fiðerum, þæt þu mihtest mid me fleogan; þonne miht þu oferseon ealle þás eorðlícan þing. Gif þu mihtest ðe fleon ofer þam rodore, þonne mihtest þu geseon þa wolcnu under þé, and mihtest þé fleogan ofer þam fýre þe is betwux þam rodore and þære lyfte; and mihtest þe feran mid þære sunnan betwyx þam tunglum, and þonne weorþan on þam rodore, and siððan to þam cealdan steorran þe we hатað Saturnes steorra; se is eall isig; se wandrað ofer oðrum steorrum ufor þonne ænig oðer tungol. Siððan þu þonne forð ofer þone bist ahefod, þonne bist þu bufan þam swiftan rodore, and lætst þonne behindan þe þone hehstan heofon. Siððan þu miht habban þine dæl þæs sóðan leohtes. Þær rícsað án cyning se hæfð anweald ealra oðra cyninga. Se gemetgað þone bridel, and þæt wealdleðer ealles ymbhweorftes heofenes and eorðan. Se án déma is gestæððig and beorht. Se steorð þam hrædwǽne eallra gesceafta. Ac gif þu æfre cymst on þone weg, and to þære stowe þe þu nu geot forgiten hafst, þonne wilt þu cweðan: Ðis is mín riht eðel; heonan ic

FROM ALFRED'S METRES OF BOETHIUS.

wæs ær cumen, and heonan ic was acenned; her ic wille nu standan fæste; nelle ic nu næfre heonan. Ic wat þeah gif þe æfre gewyrð þæt þu wilt oððe most eft fandian þara þeostra þisse worulde, þonne gesihst þu nu þa unrihtwísan cyninga and ealle þa ofermódan rícan beon swíðe unmihtige and swíðe earme wreccan: þa ilcan þe þis earme folc nu heardost ondræt.

    Ic hæbbe fiðru   fugle swiftran,
    Mid þam ic fleogan mæg   feor fram eorðan
    Ofer heane hróf   heofones þisses;
    Ac þær ic nu moste   mód gefeðran,
5   Þinne ferð-locan,   feðrum mínum,
    Oðþæt þu meahte   þisne middangeard,
    Ælc eorðlíc þing   eallunga forseon,
    Meahtest ofer rodorum   gereclíce
    Feðerum lácan,   feor up ofer
10 Wolcnu windan,   wlitan siððan
    Ufan ofer ealle.   Meahtest eac faran
    Ofer þæm fýre   þe fela geara
    Fór lange betweox   lyfte and rodere,
    Swá him æt frymðe   fæder geteode.
15 Ðu meahtest þe siððan   mid þære sunnan
    Faran betweox   oðrum tunglum.
    Meahtest þe full recen   on þæm rodere ufan,
    Siððan weorðan,   and þonne samtenges,
    Æt þæm æl-cealdan   ánum steorran
20 Se yfemest is   eallra tungla,
    Þone Saturnus   sund-buende
    Hátað under heofonum; he is se cealda
    Eall isig tungol,   yfemest wandrað
    Ofer eallum ufan   oðrum steorrum.
25 Siððan þu þonne   þone upahafast,
    Forð ofer-farenne   þu meaht feorsian;
    Þonne bist þu siððan   sóna ofer uppan

Rodere ryne-swiftum; gif þu riht færest,
Þu þone hehstan heofon   behindan lætst.
30 Ðonne meaht þu siððan   sóðes leohtes
Habban þinne dæl;   þanon án cyning
Rúme rícsað   ofer roderum up,
And under swá same   eallra gesceafta
Weorulde waldeð.   Ðæt is wís cyning;
35 Þæt is se þe waldeð   geond wer-þeoda
Ealra oðra   eorðan cyninga;
Se mid his bridle   ymbebæted hæfð
Ymbhwyrft ealne   eorðan and heofones.
He his geweald-leðer   wel gemetgað;
40 Se steoreð á   þurh þa strongan meaht
Þæm hrædwǽne   heofones and eorðan;
Se án déma is   gestæððig
Unawendenlíc   wlítig and mære.
Gif þu wyrfst on   wege rihtum
45 Up to þæm earde —   þæt is æðele stow,
Þeah þu hi nu geta   forgiten hæbbe,—
Gif þu æfre eft   þær an cymest,
Þonne wilt þu secgan   and sóna cweðan:
Þis is eallunga   mín ágen cyð,
50 Eard and eðel: ic wæs ær heonan
Cumen and acenned;   þurh þisses cræftgan meaht
Nylle ic æfre heonan   ut witan;
Ac ic symle her   softe wille
Mid fæder willan   fæste standan.
55 Gif þe þonne æfre   eft geweorðeð
Þæt þu wilt oððe most   weorolde þeostro
Eft fandian,   þu meaht eaðe geseon
Unrihtwíse   eorðan cyningas
And þa ofermódan   oðre rícan
60 Þe þis werige folc   wyrst tuciað,
Þæt hi symle beoð   swíðe **earme**,

Unmihtige　ælces þinges,
Emne þa ilcan　þe þis earme folc
Sume hwile nu　swíðost ondrædeð.

IV, 4. Forhwí drefe ge eowru mód mid unrihtre fiounge swá swá yða for winde þa sæ hrerað? oððe forhwy ætwite ge eowerre wyrde þæt heo nán geweald náh? oððe hwí ne magon ge gebidan gecyndclíces deaðes, nu he eow ælce dæg toweardes onet? Hwí ne magon ge geseon þæt he spýrað ælce dæg æfter fuglum and æfter deorum and æfter mannum, and ne forlæt nán swæð ær he gefehð þæt þæt he æfter spýreð? Wala wa þæt þa ungesæligan men ne magon gebidon hwonne he him to cume, ac foresceotað hine foran, swá swá wilde deor willnað oðer to acwellenne! Ac hit nære no manna riht þæt heora ænig oðerne fiode. Ac þæt wære riht, þæt heora ælc gulde oðrum edlean ælces weorces æfter his gewyrhtum; þæt is þæt man lufode þone gódan, swá swá riht is þæt man dó, and miltsige þam yfelum, swá we ær cwædon; lufie þone man, and hatige his unþeawas; ceorfe him of swá he swíðost mæg.

　　Hwy ge æfre scylen　unriht-fioungum
　　Eower mód drefan　swá swá mere-flódes
　　Yða hrerað　ís-calde sæ
　　Wecgað for winde?　Hwy oðwite ge
5　Wyrde eowre,　þæt heo geweald nafað?
　　Hwy ge þæs deaðes,　þe eow Drihten gesceop,
　　Gebidan ne magon,　bitres gecyndes,
　　Nu he eow ælce dæg　onet toweard?
　　Ne magon ge geseon　þæt he symle spýreð
10　Æfter æghwelcum　eorðan tudre
　　Deorum and fuglum?　Deáð eac swá same
　　Æfter man-cynne　geond þisne middangeard,
　　Egeslíc hunta,　á bið on waðe;

Nyle he ænig swæð æfre forlætan
15 Ær he gehende þæt he hwile ær
Æfter spyrede. Is þæt earmlic þing
Þæt his gebidan ne magon burg-sittende;
Ungesælige men hine ær willað
Foran tosceotan; swá swá fugla cyn
20 Oððe wildu deor þa winnað betwuh,
Æghwylc wolde oðer acwellan?
Ac þæt is unriht æghwelcum men
Þæt he oðerne inwit-þancum
Fioge on færðe, swá swá fugle oððe deor.
25 Ac þæt wǽre rihtost þætte rinca gehwylc
Oðrum gulde edlean on riht
Weorð be geweorhtum, weoruld-buendum
Þinga gehwylces; þæt is þæt he lufige
Gódra gehwilcne swá he geornost mǽge;
30 Miltsige yflum swá we ǽr spræcon.
He sceal þone mannan móde lufian,
And his unþeawas ealle hatian
And of-sníðan, swá he swíðost mæge.

Hwæt bið þæm welegan woruld-gitsere
On his móde þe bet þeah he micel áge
Goldes and gimma and góda gehwæs,
Æhta unrím and him mon erigan scyle
5 Æghwylc dæg æcera þusend,
Þeah þes middangeard and þis manna cyn
Sý under sunnan súð, west, and east,
His anwealde eall underþieded?
Ne mot he þara hyrsta hionane lædan
10 Of þisse worulde wuhte þon máre
Hord-gestreóna þonne he hider brohte !

A DESCRIPTION OF PARADISE.
FROM A POEM ENTITLED THE PHŒNIX.

Hæbbe ic gefrugnen þætte is feor heonan,
East-dǽlum on, æðelast londa,
Fírum gefræge. Nis se foldan sceát,
Ofer middan-geard, mongum gefére
5 Folc-agendra, ac he afyrred is
Þurh Meotudes meaht mán-fremmendum.
Wlitig is se wong eall, wynnum geblissad
Mid þam fægrestum foldan stencum;
Ænlic is þæt iglond, æðele se wyrhta,
10 Módig, meahtum spedig, se þa moldan gesette.
Ðær bið oft open eadgum togeanes
Onhliden hleóþra wyn— heofon-ríces duru.
Þæt is wynsum wong, wealdas grene
Rúme under roderum; ne mæg þær ren ne snaw
15 Ne forstes fnæst, ne fyres blǽst,
Ne hægles hryre, ne hrímes dryre,
Ne sunnan hǽtu, ne sin-caldu,
Ne wearm weder ne winter-scur,
Wihte gewyrdan; ac se wong seomað
20 Eádig and onsund. Is þæt æðele lond
Blostmum geblowen; beorgas þær ne muntas
Steápe ne stondað, ne stán-clifu
Heáh hlifiað, swa her mid us;
Ne dene ne dalu, ne dún-scrafu,
25 Hlǽwas ne hlincas; ne þær hleonað ó
Unsmeðes wiht, ac se æðela feld
Wridað under wolcnum wynnum geblowen.

A Description of Paradise. 135

    Is þæt torhte lond   twelfum herra
    Folde fæðm-rímes,   swa us gefreogum gleawe
30 Wítgan þurh wísdóm   on gewritum cyðað,
    Þonne ænig þara beorga   þe her beorhte mid us
    Heá hlifiað,   under heofon-tunglum.
    Smylte is se sige-wong,   sun-bearo lixeð,
    Wudu-holt wynlíc;   wæstmas ne dreósað,
35 Beorhte blede;   ac þa beamas á
    Grene stondað,   swa him God bebeád:
    Wintres and sumeres   wudu bið gelíce
    Bledum gehongen; næfre brosniað
    Leáf under lyfte,   ne him líg sceðeð,
40 Æfre to ealdre,   ær þon edwenden
    Worulde geweorðe.   Swa iu wætres þrym
    Ealne middan-geard   mere-flod þeahte
    Eorþan ymb-hwyrft,   þa se æðela wong,
    Æghwæs onsund   wið yð-fare
45 Gehealden stod,   hreóra wǽga
    Eadig unwemme   þurh est Godes;
    Bídeð swa geblowen   oð bæles cyme,
    Dryhtnes dómes;   þonne deáð-ræced,
    Hæleþa heolstor-cofan,   onhliden weorþað.
50 Nis þær on þam londe   láð-geniðla,
    Ne wóp, ne wracu,   weá-tácen nán,
    Yldu ne yrmðu,   ne se enga deáð,
    Ne lífes lyre,   ne láþes cyme,
    Ne synn, ne sacu,   ne sár wracu,
55 Ne wædle gewinn,   ne welan onsyn,
    Ne sorg, ne slæp,   ne swár leger,
    Ne winter-geweorp,   ne wedra gebregd
    Hreoh under heofonum,   ne hearda forst
    Caldum cýle-gicelum   cnyseð ænigne.
60 Þær ne hægl ne hrím   hreósað to foldan,
    Ne windig wolcen,   ne þær wæter fealleð

Lyfte gebysgad;   ac þær lagu-streámas
Wundrum wrætlíce,   wyllan onspringað,
Fægrum flód-wylmum;   foldan leccað
65 Wæter wynsumu,   of þæs wuda midle;
Þa monþa gehwam   of þære moldan tyrf,
Brim-cald brecað,   bearo ealne geond-farað
Þragum þrymlíce.   Is þæt þeódnes gebod
Þætte twelf síþum   þæt tírfæste
70 Lond geond-láce   lagu-flóda wynn.
Sindon þa bearwas   bledum gehongene,
Wlitigum wæstmum;   þær no waniað ó,
Hálge under heofonum,   holtes frætwe,
Ne feallað þær on foldan   fealwe blostman,
75 Wudu-beáma wlite;   ac þær [beóð] wrætlíce
On þam treowum symle   telgan gehladene,
Ofett edniwe,   in ealle tíd.
On þam græs-wonge,   grene stondað,
Gehroden hyhtlíce,   háliges meahtum
80 Beorhtast bearwa.   No gebrocen weorþeð
Holt on hiwe;   þær se hálga stenc
Wunað geond wyn-lond;   þæt onwended ne bið,
Æfre to ealdre,   ær þon endige
Fród fyrn-geweorc   se hit on frymþe gescop.

Bletsa, míne sáwle,   blíðe Drihten
And eall mín inneran   his þæne écean naman!
Bletsige, míne sáwle,   bealde Drihten!
Ne wylt þu ofer-geottul   æfre weorðan
Ealra góda   þe he ær dyde.
He þínum mándædum   miltsade eallum
And þíne ádle   ealle gehælde.
He alysede þín líf   leóf of forwyrde,
Fylde þínne willan   fægere mid góde.

THE CREATION.
FROM CÆDMON'S GENESIS.

[A.D. 680.]

    Ne wæs hér þa giet,   nymþe heolster-sceado,
Wiht geworden;   ac þes wída grund
Stód deóp and dim,   drihtne fremdc,
Idel and únnyt;   on þone eagum wlát
5 Stið-frihð cyning,   and þa stowe beheold
Dreáma lease;   geseah deorc gesweorc
Semian sinnihte,   sweart under roderum,
Wonn and wéste,   oðþæt þeos woruld-gesccaft
Þurh word gewearð   wuldor-cyninges.
10 Her ærest gesceóp   ece drihten,
Helm eall-wihta,   heofon and eorðan,
Rodor arærde,   and þis rúme land
Gestaþelode   strangum mihtum,
Frea ælmihtig.   Folde wæs þa gyt
15 Græs ungréne;   gársecg þeahte
Sweart sinnihte,   síde and wíde,
Wonne wegas.   Þa wæs wuldor-torht
Heofon-weardes gást   ofer holm boren
Micclum spédum: Metod engla heht,
20 Lífes brytta,   leoht forð-cuman
Ofer rúmne grund.   Raðe wæs gefylled
Heah cyninges hæs,   him wæs halig leoht
Ofer wéstenne,   swa se wyrhta bebeád.
Þa gesúndrode   sigora waldend
25 Ofer lago-flóde   leoht wið þeostrum,
Sceáde wið scíman;   sceóp þa bám naman,
Lífes brytta.   Leoht wæs ærest

þurh Drihtnes word   dæg genemned:
Wlíte-beorhte gesceaft.   Wel lícode
30 Freán æt frymðe   forð-bæro tíd.
Dæg æresta geseah   deorc sceado
Sweart swiðrian   geond sídne grund.
                  Ða com oðer dæg,
Leoht æfter þeóstrum: heht þa lífes weard,
35 On mere-flóde,   middum weorðan
Hytlíc heofon-timber;   holmas dælde
Waldend ure,   and geworhte þa
Roderas fæsten;   þæt se ríca ahóf
Up from eorðan,   þurh his ágen word,
40 Freá ælmihtig.   Flód wæs adæled
Under heah-rodore   halgum mihtum,
Wæter of wætrum,   þam þe wuniað gyt
Under fæstenne   folca hrófes.
Þá com ofer foldan   fús síðian
45 Mære mergen þridda.   Næron metode þa gyt
Wíd lond ne wegas nytte,   ac stód bewrigen fæste
Folde mid flóde.   Freá engla heht
Þurh his word wesan   wæter gemæne,
Þa nu under roderum   heora rýne healdað
50 Stówe gestefnde.   Þa stód hraðe
Holm under heofonum,   swa se Halga bebeád,
Síd ætsomne,   þa gesúndrod wæs
Lago wið lande.   . . . .
Ne þuhte þa gerysne   rodora wearde
55 Þæt Adam leng   ána wære
Neorxna-wonges   niwre gesceafte,
Hyrde and haldend;   forþon him heáh-cyning,
Freá ælmihtig,   fultum tióde,
Wíf aweahte,   and þa wraðe sealde,
60 Lífes leoht-fruma,   leofum rince.
He þæt andweorc   of Adames

THE CREATION.

Líce aleoðode, and him listum ateah
Rib of sídan. He wæs reste fæst,
And softe swæf, sár ne wiste,
65 Earfoða dǽl; ne þær ǽnig com
Blód of benne; ac him brego engla
Of líce ateah liódende bán —
Wér unwundod — of þam worhte God
Freolicu fæmnan, feorh in-gedyde,
70 Ece sawle. . . . . .
Heo wæron englum gelíce. Þa wæs Adames brýd
Gáste gegearwod. Hie on geógoðe bú
Wlite-beorht wæron on woruld cenned
Metodes mihtum. Mán ne cuðon
75 Dón ne dreógan; ac him Drihtnes wæs
Bám on breostum byrnende lufu. .
Ða sceawode Scyppend ure
His weorca wlíte and his wæstma blǽd
Niwra gesceafta. Neorxna-wang stód .
80 Gód and gástlic, gifena gefylled,
Fremum forðweardum. Fægere leohte
þæt líðe land lago yrnende,
Wylle-burne: nalles wolcnu ða giet
Ofer rúmne grund regnas bæron
85 Wann mid winde: hwæðre wæstmum stód
Folde gefrætwod. . . . . .
. . . . Hé let heo þæt land búan:
Hwærf him þa to heofenum hálig Drihten
Stið-ferhð cyning. Stód his hand-geweorc
90 Samod on sande; nyston sorga wiht
To begrornianne, butan heo Godes willan
Lengest læsten; heo wæron leóf Gode
Þenden heo his hálige word healdan woldon.

SATAN'S REBELLION AND PUNISHMENT.
FROM CÆDMON'S GENESIS.

[A.D. 680.]

    Deóre wæs he Drihtne urum;
               ne mihte him bedyrned wyrðan
    Þæt his engyl ongan   ofermód wesan,
    Ahóf hine wið his hearran,   sohte hete-spræce,
    Gylp-word ongean,   nolde Gode þeowian,
5 Cwæð þæt his líc wære   leóht and scéne,
    Hwít and hiow-beorht;   ne meahte he æt his hyge
    Þæt he Gode wolde   geóngerdóme   [findan
    Þeódne þeowian;   þuhte him sylfum
    Þæt he mægin and cræft   máran hæfde,
10 Þonne se hálga God   habban mihte
    Folc-gestealna.   Fela worda gespræc
    Se engel ofermódes;   þohte þurh his ánes cræft,
    Hú he him strenglicran   stól geworhte   [speone,
    Heáhran on heofonum;   cwæð þæt hine his hyge
15 Þæt he west and norð   wyrcean ongunne,
    Trymede getimbro;   cwæð him tweó þuhte
    Þæt he Gode wolde   geongra weorðan.   [þearf,
    " Hwæt sceal ic winnan?" cwæð he " nis me wihte
    Hearran to habbanne;   ic mæg mid handum swa fela
20 Wundra gewyrcean;   ic hæbbe geweald micel
    Geara to gyrwanne   godlicran stól   [þeowian
    Heárran on heofne.   Hwý sceal ic æfter his hyldo
    Bugan him swylces geongordómes?
               ic mæg wesan god swa he!
    Bigstandað me strange geneátas
         þa ne willað me æt þam stríðe geswícan,

25 Hæleþas heardmóde;
    hie habbað me to hearran gecorene
Rófe rincas! mid swylcum mæg man ráéd geþencean,
Fón mid swylcum folc-gesteallan;
    frynd sind hie mine georne,
Holde on hyra hyge-sceaftum;
    ic mæg hyra hearra wesan,
Ráédan on þys ríce. Swá me þæt riht ne þinceð
30 þæt ic oleccan áwiht þurfe [geongra wurðan."
Gode æfter góde ænigum; ne wille ic leng his
þa hit se Allwalda eall gehyrde,
þæt his engyl ongan oferméde micel
Ahebban wið his hearran and spræc heálíc ·· ird
35 Dollíce wið Drihten sínne,
    sceolde he þa dǽd ongildan,
Worc þæs gewinnes gedǽlan
    and sceolde his wíte habban
Ealra morðra mǽst. Swá déð monna gehwylc
þe wið his Waldend winnan onginneð,
Mid máne wið þone mǽran Drihten.
    þa wearð se mihtiga gebolgen,
40 Hehsta heofones Waldend
    wearp hine of þam heán stóle:
Hete hæfde he æt his hearran gewunnen
    hyld hæfde his forlorene;
Gram wearð him se Góda on his móde;
    forþon he sceolde grund gesécan
Heardes helle-wítes
    þæs þe he wann wíð heofnes Waldend.
Acwæð hine þá fram his hyldo
    and hine on helle wearp,
45 On þa deópan dalo þǽr he to deofle wearð.
Se feónd mid his geferum eallum feollon þa of
þurh-longe swá þreó niht and dagas [heofnum

Þa englas ufon on helle,   and heo ealle forsceóp
Drihten to deoflum;   forþon þe heo his dǽd
50 And word noldon weorðian   forþon heo on wyrse
Under eorðan neoðan   ælmihtig God   [leoht
Sette sigelease   on þa sweartan helle.
Þær habbað heo on ǽfyn   ungemet lange
Ealra feónda gehwylc   fýr edneowe;
55 Þonne cymð on uhtan   easterne wind
Forst fyrnum cald,   symble fýr oððe gár;
Sum heard geswinc   habban sceoldon.
Worhte man hit him to wíte;   hyra woruld wæs
Forman síðe   fylde helle   [gehwyrfed,
60 Mid þam andsacum.   Heóldon englas forð
Heofon-ríces hehðe   þe ǽr Godes hyldo gelǽston.
Lagon þa oðre fynd on þam fyre,
                                   þe ær swa feala hæfdon
Gewinnes wið heora Waldend;   wíte þoliað,
Hátne heaðo-welm   helle to middes,
65 Brand and bráde lígas   swilce eác þa biteran récas
Þrosm and þystro,   forþon hie þegnscipe
Godes forgýmdon;   hie hyra gál beswác
Engles oferhygd;   noldon Alwealdan
Word weorðian.   Hæfdon wíte micel,
70 Wæron þa befeallene   fýre to botme,
On þa hátan helle   þurh hygeleaste
And þurh ofermetto;   sohton oðer land,
Þæt wæs leohtes leás   and wæs líges full,
Fýres fǽr micel;   fynd ongeáton
75 Þæt hie hæfdon gewrixled   wíta unrím
Þurh heora miclan mód   and þurh miht Godes,
And þurh ofermetto   ealra swíðost.   [scýnost,
Þa spræc se ofermóda cyning   þe ǽr wæs engla
Hwítost on heofne   and his hearran leóf,
80 Drihtne dýre,   oð hie to dole wurdon,

Þæt him for gálscipe   God sylfa wearð,   [innan
Mihtig on móde yrre,   wearp hine on þæt morðer
Niðer on þæt nió-bed   and sceóp him naman siððan
Cwæð þæt se hehsta   hátan sceolde
85 Satan siððan;   hét hine þære sweartan helle
Grundes gýman   nales wið God winnan.
Satan maðelode —   sorgiende spræc
Seðe helle forð   healdan sceolde,
Gýman þæs grundes.   Wæs ær Godes engel,
90 Hwít on heofne,   oð hine his hyge forspeón,
And his ofermetto   ealra swíðost,
Þæt he ne wolde   wereda Drihtnes
Word wurðian.   Weóll him on innan
Hyge ymb his heortan;   hát was him útan
95 Wráðlíc wíte;   he þa worde cwæð: [ǽr cuðon,
" Is þes enga stede ungelíc swíðe   þam oðrum þe we
Heán on heofon-ríce,   þe me mín hearra onlag,
Þeah we hine for þam Alwealdan   ágan ne moston,
Rómigan úres ríces;   næfð he þeah riht gedón,
100 Þæt he us hæfð befylled   fýre to botme
Helle þære hátan,   heofon-ríce benumen, —
Hafað hit gemearcod   mid mon-cynne
To gesettanne.   Þæt me is sorga mǽst,
Þæt Adam sceal,   þe wæs of eorðan geworht,
105 Mínne stronglícan   stól behealdan,
Wesan him on wynne,   and we þis wíte þolien,
Hearm on þisse helle.   Wá lá! ahte ic mínra handa
And moste áne tíd   úte weorðan,   [geweald,
Wesan áne winter-stunde,   þonne ic mid þys we-
110 Ac licgað me ymbe   íren-bendas,   [rode —
Rídeð racentan sál;   ic eom ríces leas!
Habbað me swá hearde   helle clommas
Fæste befangen!   hér is fýr micel
Ufan and neoðone,   ic á ne geseah

115 Láðran landscipe;   líg ne aswamað
Hát ofer helle.   Me habbað hringa gespong,
Slíð-hearda sál   síðes amyrred,
Afyrred me mín feðe;   fét sind gebundene,
Handa gehæfte;   synt þissa hel-dora
120 Wegas forworhte,   swa ic mid wihte ne mæg
Of þissum lioðo-bendum;   licgað me ymbutan
Heardes írenes   háte geslægene
Grindlas greate,   mid þy me God hafað
Gehæfted be þam healse.   Swa ic wát he mínne
125 And þæt wiste eac   weroda Drihten,   [hyge cuðe
Þæt sceolde unc Adame   yfele gewurðan   [weald.
Ymb þæt heofon-ríce   þær ic ahte mínra handa ge-
Ac þoliað we nu þreá on helle;   þæt sindon þystro and
Grimme, grundlease;   hafað us God sylfa   [hæto,
130 Forswapen on þás sweartan mistas.
      Swa he us ne mæg ænige synne gestælan,
Þæt we him on þam lande láð gefremedon,
      he hæfð us þeah þæs leóhtes bescyrede,
Beworpen on ealra wita mǽste.
      Nu magon we þæs wrace gefremman,
Geleanian mid láðes wihte
      þæt he us hafað þæs leohtes bescyrede.
He hæfð nu gemearcod ánne middangeard
      þær he hæfð mon geworhtne
135 Æfter his onlícnesse   mid þam he wile eft gesettan
Heofona ríce mid hluttrum sawlum.   .   .   .
   .   .   .   .   Hycgað his ealle,
Hu ge hi beswícen!   siððan ic me softe mæg
Restan on þyssum racentum   gif him þæt ríce losað.
140 Se þe þæt gelǽsteð   him bið leán gearo
Æfter to aldre   þæs we her inne magon
On þyssum fýre forð   fremena gewinnan.

THE FLOOD.
FROM CÆDMON'S GENESIS.

[A.D. 680.]

    Noe wæs gód,   Nergende leof,
    Swíðe gesælig   sunu Lamecheѕ
    Dómfæst and gedéfe.   Drihten wiste
    Þæt þæs æðelinges   ellen dohte
5 Breost-gehygdum;   forðon him Bregu sægde
    Halig æt hleoðre,   helm allwihta,
    Hwæt he fáh werum   fremman wolde.
    Geseah unrihte   eorðan fulle;
    Síde sǽl-wongas   synnum gehladene,
10 Widlum gewemde.   Þa Waldend spræc,
    Nergend usser,   and to Noe cwæð:
    " Ic wille mid flóde   folce acwellan,
    And cynna gehwilc   cucra wuhta,
    Þara þe lyft and flód   lǽdað and fédað,
15 Feoh and fuglas: þu scealt frið habban
    Mid sunum þínum,   þonne sweart wæter
    Wonne wæl-streamas   werodum swelgað,
    Sceaðum scyldfullum.   Ongyn þe scip wyrcan,
    Mere-hús micel,   on þam þu monegum scealt
20 Reste geryman,   and rihte setl
    Ælcum æfter ágenum,   eorðan tudre.
    Gescype scylfan   on scipes bósme;
    Þu þæt fær gewyrc   fiftiges wíd,
    Þrittiges heáh,   þreó hund lang,
25 Eln-gemeta; and, wið yða, gewyrc
    Gefeg fæste.   Þær sceal fæsl wesan
    Cwic-lifigendra   cynna gehwilces
    On þæt wudu-fæsten   wocor gelǽded

THE FLOOD.

    Eorðan tudres;   earc sceal þy máre.
30 Noe fremede, swa hine Nergend héht,
    Hyrde þam hálgan   Heofon-cyninge,
    Ongan ofostlice   yð-hof wyrcan,
    Micle mere-cieste; magum sægde
    Þæt wæs þreálic þing   þeodum toweard,
35 Reðe wíte: <u>hie ne rohton þæs.</u>
    Geseah þa ymb wintra worn   wærfæst metod
    Geofon-húsa mæst   gearo hlifigean;
    Innan and utan, eorðan líme,
    Gefæstnod wið flóde   fǽr Noes
40 Þy selestan; þæt is syndrig cynn,—
    Symle bið þy heardra   þe hit hreoh wæter
    Swearte sǽ-streamas   swíðor beatað.
    Ða to Noe cwæð   Nergend usser:—
    "Ic þe þæs míne, monna leofost,
45 Wǽre gesylle þæt þu weg nimest,
    And feora fæsl, þe þu ferian scealt
    Geond deop wæter, dæg-rímes worn,
    On lides bósme: lǽd swa ic þe háte,
    Under earce-bord   eaforan þíne,
50 Frum-gáran þry, and eower feower wíf;
    And þu seofone genim   on þæt sund-reced
    Tudra gehwilces, geteled rímes,
    Þara þe to mete mannum lifige,
    And þara oðera ælces twá;
55 Swilce þu of eallum eorðan wæstmum
    Wiste under wǽg-bórd   werodum gelǽde
    Þam þe mid sceolon   mere-flód neosan.
    Féd freólice feora wócre,
    Oð ic þære láfe lago-síða eft
60 Reorde under roderum   ryman wille.
    Gewít þu nu mid híwum   on þæt hof gangan
    Gasta werode; ic þe gódne wát,

THE FLOOD.

Fæst-hydigne — þu eart freoðo wyrðe,
Ara, mid eaforum.   Ic on andwlitan
65   Nu ofer seofon niht   sígan lǽte
Wæl-regn ufan   wídre eorðan;
Feowertig daga   fæhðe ic wille
On weras stǽlan,   and mid wæg-þreate
Æhta and ágend   eall acwellan
70   Þa be-utan beoð   earce bordum,
Þonne stream-racu   stígan onginneð.
Him þa Noe gewát,   swa hine Nergend hét,
Under earce-bord,   eaforan lǽdan,
Weras on wǽg-þel   and heora wíf samod,
75   And eall þæt to fæsle   Frea ælmihtig
Habban wolde,   under hróf gefór
To heora ǽt-gifan;   swa him ælmihtig
Weroda Drihten   þurh his word abeád.
Him on hóh beleac   heofon-ríces Weard
80   Mere-húses múð   mundum sínum,
Sigora Waldend,   and segnade
Earce innan   ágenum spedum,
Nergend usser.   Noe hæfde,
Sunu Lameches,   six hund wintra
85   Þa he mid bearnum   under bord gestáh,
Gleáw mid geógoðe,   be Godes hǽse
Duguðum dýrum.   Drihten sende
Regn from roderum,   and eac rúme lét
Wille-burnan   on woruld þringan
90   Of ǽdra gehwǽre.   Egor-streamas
Swearte swógan;   sǽs up stigon
Ofer stæð-weallas;   strang wæs and reðe
Seðe wætrum weóld,   wreah and þeahte
Mán-fæhðu bearn   middan-geardes
95   Wonnan wǽge;   wera éðel-land,
Hof hergode;   hyge-teonan wræc

Metod on monnum: mere swíðe gráp
On fǽge folc   feowertig daga
Nihta oðer swilc;   nið wæs réðe,
100 Wæll-grim werum: Wuldor-cyninges
Yða wræcon   árleasra feorh
Of flæsc-homan.   Flód ealle wreah—
Hreoh under heofonum—   heá beorgas
Geond sídne grund,   and on sund ahóf
105 Earce from eorðan,   and þa æðelo mid,
þa segnade   selfa Drihten,
Scyppend usser,   þa he þæt scip beleác.
Siððan wíde rád   wolcnum under
Ofer holmes hrincg,   hof seleste
110 Fór mid fearme;   fære ne moston
Wǽg-liðendum,   wætres brogan,
Hǽste hrínan;   ac hie hálig God
Ferede and nerede.   Fiftena stód
Deop ofer dúnum   se drence-flód
115 Monnes elna.   Þæt is mæro wyrd;
þam at nehstan wæs   nán to gedále,
Nymþe heá wæs ahafen   on þa heán lyft,
þa se egor-here   eorðan-tuddor
Eall acwealde;   buton þæt earce-bórd
120 Heóld heofona Freá,   þa hine hálig God
Ece up forlet,   edniowne
Streámum stígan,   stið-ferhð cyning.
Ða gemunde God   mere-líðende,
Sigora Waldend,   sunu Lameches,
125 And ealle þa wócre   þe he wið wætre beleác,
Lífes leoht-fruma,   on lides bósme.
Gelædde þa wigend   weroda Drihten
Worde ofer wíd land;   will-flód ongan
Lytligan eft,   lago ebbade
130 Sweart under swegle;   hæfde sóð Metod

THE FLOOD.

Eaforum ég-stream   eft gecyrred,
[Rodor]-torht ryne   regn gestilled.
Fór fámig scip   fiftig and hund
Nihta under roderum,   siððan nægled bórd,
35 Fær seleste,   flód up-ahóf,
Oðþæt rím-getæl   reðre þrage
Daga forð gewát.   Þa on dúnum gesæt,-
Heáh mid hlæste,   holm-ærna mæst,
Earc Noes—   þe Armenia
140 Hátene sindon;   þær se hálga bád
Sunu Lameches   sóðra geháta,
Lange þrage,   hwonne him lífes weard,
Freá ælmihtig,   frecenra síða
Reste ageafe,   þære he rúme dreah,
145 Þa hine on sunde   geond sídne grund
Wonne yða   wíde bæron.
Holm wæs heonon-weard;   hæleð langode
Wæg-líðende   swilce wíf heora,
Hwonne hie of nearwe,   ofer nægled bord,
150 Ofer stream-staðe   stæppan mosten,
And of enge út   æhta lædan.
Þa fandode   forðweard scipes
Hwæðer sinccnde   sǽ-flód þa gyt
Wǽre under wolcnum: lét þa ymb worn daga
55 Þæs þe heáh hlioðo   horde onfengon
And æðelum eac   eorðan tudres,
Sunu Lameches   sweartne fleógan
Hrefn ofer heah-flód   of húse út.
Noe tealde   þæt he on neod hine—
160 Gif he on þære láde   land ne funde
Ofer síd wæter—   secan wolde
On wǽg-þele eft.   Him seo wén geleah;
Ac se feónd gespearn   fleótende hreáw—
Salwig feðera   secan nolde.

165 He þa ymb seofon niht   sweartum hrefne
    Of earce forlét   æfter fleogan
    Ofer heah wæter,   haswe culfran
    On fandunga   hwæðer fámig sǽ,
    Deop þa gyta,   dæl ænigne
170 Grénre eorðan   ofgifen hæfde.
    Heo wíde hire   willan sohte,
    And rúme fleah;   no hweðere reste fand,
    Þæt heo for flóde   fótum ne meahte
    Land gespornan,   ne on leaf treowes
175 Steppan for streamum,   ac wæron steap hleoðo
    Bewrigen mid wætrum.   Gewát se wilda fugel
    On æfenne   earce sécan
    Ofer wonne wǽg,   werig sígan
    Hungri to handa   hálgum rince.
180 Ða wæs culfre eft   of cofan sended
    Ymb wucan wilde;   seo wíde fleah,
    Oðþæt heo rúm-gál   reste stowe
    Fægere funde   and þa fótum stóp
    On beam hyre;   gefeah blíðe-mód
185 Þæs þe heo gesette,   swíðe werig,
    On treowes telgum   torhtum moste;
    Heo feðera onsceoc;   gewát fleogan eft
    Mid lácum hire;   liðend brohte
    Ele-beames twig   án to handa,
190 Gréne blæde.   Þa ongeat hraðe
    Flót-monna freá,   þæt wæs frofor cumen,
    Earfoð-síða bót.   Þa gyt se eádiga wer,
    Ymb wucan þriddan,   wilde culfran
    Ane sende,   seó eft ne com
195 To lide fleógan,   ac heo land begeat,
    Grene bearwas;   nolde gladu æfre
    Under salwed bord   siððan ætywan,
    On þell-fæstene,   þa hire þearf ne wæs.

THE ESCAPE OF THE ISRAELITES.
FROM CÆDMON'S EXODUS.

[A.D. 680.]

Fyrd wæs gefysed, from seðe lædde —
Módig mago-ræswa — mæg-burh heora.
Oferfór he mid þý folce fæstena worn,
Land and leod-weard, láðra manna —
5   Enge anpaðas, uncúð gelád,
Oðþæt hie on guð-myrce gearwe bæron.
Wæron land heora lyft-helme beþeaht,
Mearc-hofu mór-heald. Moyses ofer þa
Fela meoringa fyrde gelædde. .
10 Nearwe genyddon on norð-wegas;
Wiston him be suðan sigel-wara land,
Forbærned beorh-hleoðu — brune leode
Hátum heofon-colum; þær hálig God
Wið fær-bryne folc gescylde,
15 Bælce ofer-brædde byrnendne heofon,
Hálgan nette hátwendne lyft.
Hæfde weder-wolcen, widum fæðmum,
Eorðan and up-rodor efne gedæled;
Lædde leod-werod; líg-fýr adránc
20 Hát heofon-torht. Hæleð wafedon,
Drihta gedrymost; dæg-scealdes hleo
Wand ofer wolcnum. Hæfde witig God
Sunnan sið-fæt segle ofer-tolden;
Swa þa mæst-rápas men ne cuðon,
25 Ne ða segl-róde geseón meahton,
Eorð-buende ealle cræfte,

THE ESCAPE OF THE ISRAELITES.

    Hu afæstnod wæs   feld-husa mæst.
                    Þa wæs þridda wíc,
    Folce to frofre.   Fyrd eall geseah
30 Hu þær hlifedon   hálige seglas,
    Lyft-wundor leoht.   Leode ongéton,
    Dugoð Israhela,   þæt þær Drihten cwom,
    Weroda Drihten,   wíc-steal metan:
    Him beforan fóran   fýr and wolcen
35 In beorht-rodor,   beamas twegen,
    Þara æghwæðer   efn-gedælde
    Heah-þenunga   háliges Gástes,
    Deor-módra síð   dagum and nihtum.
    .   .   .   .   Heofon-beacen astáh
40 Æfena gehwam.   Oðer wundor
    Syllic æfter sunnan   setl-ráde, beheóld
    Ofer leód-werum   líge scínan,
    Byrnende beám;   bláce stódon
    Ofer sceótendum   scíre leóman,
45 Scinon scyld-hreoðan;   sceado swiðredon;
    Neowle niht-scuwan   neah ne mihton
    Heolstor ahýdan;   heofon-candel barn;
    Niwe niht-weard   nyde sceolde
    Wícian ofer weredum,   þy læs him wésten-gryre,
50 Hár hæð   holmegum wederum
    O férclamme,—   ferhð getwæfde.
    Hæfde foregenga   fyrene loccas
    Bláce beámas;   bæl-egsan hweóp
    In þam here-þreate   hátan líge,
55 Þæt he on wéstenne   werod forbærnde,
    Nymðe hie mód-hwate   Moyses hýrde.
    Sceán scir werod,   scyldas lixton;
    Gesawon rand-wigan   rihtre stræte
    Segn ofer sweótum,   oðþæt sæ-fæsten
60 Landes æt ende   leod-mægne forstód

Fús on forð-weg. Fyrd-wíc arás;
Wyrpton hie werige; wiste genægdon
Módige mete-þegnas hyra mægen bétan:—
Bræddon æfter beorgum, siððan býme sang,
65 Flotan feld-húsum. Þa wæs feorðe wíc,
Rand-wigena ræst, be þam Readan Sǽ.
Ðær on fyrd hyra fǽr-spell becwom,
Oht inlende; egsan stódan,
Wæl-gryre weroda; wræc-mon gebád
70 Láðne lást-weard, seðe him lange ǽr
Eðel-leasum oht-nied gescraf
Wean witum fæst. . . .
Þa him eorla mód ortrywe wearð,
Siððan hie gesawon of suð-wegum
75 Fýrd Faraonis forð ongangan,
Ofer-holt wegan— eored lixan,
Þufas þunian, þeod mearc tredan,
Gáras trymedon, gúð hwearfode,
Blicon bord-hreoðan, býman sungon.
80 On hwæl hreópon here-fugolas,
Hilde grǽdige, [hræfen gól]
Deawig-feðere ofer driht-neum,
Wonn wæl-ceásiga. Wulfas sungon
Atol æfen-leoð ætes on wénan,
85 Carleásan deór, cwyld-róf beodan
On láðra lást leod-mægnes fyll,
Hreópon mearc-weardas middum nihtum:
Fleah fǽge gást, folc was genæged.
Hwílum of þam werode wlance þegnas
90 Mæton mil-paðas meara bogum.
Him þær segn-cyning wið þone segn foran
Manna þengel mearc-þreate rád;
Guð-weard gumena grim-helm gespeon,
Cining cin-berge — cumbol lixton —

95 Wiges on wenum, wæl-hlencan sceóc,
   Héht his here-ciste healdan georne
   Fæst fyrd-getrum. Feond onsegon
   Láðum eagum land-manna cyme.
   Ymb hine wægon wígend unforhte;
100 Háre heoro-wulfas hilde gretton
   Þurstige þræc-wiges þeoden holde.
   Hæfde him alesen leoda dugeðe
   Tír-eadigra twá þusendo,
   Þæt wæron cyningas and cneow-magas
105 On þæt eáde riht æðelum deore;
   Forþon ánra gehwilc út alædde
   Wæpned-cynnes wígan æghwilcne
   Þara þe he on ðam fyrste findan mihte. —
   Wæron inge men ealle ætgædere
110 Cyningas on corðre: cúðost gebeád
   Horn on heape, to hwæs hægsteald-men
   Guð-þreat gumena gearwe bæron.
   Swa þær eorp werod ecan læddon
   Láð æfter láðum leod-mægnes worn
115 Þusend-mælum, þider wæron fúse:
   Hæfdon hie gemynted to þam mægen-heapum
   To þam ær-dæge Israhela cynn
   Billum abreotan on hyra broðor-gyld.
   Forþon wæs in wícum wóp up-ahafen,
120 Atol æfen-leoð. Egesan stódon,
   Weredon wæl-net; þa se woma cwom,
   Flugon frecne spel. Feond wæs anmód,
   Weorod wæs wíg-blác, oðþæt wlance forsceáf
   Mihtig engel, se þa menigeo beheóld,
125 Þæt þær gelaðe mid him leng ne mihton
   Geseón tosomne: síð wæs gedæled.
   Hæfde nyd-fara niht-langne fyrst,
   Þeah þe him on healfa gehwam hettend seomedon

Mægen oððe mere-stream. Nahton máran hwyrft,
130 Wæron orwenan eðel-rihtes,—
Sæton æfter beorgum   in blacum reafum
Wean on wenum. Wæccende bád
Eall seó sib-gedriht   samod ætgædere
Máran mægenes,   oð Moyses bebeád
135 Eorlas on úht-tíd   ǽrnum bémum
Folc somnigean,   frecan arísan,
Habban heora hlencan,   hycgan on ellen,
Beran beorht searo,   beacnum cígean
Sweot sande near.   Snelle gemúndon
140 Weardas wíg-leoð;   werod wæs gefysed;
Brudon ofer beorgum —   byman gehýrdon —
Flotan feld-husum.   Fyrd wæs on ofste,
Siððan hie getealdon   wið þam teón-hete
On þam forð-herge   feðan twelfe
145 Móde rófa: mægen was onhréred.
Wæs on ánra gehwam   æðelan cynnes
Alesen under lindum   leoda duguðe
On folc-getæl   fiftig cista;
Hæfde cista gehwilc   cúðes werodes
150 Gár-berendra   guð-fremmendra
Tyn-hund geteled   tír-eadigra.
Þæt wæs wíglíc werod;   wáce ne gretton
In þæt rinc-getæl   ræswan herges,
Þa þe for geoguðe   gyt ne mihton
155 Under bord-hreoðan,   breost-net wera,
Wið fláne feond   folmum werigean,
Ne him bealu benne   gebiden hæfdon,
Ofer linde lærig,   líc-wunde swor,
Gylp-plegan gáres.   Gamele ne moston
160 Háre heaðo-rincas   hilde onþeon,
Gif him mód-heapum   mægen swiðrade:
Ac hie be wæstmum   wíg curon,

Hú in leodscipe lǽstan wolde
Mód mid áran, eac þan mægnes cræft
165 [Gegán mihte] gár-beames feng.
Þa wæs hand-rofra here ætgædere
Fús forð-wegas. Fana up-rád
Beama beorhtest; bidon ealle þa gen,
Hwonne sið-boda sǽ-streamum neah
170 Leoht ofer lindum lyft-edoras bræc.
Ahleóp þa for hæleðum hilde-calla,
Beald beot-hata, bord up-ahof,
Héht þa folc-togan fyrde gestillan,
Þenden módiges meðel monige gehyrdon.
175 Wolde reordigean ríces hyrde
Ofer here-ciste hálgan stefne;
Werodes wísa wurðmyndum spræc:
"Ne beoð ge þy forhtan, þeah þe Faraon brohte
Sweord-wígendra síde hergas,
180 Eorla unrím: him eallum wile
Mihtig Drihten þurh míne hand
To dæge þissum dǽd-leán gifan,
Þæt hie lifigende leng ne moton
Ægnian mid yrmðum Israhela cyn.
185 Ne willað eow ondrædan deade feðan —
Fǽge ferhð-locan! fyrst is at ende
Lǽnes lífes. Eow is lár Godes
Abroden of breostum; ic on beteran rǽd,
Þæt ge gewurðien Wuldres aldor
190 And eow líf-frean lissa bidde,
Sigora gesynto þær ge síðien.
Þis is se écea Abrahames God,
Frumsceafta Freá, se ðas fyrd wereð
Módig and mægen-róf mid þære miclan hand."
195 Hóf þa for hergum hlude stefne
Lifigendra leód, þa he to leódum spræc:

The Escape of the Israelites.

"Hwæt ge nú eagum   to onlociað,
Folca leofost,   fær-wundra sum,
Hu ic sylfa slóh   and þeos swíðre hand
200 Grene táne   gár-secges deóp:
Yð up færeð,   ofstum wyrceð
Wæter weal-fæsten.   Wegas syndon drýge,
Haswe here-stræta,   holm gerymed,
Ealde staðolas,   þa ic ær ne gefrægn
205 Ofer middangeard   men geferan
Fámge feldas,   þa forð heonon
In éce   yðe þeahton,
Sælde sǽ-grundas: suð-wind fornam
Bæð-weges blæst,   brim is areafod,
210 Sand sǽ-cir spáw.   Ic wat sóð gere,
Þæt eow mihtig God   miltse gecyðde,
Eorlas, ær glade!   ofest is selost,
Þæt ge of feonda   fæðme weorðen,
Nu se Agend   up arǽrde
215 Reade streamas   in rand-gebeorh:
Syndon þa foreweallas   fægre gestepte
Wrætlicu wæg-faru   oð wolcna hróf."
Æfter þam wordum   werod eall arás,
Módigra mægen: mere stille bád.
220 Hófon here-cyste   hwíte linde,
Segnas on sande.   Sæ-weall astáh,
Uplang gestód   wið Israhelum
Andægne fyrst;   wæs seó eorla gedriht
Anes módes: [yða weall]
225 Fæstum fæðmum   freoðo-wære heóld.

. . . .

Folc wæs afǽred   flod-egsa becwom
Gástas geomre,   geofon deaðe hweóp.
Wæron beorh-hliðu   blóde bestémed,
Holm heolfre spáw,   hream wæs on yðum,

230 Wæter wæpna ful, wæl-mist astáh
　　Wæron Egypte eft oncyrde,
　　Flugon forhtigende, fǽr ongéton,
　　Woldon here-bleaðe hámas findan:
　　Gylp wearð gnornra! Him ongen gehnáp
235 Atol ýða gewealc; ne þær ænig becwom
　　Herges to háme, ac hie hindan beleac
　　Wyrd mid wǽge. þær ǽr wegas lagon,
　　Mere módgode, mægen wæs adrenced.
　　Streamas stódon; storm up gewát
240 Heah to heofonum, here-wópa mǽst;
　　Láðe cyrmdon; lyft up geswearc:
　　Fǽgum stæfnum flód blód gewód.
　　Rand-byrig wæron rofene, rodor swipode
　　Mere-deaða mǽst: módige swulton
245 Cyningas on corðre, cyrr swiðrode
　　Wǽges æt ende. Wígbord scinon.
　　Heah ofer hæleðum holm-weall astáh,
　　Mere-stream módig: mægen wæs on cwealme
　　Fæste gefeterod, forðganges nép
250 Searwum asǽled. Sand basnode
　　On witodre fyrde hwonne waðema stream
　　Sincalda sǽ sealtum ýðum
　　Æflastum gewuna éce staðulas
　　Nacud nýd-boda neosan come,
255 Fáh feðe-gast, se þe feondum geneóp.
　　Wæs seó hǽwene lyft heolfre geblanden;
　　Brim berstende blód-egsan hweóp,
　　Sǽ-manna síð, oðþæt sóð Metod
　　þurh Moyses hand módge rymde:
260 Wíde wǽðde wæl-faðmum sweóp,
　　Flód fámgode, fǽge crungon,
　　Lagu land gefeól, lyft wæs onhrered,
　　Wicon weall-fæsten, wǽgas burston,

THE ESCAPE OF THE ISRAELITES. 159

    Multon mere-torras, þa se Mihtiga slóh
265 Mid hálige hand   heofon-ríces weard
    Wer-beamas,   wlance þeode.
    Ne mihton forhabban   helpendra pað
    Mere-streames mód,   ac he manegum gesceod
    Gyllende gryre: gársecg wedde,
270 Up ateah, on sleap: egesan stódon,
    Weóllon wǽl-benna.   Witrod gefeól
    Heah of heofonum,   handweorc Godes.
    Fámig-bosma   flód-wearde slóh
    Unhleowan wæg   alde mece,
275 Þæt þy deað-drepe   drihte swǽfon,
    Synfullra sweót,   sáwlum lunnon
    Fæste befarene,   flód-blác here,
    Siððan hie onbugon   brun yppinge,
    Mód-wæga mǽst.   Mægen eall gedreás,
280 Þa he gedrencte   dugoð Egypta,
    Faraon mid his folcum: he onfond hraðe,
    Siððan [grund] gestáh,   Godes andsaca,
    Þæt þær mihtigra   mere-flódes weard
    Wolde heoru-fæðmum   hilde gesceadan
285 Yrre and egesfull.   Egyptum wearð
    Þæs dæg-weorces   deop leán gesceod;
    Forþam þæs heriges   hám eft ne com
    Ealles ungrundes   ænig to láfe,
    Þætte síð heora   secgan moste,
290 Bodigean æfter burgum   bealo-spella mǽst,
    Hord-wearda hryre   haleða cwenum,
    Ac þa mægen-þreatas   mere-deað geswealh,
    Spilde spel-bodan,   se þe spéd áhte,
    Ageát gylp wera: hie wið God wunnon!

EXPLANATORY NOTES.

EXPLANATORY NOTES.

THE Reading Selections have been taken from the following editions: The Sermon on the Mount, from Bosworth's edition of the Gospels; the Selections from the Chronicle, from the edition edited by Thorpe for the Rolls series; the Narrative of Ohthere, from Thorpe's Orosius; the selections from Ælfric's Homilies, from the edition published by the Ælfric Society; the selections from Bede, from Ettmueller's Scópas and Bóceras, and Thorpe's Analecta; the prose of Alfred's Metres, from Fox's edition; the poetic extracts are from Grein's A.-S. Bibl. The orthography and accentuation in Anglo-Saxon are extremely irregular; in the earlier extracts I have attempted to present somewhat of a uniformity; the later ones stand as in the editions mentioned above.

P. 49, l. 13. hyra is, *of them (theirs) is*. 20. mæg, *is of value*.
50, l. 10. wrítera, supply rihtwísnys. dóme, dat. after scyldig. 13. bréðer, dat. after yrsað. 16. fyres, gen. after scyldig. 21. wiðerwinnan, dat. after onbúgende. 30. ðé, dat. after betere.
52, l. 8. eow gebiddon; this verb is used reflexively. 13. ðinre dura belocenre, dat. absolute. 19. eów, dat. after þearf.
54, l. 25. hyne bit hlafes, verbs of asking take acc. and gen.
55, l. 3. gelǽdt, for gelǽdet, usually contracted to gelǽt. 7. cwyst ðú—a sign of interrogation.
56, Ælfred, Alfred, the Great: reigned from 871 to 901. Aeðelwulfing, son of Acðelwulf: ing is the A.-S patronymic. West Seaxna, gen. pl. longe on dæg, *a good part of the day.*
57. mid sumum I am here, *with part of the army.* hine bestǽl se here, *the army stole away.* Here denotes the invading host: fyrd, the militia. Se gehorsade here must be construed as in apposition with hi. *they then, notwithstanding this* (under þam) *— the mounted army — stole away by night from the militia* (of K. Alfred). to ne meahte, with to supply a verb of motion.

P. 58. þe hire beheonan sæ wæs. See l. 31, p. 57. þrittiga sum, þára manna. § 27. N. l. 23. And his se cyning, *and the king received him.*

60. se oðer here æt Apuldre, i. e. *built a fort* at A. Swá hwæðere efese, *on whatever part.* mæstra daga ælce, *nearly every day* — literally, on each of most days. oðre siðc — oðre siðc *once — a second time.* genotudne *for* genotodne.

61. hiora wæs oðer. *One of them was his godson, and the other Ethelred, the alderman's. They had received them,* i. e. at the font.

65. Ða het se cyning faran, etc. *Then the king commanded nine of the new ships to go and blockade the port to them without on the sea.* on drygenum, *on dry land.* on þa healfe þæs deopes, *on that side of the deep.* Ða com þam Deniscum, etc. *Then came the flood-tide to the Danish ships.*

66. Ealra háligra mæssan, *all-hallow mass.* to willan, *at pleasure.* And wénað. *And foolish ween that the Glory-king, Almighty God will ever hear them.*

68. Tíd wæs þæs geares, (83, n.) Ðissum þus gedóne, § 90, n, ǽrer he hit arǽde, etc., *he had selected it before, and had afterwards richly endowed it.*

69. Ælc man hwæt his háde, etc., *that each man that would followed what belonged to his condition.*

70. To cácan þam cynge, *next to the king.* þe himself aht wǽre, *who was anybody.* his gewrit, the Domesday-book. deor frið, *a deer-park.*

72. Oht-here sailed along the west coast of Norway, while Wulfstan sailed eastward from Denmark along the south coast of the Baltic sea. Their course can be traced on the map. West-sǽ, the German Ocean.

74, 1. 5. Eall þæt his man, etc., *all of it that one either,* etc. 8. wið uppon emnlange, *parallel to.* 11. míla. Alfred here uses the Norse measure, one mile of which = five English miles. 27. Here begins O.'s account of his voyage south. 29. þam lande, i. e. Norway. Sciringesheal, the port of Skene, on the Skager Rack.

75. Þissum lande, England.

76. Þonne benimð Wisle, etc., *then the Vistula deprives the Ilfing of its name.*

77. Mid þam langan legere, *by the dead man's lying so long*

within, and because they place along the way that which strangers run to and take. Módor ne rǽdeð. *A mother cannot tell.*

P. 78. Historia Anglórum. Bede's Ecclesiastical History of England.
79. And hine to gefylstan gesette. The object of gesette is hine in the line above, with which also gecndebyrdne, *ordained,* agrees.
80. Dere, as though the Latin de irâ.
81. þe we on ǽr towearde, *that we before ought to have dreaded as coming.*
83. To þam swíðe, *so exceedingly;* na to þæs hwón, *by no means.*
84. þæt he him and his geferan bigleofan þenian wolde: *him* and *geferan* are datives after *þenian;* and *bigleofan* instrumental. Be þam þe hi tǽhton sylfe lybbende, *themselves living in accordance with what they taught.*
87. In this extract and the next the spelling varies somewhat from the regular orthography. We frequently have on, om, for an, am; o for u in terminations; a for ð, as a connecting vowel in verbs, and e for i, as cadcgan for eadigan. Eac swylce on hálsunge, *as though by divination.* The following is the Latin of Bede: Cui videlicet regi, in auspicium suscipiendæ fidei et regni coelestis, potestatis et terreni creverat imperii, ita ut, quod nemo Anglorum ante eum fecit, omnes Brittaniæ fines, qua vel ipsorum vel Britonum provinciæ habitabantur, sub ditionem accepit. Swá þæt nænig, etc. *So that what no one of the English kings ere him, took under their sway — all the British boundaries — on which either their tribes (English) or the Britons dwell; all this he received under his sway.*
88. Æfter þon þe, *in accordance with what they had before agreed upon.* To þon þe, *for this purpose.* Swá swá he wǽre, supply cumen. Mid þy he þa se Biscop. *When he then — the Bishop — he* being used as a demonstrative. æghwæðer ge, the correlative is and.
89. And þa ylcan his dohtor, *and this same daughter,* [and that same his daughter.]
90. In stepe, *in haste.* á of tíde, *forthwith.* and he samod for his hǽlo, etc., *he not only for the salvation of the king but also of the people.*

P. 91. And wæs foreweard niht, *and it was well on into the night*. On þance me, etc., *I am thankful for*.

92. Mid manegum hǽtum, *with many anxieties* — geþohta, gen. pl. Mid þý blindan fýre soden wæs, *and was agitated by the hidden fire*. See preceding note. Soden is from seoðan. Ne tala þu me, *do not imagine me*. Gif hwylc sý, *if any one there may be*. Ætécte, from ætýcan. Nales þæt on, *not only*.

93. his-seþe, *of him who*. Wolde þæt he on þam ongeáte þæt, *he wished that he should understand by this*.

97. Mid þý he þá se cyníng fram þam foresprecenan, etc., *when then the king sought and asked from the aforesaid Bishop of the [their] religion which they before practised*.

99. l. 14. Mid þy cyninge he, *He* (Hereric), *together with the king, at the preaching and the lore of Paulinus, of blessed memory*, etc.

100. þære bysene, etc., *whose example she was imitating in the design of living abroad*. Hœfd wæs, *was detained*.

101. Ac nænig hwæðere, etc., *but yet no one could do this like him*. þara heord him, etc., *the care of which was that night entrusted to him*. Hwæðere þu meaht me singan, *yet thou must sing to me*.

102. Swá he wundra gehwæs, *as he of every wonder, everlasting Lord, established the beginning*. Monig word, *many words of song worthy of God in the same measure*. þæt he him sum sunge, *that he should sing some to them and turn it into the melody of song*.

103. Canones, *of the canon*. Nealecte, for nealæhte.

105. Throni, etc., *thrones, dominions, principalities, powers, virtues, cherubim, seraphim* — a sort of classification of the angels.

106. And let befeallan, supply *hi*. Ne hi ne magon nu, *nor can they now, nor do they wish*.

107. l. 25. lytles þinges him forwyrnan (101).

111. Weland him be wurman, etc. *Weland by himself* [his own experience] *knew concerning the pain of exile*. Dœs ofereode, etc., *that he overcame; so may I this*.

The following extracts are from King Alfred's translation of The Consolation of Philosophy, by Boethius, a Roman

EXPLANATORY NOTES. 167

finally executed in 524. While in prison he wrote this book, which King Alfred translated in a free paraphrase.

P. 121. Ær hwílum fond, *for* fand; and heora blisse from, supply *wende* with *from;* for hire, *in comparison with her;* smylton, *for* smyltan.

122. Fægen þæt hi móton, supply weaxan.

124. Sǽ-tileas, some read scealcas, *sailors*, but sæ-tileas may be used figuratively in the same sense. Ne hí ne bil rude. Grein reads þe hine bil rude. Fox reads Ic hi ne Ili refers to weoruld-buende: gesawan *for* gesawon, past tense of geseón. Sumes oulíce efne, *somewhat like even that mount.* Ussa tída (83, n).

125. Weland — the Vulcan of the Northern Mythology. for þy þam cræftegan ne mæg næfre his cræft lósigan, *for never may his craft depart from the skilful.* On him geniman: construe *on* with *geniman — nor may any one deprive him of it any easier than.*

126. Gif nu hæleða, etc., *if fame now pleases any one of men.* Lyste is used impersonally, governing hwonc directly in the acc., and hlisan in the gen.; the subject of wille must be understood from hæleða. See l. 14, for the same construction with lysteð. l. 16. nænige þinga, *by no means.*

•127, l. 32. Ælces þinges, *by all means.* 36. Ængum contracted, for ænigum. 43. "In which one of sepulchres does the earth cover them?" 50. Ælces þinges, *assuredly.* See l. 32. 61. "That fame cannot keep illustrious men well-known."

128. Thyle, probably Iceland.

129, l. 15. Toteled tídum, *reckoned by hours.* ðé fleón — (89) is here used reflexively. Siððan þu þonne forð, *after thou art then elevated above it:* forð implies motion.

130. Ic wat þeah gif, etc. *Yet, I know, if it ever happen to thee.* þe, acc. after gewyrð impersonal. See l. 55.

132. Ætwíte, modern *twit.*

135, l. 28. "That bright land is higher by twelve fold of fathom measure, as wise sages, by investigation through wisdom, make known to us in writings, than any of the mountains," etc. 40. Æfre to ealdre, *forever.* ær þon edwenden, *before the renewal of the world happens.* See l. 47. oð bǽles cyme. 45. hreóra, gen. pl. of hreóh.

P 137, l. 15. Græs, definitive acc. þealite, from þeccan.
138, l. 38. Roderas, for rodores, genitive. 45. Metode, *for the Lord.* 59. And þa wraðe sealde, *and gave her for an aid.*
139, l. 68. Wer unwundod, nom. independent.
140, l. 11. Folc-gestealna, gen. pl. 18. Wihte, inst., used adverbially.
141, l. 33. Ofermede, acc. after ahebban.
142, l. 54. Fyr edneowe, *fire renewed,* acc. 59. "For the first time he filled hell."
143, l. 97. "Which my Lord granted to me, though we could not hold it because of the Almighty, could not wield our realm.
144, l. 126. Unc Adame, *to me and Adam.* A noun so connected with a dual is used partitively. 130. "So he may not charge any sin upon us."
146, l. 38. Eorðan lime, *bitumen.* 40. þy selestan, supply lime. 44. "I thee, for this, dearest of men, my covenant will give." 60. Reorde, *by my word.*
147, l. 64. Andwlitan is limited by widre eorðan. 79. Him on hóh, *behind him;* literally, *to him at the heel* (hough). 86. "The wise with the young."
148, l. 110. "The terrors of the water might not with violence touch the wave-traversing ship." 120. Hine refers to egorhere, above.
149. "The sky-bright course stopped the rain." 136. Rím-getæl, limited by daga. 140. Se halga sunu Lameches, i. e., Noah. 141. Sóðra geháta, gen. pl. after bád. 155. "After that the high hills had received with the treasure and the nobles also the offspring of the earth." 163. "But he rejoicing lighted on the floating corpses — the swarthy (bird) would not seek his feathers (wings)."
150, l. 180. culfre modified by *wilde* in next line. 184. "Blithehearted that she, seated, very weary, might rest on the bright (sunny) branches of a tree." With *moste* supply *sittan.* This extract illustrates the A.-S. tendency to the use of appositives — there being no less than thirteen different words used to denote the ark, viz: scip, fær, earc, hof, mere-hus, mere-cieste, geofon-hus, yð-hof, earce-bord, wæg-bord, nægled-bord, wæg-þel, þel-fæsten.
151, l. 6 Guð-myrce, Grein considers as an epithet referring to

the Ethiopians. Thorpe translates *hostile frontier.* 7 "Their land was covered by an air-covering, a moor-holding boundary-castle"— that is: their camp was concealed by a fog, rising from the moor. 23. Segle. The pillar of cloud in the distance is likened to a sail, or a ship under sail.

P. 152, l. 43. "bright stood the bright lights over the warriors; shields shone, the shadows fled, the deep night-shades might not wholly hide the caverns." 49. "lest them the desert-horror, the hoar heath with its raging storms ever with sudden onset should deprive of life."

153, l. 64. "Behind the ramparts, after the trumpet sounded, the sailors spread the tents." Called sailors, because the pillar of cloud was likened to a ship under sail: feld-húsum is instr. 68. oht inlende, *fear occasioned by the inhabitants of the land.* 90. "measured mile-paths with the legs of horses."

154, l. 105. on þæt eáde riht, *to that important duty.* 113. corp werod, the Egyptians. 125. gelaðe, *hostile hosts.*

155, l. 134. Máran mægenes, gen. after bád. 142. "The sailors struck their tents." 154. "who on account of youth might not yet under the shield, the breast-net of men, against the weapon, ward off the enemy with their hands." For feónd, Thorpe would read feónda. 162. "But they chose the battle according to their strength, how in the host courage might endure with honor, also how great strength [might exercise itself], might seize the war-beam" [i. e. the spear-shaft].

156, l. 167. Fús forð-wegas, *ready to go forward.* 169. sfðboda, i. e. the pillar of fire. 174. módiges, supply *chief.*

157, l. 216. þa foreweallas, *the walls on each side.* At line 226 the account of the destruction of Pharaoh's host begins.

158, l. 242. flód blód gewód, *blood stained the sea.* 243. Randbyrig, *the protecting walls of water.* 250. "The sea-bottom waited for the (coming of the) destined host, when the stream of waves, the cold sea, with salt waves used to wandering, a naked messenger of death, should come to visit its everlasting foundations, a hostile comer who should fall upon the enemy."

159, l. 272. handweorc Godes, i. e. the walls of water. 274. alde mece, referring to the Flood.

VOCABULARY

VOCABULARY.

The figures after Nouns indicate the Declension, and the letters, m., f., n., the Gender. The figures after Verbs indicate the Case under the Second Conjugation. The Past Tense of the First Conjugation is given after the Verb. The figures in parentheses refer to sections of the Grammar.

A.

Á, *ever, always.*
Abbod, 1 m., *an abbot.*
Abbodríce, 1 n., *an abbey.*
Abbudisse, 4 f., *an abbess.*
Abeódan, 6, *to command.*
Abítan, 4, *to bite, eat.*
Abláwan, 1, *to blow, breathe.*
Ablendian, de, *to blind.*
Ablinnan, 5, *to cease.*
Abrecan, 3, *to storm, break down.*
Abredan, p. bræd, pp. broden, *to take away.*
Abreótan, abreóðan, 6, *to break, destroy, revolt.*
Abúgan, 6, *to bow, submit.*
Abysgan, ode, *to be busy, to occupy.*
Ac, *but.*
Acennan, de, *to bring forth.*
Aceorfan. *See* ceorfan, *to cut off.*
Acigan, de, *to call out.*
Acsian, ode, *to ask.*
Acwellan, 3, *to kill.*
Acweðan, *to prohibit, to sentence to be deprived of.*
Ád, 1m, *a funeral pile.*
Adǽlan, de, *to divide.*
Ádl, 2 f., *disease.*
Adilegian, ode, *to blot out, destroy.*
Adón, *to take out, destroy, kill.*
Adrǽfan, de, *to expel.*
Adrencan, te, *to drown.*
Adreógan, 6, *to tolerate.*
Adrífan, 4, *to drive away, expel.*

Adrincan, 5, *to quench.*
Æ, f. (ind.), *law.*
Æbbian, ode, *to ebb.*
Æcer, 1 m., *a field, acre.*
Ædre, 4 f., g. pl. ǽdra, *a vein.*
Ǽfæst, *pious.*
Ǽfæstnys, ǽfestnes, 2 f., *religion.*
Ǽfen, ǽfyn, 1 m., *the evening.*
Ǽfen-leoð, 1 n., *an evening song.*
Ǽfentíd, 2 f., *evening.*
Ǽfer, ǽfre, *ever.*
Ǽflast, 1 m., *wandering.*
Ǽfter (adj.), *after, last* (prep., d.,ac) *after, behind, to, through,* (adv.) *after.*
Ǽfter-fyligan, de, *to follow.*
Ǽfter-genga, 4 m., *a successor.*
Ǽghwá, *every one.*
Ǽghwæs, *everything.*
Ǽghwæðer, *both;* ge . . ge *both* . . *and.*
Ǽghwanon, *on all sides.*
Ǽghwylc, *each one, every one.*
Ǽgnian, *to vex.*
Ǽgðer, *either —* ge . . ge. *either . . or; both . . and.*
Ǽht, 2 f., *property, riches, possessions.*
Ǽlan, de, *to set on fire.*
Ǽlc, *each, every, any, one.*
Ǽl-ceald, *all-cold.*
Ǽlcor, *otherwise.*
Ǽlfremed, *foreign, strange.*
Ǽlmes-georn, *benevolent.*
Ǽlmesse, 4 f., *alms.*
Ǽlmihtig, *almighty.*

VOCABULARY.

Æmetta, 4 m., *leisure.*
Æn. See án, *one.*
Æne, *once.*
Ænga, *own* (?)
Ænig *any.*
Ænlíc, *singular, incomparable.*
Ænlipig, *individual.*
Ænlipige, *individually.*
Ær, *before, exceedingly;* ǽrer, *formerly;* ǽrest, *first;* ǽrþam, (þan), *sooner than.*
Ær-dæg, 1 m., *morning.*
Æren, *brazen.*
Ærend, 2 f., *an errand.*
Ærendian, de, (od), *to go on an errand.*
Ærendraca, 4 m., *a messenger.*
Ærfæst, *pious.*
Ærist, 1 m., *resurrection.*
Ærnan. See yrnan, *to run.*
Ærnemerigen, 1 m., *early morning.*
Ærwacol, *early awake.*
Ær-þam, *before, sooner than.*
Ærþam þe (þæt), *before that.*
Æsc, 1 m., *a boat, spear* (things made of ash).
Æt, 1 m., *food.*
Æt (dat.), *at, by, near.*
Æt-bredan, 3, *to rescue, take away, set free.*
Ætécan, te, *to add to.*
Æteówian, de, *to show, appear.*
Ætforan, (dat.), *before.*
Ætgadere, ætgædere, *together.*
Ætgifa, 4 m., *a provider.*
Æthwega, *something.*
Ætlútian, ode, *to lie hid.*
Ætsomne, *together.*
Ættrian, ode, *to poison.*
Ætwítan, ode, *to blame.*
Ætýwian, ode, *to show, appear.*
Æðandún, 2 f., *Heddington.*
Æðel, 1 m., *a country.*
Æðel(e), *noble.*
Æðel-boren, *nobly-born.*
Æðel-borennys, 2 f., *noble birth.*
Æðeling, 1 m., *a prince, noble.*
Æðelcundnes, 2 f., *nobility.*
Æðelinga ig, 2 f., *the Island of Athelney.*
Æðellíc, *noble.*

Æðellíce, *nobly.*
Æðelo, *nobility.*
Afǽran, de, *to affright.*
Afæstnian, ode, *to fasten.*
Afandian, ode, *to try, experience.*
Afaran, 2, *to depart.*
Afédan, de, *to feed.*
Affyrran, ede, *to remove, deprive*
Aflígan, de, *to put to flight.*
Afyllan, de, *to fill; to fell, destroy.*
Afyrht, *affrighted.*
Agǽlan, de, *to hinder.*
Ágan, p. áht, pp. agen (53), *to own, to keep possession of.*
Agán. See gán, *to go away.*
Agen, (acc.), *against.*
Ágen, *own.*
Ágend, 1 m., *an owner, Lord.*
Ageótan, 6, *to pour out.*
Agifan. See gifan, *to restore, give up.*
Agitan. See gitan, 3, *to know.*
Agitan, p., *geat, to destroy.*
Agyldan. See gyldan, *to pay.*
Agyltan, te, *to become guilty.*
Ahebban, p. hefde (hóf, pp. hafen), *to elevate, lift up, exalt.*
Ahleápan, 1, *to leap.*
Aholian, ode, *to pluck out.*
Ahón. See hón, *to hang.*
Ahreddan, de, *to rescue, retake, deliver.*
Aht, awiht, *aught, anything.*
Ahýdan, de, *to hide.*
Aídlian, ode, *to make void, profane.*
Alǽdan, de, *to lead out, carry away.*
Ald. See eald, *old.*
Aldor, 1 m., *a prince, lord.*
Aldre, to —*forever.*
Alecgan, de, pp. aled, *to lay down, pervert.*
Alcóðian, ode, *to take out, dismember.*
Alesan, 3, *to choose.*
All-walda, 4 m., *the All-powerful.*
Alre, *Aller.*
Altar, 1 m., *an altar.*
Alýfan, de, *to allow.*
Alýsan, ede, *to free, redeem, deliver.*

Amber, 1 m. (a measure), *four bushels*.
Ambryne wind, *a favorable wind*.
Amyrran, amerran, de, *to debase, impede*.
Án (28), *one, an*.
Ána, *alone*.
Anbídan, 4, *to await*.
Ancer-setl, 1 n., *a hermitage*.
Anda, 4 m., *malice*.
Andæge, *one day's*.
Andefn, *worth, an equality*.
Andetnys, 2 f., *confession*.
Andettan, te, *to confess*.
Andgit, 1 n., *the understanding*.
Andgitfullíce, *intelligibly*.
Andlang (gen.), *along, during*.
Andsaca, 4 m., *an apostate, denier*.
Andswarian, ode, *to answer*.
Andswaru, 2 f., *an answer*.
Andweald, 1 m., *power*.
Andweard, andwerd, *present*.
Andweardnes, 2 f., *presence*.
Andweorc, 1 n., *material*.
Andwlíta, 4 m., *the face, countenance*.
Andwyrdan, de, *to answer*.
Ánfeald, *single*.
Angin, 1 n., *a beginning*.
Angle-cyn, 1 n., *the English*.
Angsum, *narrow, difficult*.
Ánhýdig, *stout-minded*.
Ánlepnes, 2 f., *solitude*.
Ánlícnes, 2 f., *likeness, stature*.
Ánlipig, *single, solitary*.
Ánmód, *unanimous*.
Ánmódlíce, *unanimously*.
Anpað, 1 m., *a pass, narrow path*.
Ánrædnys, 2 f., *constancy*.
Ánstandan, 2, *to be alone*.
Anstreces, *continually*.
Ansund, *whole*.
Ansundnys, 2 f., *soundness*.
Ansýn, 2 f., *the countenance, face*.
Antimber, 1 n., *substance, matter*.
Anweald, anwald, 1 m., *power, dominion*.
Anþræc, *horrible*.
Apostol, 1 m., *an apostle*.

Apostolíc, *apostolic*.
Apuldre, *Appledore*.
Ár, g., d., a., áre, pl., n., a., ára, g., árna, ára, d., arum, 2 f., *glory, mercy, use, wealth*.
Ár, 2 f., *an oar*.
Aréda, 4 m., *a patriot*.
Arédan, de, *to choose, select*.
Aréran, aréran, de, *to raise, exact*.
Arce-biscop, 1 m., *an archbishop*.
Áre, 4 f., *honor*.
Areafian, ode, *to drive away*.
Arecan. See recan, hte, *to reckon, tell*.
Arfæst, *merciful pious*.
Arfæstnes, 2 f., *piety*.
Árian, ede (ode), *to honor, spare, forgive*.
Arísan, 4, *to arise, rouse*.
Arleás, *impious*.
Arwurðe, *venerable*.
Arwurðian, ode, *to reverence*.
Astælan, de, *to impede*.
Ascian, ode, *to ask, learn*.
Ascúfan, 6, *to shove off*.
Asecgan, sæde, *to say*.
Asendan, de, *to send*.
Asettan, te, *to place, set*.
Asingan, 5, *to sing*.
Asittan, 3, *to be fixed, aground*.
Aspendan, de, *to spend*.
Aspringan, 5, *to spring up, rise*.
Astandan, 2, *to start up*.
Astígan, 4, *to ascend*.
Astreccan, hte, *to prostrate, stretch*.
Astyrian, de, *to stir*.
Aswamian, ode, *to go out*.
Aswícan. See swícan.
Ateallan, de, *to reckon, tell*.
Atelíc, *foul, hateful*.
Ateón, 6, *to draw out, rise*.
Atol, *dire*.
Áttor, 1 n., *poison*.
Auht, aht, *anything*.
Aweccan, hte, *to awake, create*.
Awédan, de, *to rage*.
Aweg, *away*.
Awegan, de, *to weigh*.
Awendan, de, *to turn, translate*.

Aweorpan, 6, *to cast away.*
Aweorðan (59, n. 2), *to spoil, vanish.*
Awer, *anywhere.*
Awérian. *See* werian, *to defend.*
Awéstan, te, *to destroy.*
Awéste, *deserted, waste.*
Awiht, *anything, at all.*
Aworden, *cursed.*
Awreccan, hte, *to awake.*
Awrítan, 4, *to write.*
Awyrigan, de, *to curse.*
Axian, ode, *to ask, learn.*
Áð, 1 m., *an oath.*
Aðelborennys, 2 f., *noble birth.*
Aþcostrian, abystrian, ode, *to darken.*
Aþistrod, *obscured.*
Aþor, aþor, oððe, *either.*

B.

Bæc, 1 n., *a back.*
Bæc-bord, 1 n., *larboard.*
Bǽl, 1 n., *a burning fire.*
Bǽlc, 1 m., *a covering* (cloud).
Bǽl-egesa, 4 m., *fire-terror.*
Bǽr, 2 f., *a bier.*
Bǽrnan, de, *to burn.*
Bæð, 1 n., *a bath.*
Bæð-weg, 1 m., *the sea.*
Baius, *Bayeaux.*
Bám, dat. of begen.
Bán, 1 n., *a bone.*
Bár, 1 m., *a boar.*
Basnian, ode, *to await.*
Be, bi, big (dat.), *by, near to, at, in, concerning.*
Beacen, 1 n., *a beacon.*
Beáh (12, 6), *a ring, bracelet.*
Bealcian, te, *to emit, utter.*
Beald, *bold, mighty.*
Bealdlíce, *boldly.*
Bealo, g., bealwes, 1 m. (n.), *bale, mischief.*
Bealo-spell, 1 n., *a deadly tale.*
Bealu, *dire.*
Beám, 1 m., *a beam, tree.*
Beám-fleót, 1 m., *Bamfleet.*
Beám-sceado, 2 f., *tree-shade.*
Bearn, 1 n., *a child.*

Bearo(u), 1 m., *a grove.*
Beátan, 1 *to beat.*
Bebeódan, 6, *to command, entrust.*
Bebod, 1 n., *a command.*
Bebrecan, 3, *to break.*
Bebycgan (can) bohte, *to sell.*
Beceápian, ode, *to sell.*
Beceorian, ode, *to murmur.*
Becuman. *See* cuman, *to become, come, seize, arrive.*
Becweðan (48), *to bequeath.*
Bedǽlan, de, *to deprive of.*
Bed-clyfa, 4 m., *a bed-room.*
Bedrífan, 4, *to drive.*
Bedyrnan, de, *to conceal.*
Be-ebbian, ode, *to strand.*
Befæstan, te, *to commit, entrust, betroth.*
Befangan. *See* befón.
Befaran, *to surround.*
Befeallan, 1, *to fall, befal.*
Befón, p., befeng, 1, *to seize, clothe.*
Beforan (dat. acc.), *before.*
Befrinan, 5, *to ask.*
Befyllan, de, *to hurl.*
Begán, code, *to practise.*
Begen (28, n., 2), *both.*
Begeondan (acc.), *beyond.*
Begitan, 3 (65, n.), *to get, obtain.*
Begrornian, ode, *to bewail.*
Begýman, de, *to keep, observe, attend to.*
Begyrdan, de, *to begird.*
Begytan. *See* begitan.
Behát, 1 n., *a promise.*
Beháwian, ode, *to see.*
Behealdan, 1, *to behold, hold.*
Behélan, 3, *to hide.*
Beheonan (dat.), *on this side.*
Behindan (acc.), *behind.*
Behófian, ede (ode), *to need.*
Behorsian, ode. *See* gehorsian
Behreówsian, ode, *to repent.*
Behreówsung, 2 f., *repentance*
Behwyrfan, de, *to turn.*
Behýdan, de, *to hide.*
Belicgan, 3, *to encompass.*
Belimpan, 5, *to belong, happen*
Belocan, 6, *to lock.*
Béme, 4 f., *a trumpet.*

Ben, 2 f., *a wound.*
Bén, 2 f., *a prayer.*
Bend, 1 m. (2 f.), *a bond, prison.*
Beniman. *See* niman, *to deprive of.*
Beódan, 6, *to bid, offer; to command, announce, await.*
Beón (59), *to be.*
Beorgan, 6, *to protect.*
Beorh, 1 m, *a hill, rampart.*
Beorh-hleoð, 1 n, *a mountain-top.*
Beorht, *bright, excellent.*
Beorhtnys, 2 f., *brightness.*
Beót, 1 n., *a threat, promise.*
Beót-háta, 4 m., *a commander.*
Bepæcan, lite, *to entice, seduce.*
Bera, 4 m., *a bear.*
Beran, 3, *pp.*, boren, *to bear, lead, carry, come upon.*
Bercáfian, ode, *to rob.*
Beren, *belonging to a bear.*
Bereówsung, 2 f., *repentance.*
Bern, 1 n., *a barn.*
Berówan, 1, *to row.*
Berstan, 6, *to burst.*
Berypan, te, *to spoil, rob.*
Besceáwian, ode, *to consider, observe.*
Bescúfan, 6, *to thrust.*
Bescýrian, ede, *to deprive.*
Beseón, *to look.*
Besittan, 3, *to beset.*
Besmítan, 4, *to defile.*
Besmittennys, 2 f., *defilement.*
Bestandan, 2, *to surround, stand by.*
Bestélan, 3, *to steal away.*
Besteman, de, *to besteam, dew.*
Beswápen, 1, *to persuade, cleanse.*
Beswícan, 4 (beswican, ode), *to deceive, escape.*
Betécan, lite, *to give up, betake.*
Bet, betera, *better,* betst, *best.*
Bétan, te, *to restore.*
Betwih, betwyx, betuh (dat. acc.), *between, among.*
Betýnan, de, *to close, end.*
Bewarenian, ode, *to beware.*
Beweorpan, 6, *to throw.*
Bewépan, 1, *to bewail.*
Bewician, ode, *to encamp.*

Bewissian, te, *to govern.*
Bewrihan, 3 (ea, æ) *pp.* wrigen, *to cover.*
Beyrnan. *See* yrnan, *to go to meet.*
Beþearf (54, 2), *to need.*
Beþeccan. *See* þeccan, *to cover.*
Bídan, 4, *to bide, await.*
Biddan, 3 (*pp.* beden), *to ask, pray* (refl.)
Bigan, beógan, 6 (de), *to bow, submit.*
Bigang, bigeng, biggeng, 1 m., *practise, worship.*
Bigleófa, 4 m., *provision.*
Bigstandan, 2, *to stand by, support.*
Bil, bill, 1 n., *a weapon, sword.*
Bilewit, *innocent.*
Bilewitnys, 2 f., *innocence.*
Bindan, 5, *to bind.*
Binnan (dat.), *within.*
Birhtnes, beorhtnes, 2 f., *brightness.*
Birhtu, beorhtu, 2 f., *brightness.*
Biscop, 1 m., *a bishop.*
Biscopríce, *a bishoprick.*
Biscop-stól, 1 m., *cathedral.*
Bisegu, bisgu, 2 f., *business.*
Bisgian, ode, *to occupy.*
Biter, bitter, *bitter.*
Bitere, *bitterly.*
Blac, *black.*
Blác, *pale, bright.*
Blǽd, 1 m., *happiness, success.*
Blǽd, 2 f., *a branch.*
Blǽst, 1 m., *a blast.*
Blát, *livid;* bláte, *lividly.*
Bláwan, 1, *to blow.*
Bléd, 2 f., *blossom, fruit.*
Blendian, ode, *to blind.*
Bleó, *g.* bleowes, 1 n., *a color.*
Bletsian, ode, *to consecrate, bless.*
Blind, *blind, hidden.*
Blis, blys, 2 f., *bliss, pleasure.*
Blissian, ode, *to rejoice, bless.*
Blíðe, *cheerful, kind, gentle.*
Blíðe-mód, *well-disposed.*
Blód, 1 n., *blood.*
Blód-egesa, 4 m., *bloody-terror.*
Blosma, blostma, 4 m., *a blossom.*
Blówian, ode, *to bloom.*

Bóc (15), 2 f., *a book, writing.*
Bócere, 1 m., *a writer.*
Bóc-leden, 1 n., *Latin,* (book-speech).
Bóc-líc, *literary.*
Bodian, ede (ode), *to preach, tell.*
Bodung, 2 f., *preaching.*
Bóg, 1 m., *a limb, leg.*
Bolster, 1 n., *a bolster.*
Bord, 1 n., *a board, shield.*
Bord-hreoða, 4 m., *a shield.*
Borgian, ode, *to borrow, pledge.*
Bósm, bósum, 1 m., *bosom.*
Botm, 1 m., *a bottom.*
Brád, *broad.*
Brǽdan, p. brǽde, brudon, *to spread.*
Brǽding, 2 f., *spreading.*
Brand, 1 m., *heat.*
Brastlian, ode, *to crackle.*
Brecan, 3, *to break.*
Brego, m., *lord.*
Bremel (bel), 1 m., *a briar.*
Breóst, 2 f., *the breast.*
Breóst-gehygd, 1 m., *breast-thought.*
Breóst-net, 1 n., *a coat of mail, armor.*
Breówan, 6, *to brew.*
Brice, 1 m., *a fragment.*
Brídel, 1 m., *a bridle.*
Brim, 1 n., *the sea.*
Brim-cald, *sea-cold.*
Bringan (5), brengan, brohte, *to bring.*
Bróga, 4 m., *terror, fear.*
Brosnian, ode, *to decay.*
Bróðor (19), *a brother.*
Bróðor-gyld, 1 n., *revenge for a brother.*
Brúcan, 6, *to enjoy.*
Brún, *brown, dark.*
Brýd, 2 f., *a bride.*
Bryhtm, breahtm, 1 m., *a twinkling.*
Brytta, 4 m., *a dispenser, author.*
Búan, búgian, de (51), *to dwell, cultivate.*
Bufan (dat.), *above, from above,* (adv.), *above, beyond.*
Búgan, beógan, 6, *to bow, bend, recede.*

Búgigend, 1 m., *an inhabitant.*
Bunne, 4 f., *Boulogne.*
Burgendaland, *Bornholm.*
Burg-sittend, 1 m., *a citizen.*
Burh, 2 f., *a town, city, castle.*
Burhware, 1 m., *citizens.*
Burne, 4 f., *a brook.*
Bútan, búton (dat.), *except, without.*
Buttingtún, *Buttington.*
Bútu, *both.*
Bycgan, p. bohte, *to buy.*
Bydel, 1 m., *a preacher.*
Býme, 4 f., *a trumpet.*
Býn, bún, gebun. *See* búan, *cultivated.*
Byrdest, *highest-born, noblest, richest.*
Byrgan (ian), ede, *to bury.*
Byrgen, 2 f., *a sepulchre.*
Byrig, dative of burh.
Byrigean, de, *to bury.*
Byrnan, 5, *to burn.*
Byrðen, 2 f., *a burden, load.*
Bysen, 2 f., *an example.*

C.

Cald, ceald, *cold.*
Candel-stæf, 1 m., *a candlestick.*
Carfull, *mindful.*
Carian, cearian, ode, *to care.*
Carleás, *careless.*
Casere, 1 m., *emperor* (Cæsar).
Castel, 1 n. (acc. pl., casteles), *a castle.*
Ceald, *cold.*
Ceáp, 1 m., *a bargain, chattel, cattle.*
Ceaster, cester, 2 f., *city, fort,* (castra).
Ceaster-gewaran, *citizens.*
Céne, *keen, bold.*
Cennan, de, *to bring forth.*
Cent, *Kent.*
Ceorfan, 6, *to cut, carve.*
Ceorl, 1 m., *a churl, husband man.*
Ceorlisc, *churlish.*
Ceósan, 6, pp. córen, *to choose.*
Cépa, 4 m., *a merchant.*

Cépan, te, *to attempt.*
Cerran, cirran, ede, *to turn, subdue.*
Cígan (ean), cýgan, de, *to call, summon.*
Cíld, 1 n., *a child* (13, n. 4).
Cíld-hád, 1 m., *childhood.*
Cin-berg, 1 m., *a visor* (chin-defence).
Cine-helm, 1 m., *crown.*
Cirlisc, *churlish.*
Cisseceaster, *Chichester.*
Cist, cyst, 2 f., *a cohort, band.*
Ciðˊ, 1 m., *a shoot, blade.*
Clǽn, *clean, pure.*
Clǽn-heorta, *clean-hearted.*
Clingan, 5, *to wither.*
Clom, 1 m., *a clasp, chain.*
Clúdig, *stony, rocky.*
Clyppan, te, *to embrace, make much of.*
Cnápa, 4 m., *a boy.*
Cnáwan, 1, *to know.*
Cneów-mæg, 1 m., *a relative.*
Cniht, 1 m., *a youth, a knight.*
Cnucian, ode, *to knock.*
Cnysian, ede, *to strike.*
Cofa, 4 m., *a cave, chamber, hold of a ship.*
Cól, 1 n., *a coal.*
Colne, *Colne.*
Corn, 1 n., *corn, a grain.*
Corðor, 1 n., *a host.*
Costnung, 2 f., *temptation.*
Coðˊ (u), 2 f., *disease, plague.*
Cræft, 1 m. (2 f.), *craft, strength.*
Cræftig, *strong, crafty.*
Cræftega, 4 m., *a workman.*
Cringan, 5, *to cringe, die.*
Crism-lýsing, 2 f., *laying aside the baptismal fillet.*
Crist, 1 m., *Christ.*
Cristen, 1 m., *a christian.*
Cristendóm, 1 m., *christianity.*
Cuc, cucu, *alive, living.*
Culfre, 4 f., *a dove.*
Cuman (58, n. 4), *to come, go.*
Cumbol, 1 n., *a standard.*
Cum-pæder, 1 m., *god-father.*
Cunnan (50), *to know.*
Cunnian, ode, *to prove, try.*

Cúðˊ. See cunnan, *known, familiar.*
Cúðlíc, *certain;* cúðlíce, *certainly.*
Cwal (u), 2 f., *death.*
Cwat-brycg, 2 f., *Bridgenorth.*
Cwealm, 1 m., *destruction.*
Cwéman, de, *to please.*
Cwén, 2 f., *a wife, queen.*
Cwéna land, *Cwenland.*
Cwertern, 1 n., *a prison.*
Cwic, *living.*
Cwic-lifigend, *living.*
Cwyde, cwiðe, 1 m., *a speech, saying.*
Cwyld, 2 f., *destruction, slaughter.*
Cwyld-róf, *famed for slaughter.*
Cwyst, — used as a sign of interrogation.
Cyf, 2 f., *a vessel, hogshead.*
Cýlc, *cold.*
Cýle, 1 m., *coldness, chill.*
Cyme, 1 m., *a coming.*
Cyn, 1 n., *kin.*
Cynelíc, *royal;* cynelíce, *royally.*
Cynerice, 1 n., *a kingdom.*
Cyning, cyng, 1 m., *a king.*
Cýpe-cniht, 1 m., *a youth for sale.*
Cýpman, 1 m., *a merchant.*
Cyppanhám, 1 m., *Chippenham.*
Cyr, 1 m., *a time.*
Cýre, 1 m., *a choice.*
Cyrice, circe, 4 f., *a church.*
Cyrman, de, *to clamor, cry.*
Cýrr, 1 m., *a return.*
Cýrran, de, *to turn.*
Cyrtel, 1 m., *a garment, kirtle.*
Cystig, *liberal.*
Cýðˊ, 2 f., *knowledge, acquaintance.*
Cýðˊ, cýðˊðu, 2 f., cýðˊðe, 4 f., *a home.*
Cýðan, de, *to show, tell, make known.*

D.

Dǽd, 2 f., *a deed.*
Dǽd-bétan, te, *to repent.*
Dǽd-bot, 2 f., *repentance.*
Dǽd-leán, 1 n., *a requital.*

Dæg, 1 m., *a day.*
Dæghwamlíc, *daily.*
Dæg-rím, 1 m., *a course of days.*
Dægðerlíc, *present.*
Dǽl, 1 m., *a part, portion.*
Dǽlan, dc, *to divide, allot.*
Dǽlniman, 3, *to share.*
Dalu, 2 f., *a dale, dell.*
Deád, *dead.*
Deádlíc, *mortal.*
Dcar (54), *to dare.*
Deawig-feðcre, *dewy-feathered,* (with glistening feathers).
Deáð, 1 m., *death.*
Deáð-drepe, 1 m., *a fatal blow.*
Deáð-ræced, 1 n., *a death house.*
Defenascýre, 2 f., *Devonshire.*
Defene (pl.), 1 m., *Devon.*
Dégolnys, 2 f., *secresy.*
Delfan, 6, *to dig, delve.*
Déma, 4 m., *a judge.*
Déman, dc, *to judge, deem, determine.*
Denamearc, *Denmark.*
Denisca, 4 m., *a Dane.*
Denu, 2 f., *a vale.*
Deófol, deófl, 1 m., *the devil.*
Deófolgild, 1 n., *idolatry.*
Deófollíc, deoflíc, *devilish.*
Deóp, *deep.*
Deór, 1 n., *a wild animal, deer.*
Deorc, *dark.*
Deór cyn, 1 n., *wild animals.*
Deóre, *dear, high in price.*
Deór-frið, 1 n., *a deer-park.*
Deór-mód, *brave.*
Deórwurð, *precious.*
Deórwurðnes, 2 f., *preciousness.*
Derian (igan), ede, *to injure.*
Diaconhád, 1 m., *diaconate.*
Dígel, 2 f., *a secret.*
Dígle, *secret,* on díglum, *secretly.*
Dim, *dark.*
Dogor-rím, 1 m., *a number of days.*
Dóhte. *See* dugan.
Dóhtor (19), *a daughter.*
Dol, 1 n., *folly.*

Dol, *foolish.*
Dollíc, *foolish;* dollíce, *foolishly*
Dóm, 1 m., *doom, judgment.*
Dómfæst, *just.*
Dón (51), *to do, cause.*
Dór. *See* duru, *a door.*
Dorceceaster, *Dorchester.*
Draca, 4 m., *a dragon.*
Dreám, 1 m., *joy.*
Dreámleás, *joyless.*
Drécan, hte, *to vex, oppress.*
Dréfan, de, *to disturb.*
Drenc, 1 m., *a drink.*
Drence-flód, *a drowning flood.*
Dreógan, 6, *to suffer.*
Dreóran, dreósan, 6, *to perish.*
Dreórig, *sad;* dreórige, *sadly.*
Dreórignys, 2 f., *sadness.*
Drif, 1 m., *a fever.*
Drífan, 4, *to drive.*
Dríg, drýg, drí, *dry.*
Driht, dryht, 2 f., *a people, an army.*
Drihten, 1 m., *the Lord.*
Drihtenlíc, *divine.*
Drihtguma, 4 m., *a noble.*
Driht-neas (pl.), 1 m., *the slain in battle.*
Drinc, 1 m., *a drink.*
Drincan, 5, *to drink.*
Drohtnian, ode, *to live.*
Drohtnung, 2 f., *conduct, life*
Dugan, p. dóhte (54), *to avail, be good for.*
Duguð, 2 f., *prosperity, the nobility, people.*
Dún, 2 f., *a mountain.*
Dún-scræf, 1 n., *a mountain cave.*
Duru, 2 f., *a door, gate.*
Dust, 1 m., *dust.*
Dym-hóf, 1 n., *a hiding place.*
Dýre. *See* deór, *dear.*
Dýrling, deórling, 1 m., *a darling.*
Dyrstig, *bold.*
Dyrstignys, 2 f., *presumption.*
Dýrwurð, *precious.*
Dysig, *foolish.*
Dysignys, 2 f., *folly.*
Dyslíc, *foolish;* dyslice, *foolishly*

VOCABULARY. 181

E.

Eá (sing. indecl.), f., *a river.*
Eác, *also;* eác swá, swilce, *so also;* eác þan, *moreover.*
Eáca, 4 m., *an addition.*
Eád, 1 n., *a possession, good.*
Eád, Eádig, *blessed, important, happy, rich.*
Eádignys, *blessedness.*
Eádmód, *humble.*
Eádmódlíc, *humble*, -líce, *humbly.*
Eádmódnes, 2 f., *humility.*
Eafora, 4 m., *offspring.*
Eáge, 4 n., *the eye.*
Eaht. *See* æht.
Eahta, *eight;* eahtatig, *eighty;* eahtatyne, *eighteen.*
Eal, *all.*
Ealá, *lo!*
Ealað (oð), 2 f., *ale.*
Eald, *old;* to, on, caldre, *ever.*
Ealdor, 1 m., *an elder, ruler, prince.*
Ealdor-biscop, 1 m., *chief bishop.*
Ealdor-botl, 1 n., *a royal village.*
Ealdorman, 1 m., *an alderman.*
Eallnig, *always.*
Eallunga (e), *altogether, wholly.*
Ealo (u), g. ealewes, 1 n, *ale, beer.*
Ealswá, *so, also, even as.*
Earc, 2 f., earc-bord, 1 n., *an ark.*
Eard, 1 m., *a country, land.*
Eardian, ode, *to dwell.*
Earfoð, 2 f., *difficulty, grief, suffering.*
Earfoð, *difficult.*
Earfoðnys, 2 f., *trouble.*
Earfoð-rime, *difficult to number.*
Earfoð-síð, 1 m., *a difficult journey.*
Eargeblond, 1 n., *the sea* (water-blending).
Earm, *miserable.*
Earming, 1 m., *a wretch.*
Earmlíc, *miserable,* -líce, *miserably.*
Earnian, ode, *to earn, receive.*

East, *east;* eastan, *easterly;* beeastan, *to the east of.*
East-dǽl, 1 m., *the east part.*
East-ende, 1 m., *the east end.*
East-engle (pl.), 1 m., *the East Angles.*
Easter, 2 f., Eastre, 4 f., *Easter*
Easter-dæg, 1 m., *Easter-day.*
East-healf, 2 f., *the east side.*
East-lang, *towards the east.*
East ríce, 1 n., *the east kingdom.*
East-rihte, *towards the east.*
Eastweard, *eastward.*
Eáwfæst, *pious, orthodox.*
Eáðe, cp. éð, *easily.*
Eáðelíc, *easy.*
Eáðmódnes, 2 f., *humility.*
Ebbian, ode, *to ebb.*
Éce, *eternal, everlasting,* (adv.) *always.*
Écelíc, *eternal;* líce, *eternally.*
Écnys, 2 f., *eternity.*
Edlean, 1 n., *a reward.*
Edniwe (neowe), *renewed.*
Edniwian, ode, *to renew.*
Edwenden, 2 f., *an end, renewal.*
Efen-lǽcan, hte, *to imitate.*
Efenlíc, *even;* -líce, *evenly.*
Efennehð, 2 f., *neighborhood, vicinity.*
Efes, 2 f., *a border.*
Efne, *lo! behold! even.*
Efn-gedǽlan, de, *to divide evenly.*
Efstan, te, *to hasten.*
Eft, *again, back, after.*
Ege, 1 m., *terror, awe.*
Egesa, cgsa, 4 m., *horror, alarm.*
Egesfull, *terrible.*
Egeslíc, *terrible;* -líce, *terribly*
Eglan (ian) ode, *to ail, suffer,* (impers.) *to inflict pain.*
Égor, 1 m., *the sea.*
Égor-here, 1 m., *the sea host.*
Eg-streám, 1 m., *the sea.*
Ehtere, 1 m., *a persecutor.*
Ehtian, te, *to persecute.*
Ehtnys, 2 f., *persecution.*
Eld, yldo, 2 f., *age, an elder, a man.*
Ele, 1 m., *oil.*
Ele-beám, 1 m., *the olive tree.*

Ellen, 1 n., *courage.*
Ellend, *foreign.*
Ellenwódnes, 2 f., *zeal.*
Elles, *else.*
Eln, 2 f., *an ell.*
Eln-gemet, 1 m., *a cubit,* (ell-measure).
Elþeódignes, 2 f., *residence abroad.*
Elþeódung, 2 f., *residence abroad.*
Embe. *See* ymbe, *about.*
Emne, *even.*
Emniht, 2 f., *equinox.*
Emnlang, *equally long.*
Ende, 1 m., *part, end.*
Endebyrdan, de, *to ordain, arrange.*
Endebyrdnes, 2 f., *order.*
Endian (igan) ode, *to end.*
Endlifa, *eleven;* endlyfta, *the eleventh.*
Enge, *narrow.*
Engel, 1 m., *an angel.*
Englisc, *English.*
Engu, 2 f., *a narrow place.*
Eodorcan, te, *to ruminate.*
Eóred. *See* werod.
Eorl, 1 m., *a man, an earl.*
Eorldóm, 1 m., *an earldom.*
Eorl-gebyrd, 2 f., *the nobility.*
Eormð. *See* yrmð.
Eornost (est), *earnest.*
Eornoste, eornostlíce, *earnestly, truly.*
Eorp, *dark, swarthy.*
Eorð-bugigend, 1 m., *an earth-dweller.*
Eorðe, 4 f., *the earth, ground.*
Eorðlíc, *earthly.*
Eówer, *your.*
Ercebiscop, 1 m., *an archbishop.*
Ercehád, *the archepiscopal office.*
Erian, ede, *to plow, till.*
Ermð. *See* yrmð.
Est, 1 m., *liberality, favor, devotion.*
Esta, 4 m., *an Esthonian.*
Estfull, *devout.*
Estfullíc, *devout;* -líce, *devoutly.*
Est-mere, *the Frische Haff.*
Etan, 3, *to eat.*

Ettan. *See* etan, *to pasture.*
Exanceastre, *Exeter.*
Eð, *more easily.*
Eðel, 1 m., *a country.*
Eðel-land, 1 n., *a native land.*
Eðel-leás, *countryless.*
Eðel-riht, 1 n., *land-right (p.* 155, *l.* 130, *the Promised Land).*

F.

Fácn, 1 n., *deceit.*
Fácn, *deceitful.*
Fæc, 1 n., *a portion of time, a space.*
Fæder (19), *father.*
Fæge, *devoted to death, fated.*
Fægen, *glad.*
Fæger, fægr, *fair.*
Fægere, *fairly.*
Fægernys, 2 f., *fairness, beauty.*
Frægnian, ode, *to rejoice, exult.*
Fǽhð, 2 f., *deadly wrath.*
Fǽmne, 4 f., *a woman.*
Fær, 1 m., *a ship.*
Fǽr, 1 m., *terror.*
Fær, 1 m., (fær, fara, 2 f.), *a journey;* on fære, *on the way.*
Fǽran. *See* faran, *to go.*
Fǽr-bryne, 1 m., *a terrible heat.*
Fǽreld, 1 m., *a journey.*
Fǽrlíc, *sudden;* -líce, *suddenly.*
Fǽr-spell, 1 n., *terrible news.*
Fǽr-wundor, 1 n., *a stupendous miracle.*
Færð, 1 m , *the mind.*
Fæsel, 1 m., *offspring, seed.*
Fæst, *fast.*
Fǽstan, te, *to fast.*
Fæsten, 1 n., *a fastness, firmament.*
Fæsten, 1 n., *a fast.*
Fæsthafel, *retentive.*
Fæst-hydig, *firm minded.*
Fæstlíc, *firm;* -líce, *firmly.*
Fæstrǽd, *inflexible.*
Fæt, 1 n. (13), *a vat, vessel, plate.*
Fætels, 1 m., *a vessel.*

VOCABULARY. 183

Fæðm, 1 m., *a fathom, an embrace, grasp.*
Fæðm-rím, *a fathom-measure.*
Fáh, *hostile.*
Fámgian, odc, *to foam.*
Fámig, *foamy.*
Fana, 4 m., *a standard.*
Fandian, ode, *to try, prove, tempt.*
Fandung, 2 f., *trial.*
Fangan (fón), 1, *to take, seize.*
Faran, 2, *to go.*
Feallan, 1, *to fall, run back.*
Fealo, sc fealwa, *fallow, yellow.*
Fealwian, ode, *to grow yellow.*
Fearm, 1 m., *a ship-load.*
Fearnhám, *Farnham.*
Feáw, feá (indecl.), *few.*
Feccan, p., feahte, *to bring.*
Fédan, de, *to feed.*
Fela (indecl.), *many, much.*
Feld, 1 m., *a field, the open country.*
Feld-hús, 1 n., *a tent.*
Fell, 1 n., *a hide, skin.*
Fenn, 1 n., *a fen, marsh.*
Feogitsung, 2 f., *avarice, riches, property.*
Feoh, (dat. feó), 1 n., *cattle, beasts, money.*
Feohan, p., feáh, *to rejoice.*
Feohgitsere, 1 m., *a miser.*
Feoh-leás, *moneyless, poor.*
Feohtan, 6, *to fight.*
Feola. See fela, *many.*
Feónd, (pl. fýnd, 13 n., 7), 1 m., *an enemy, fiend.*
Feor, cp., fyrre, sp., fyrrest, *far.*
Feorh (g. feores), 1 n., *life, a living being.*
Feorh-hirde, 1 m., *a life-guard.*
Feorsian, fyrsian, ode, *to go on.*
Feorðling, 1 m., *a farthing.*
Feower, *four;* feowertig, *forty;* feowertyne, *fourteen.*
Féran, de, *to go;* forð, *to die.*
Férclam, 1 m., *a sudden onset.*
Ferhð, 1 m., *the life.*
Ferhð-loca, 4 m., *the body.*
Férian, ode (ede), *to bear, lead, conduct.*
Fers, 1 n., *a verse.*

Fersc, *fresh.*
Féða, 4 m., *a phalanx.*
Féðe, 1 m., *activity, power of motion.*
Féðe-gast, 1 m., *a visitor (foot-guest).*
Feðer, 2 f., *a feather.*
Fian, ode, *to hate.*
Fic-æppel, 1 m., *a fig.*
Fíf, *five;* fífta, *the fifth;* fíftig, *fifty;* fíftyne, *fifteen.*
Findan, 5, *to invent, find, determine.*
Fiógan, ode. See fian, *to hate.*
Fioung, 2 f., *hatred.*
Fir, 1 m., *a man.*
Firen, 2 f., *a sin, crime.*
First, fyrst, 2 f. (1 m.), *time, an interval.*
Fisc, 1 m. (13 n., 5), *a fish.*
Fiscere, 1 m., *a fisher.*
Fiscoð, 1 m., *fishing.*
Fiðer, 2 f., *a feather.*
Flá, *crafty, hostile.*
Flæsc, 1 n., *flesh.*
Flæsc-homa, 4 m., *the body.*
Flán, 2 f., *a dart.*
Fleám, 1 m., *flight.*
Fleón (fleógan), 6, *to fly, flee.*
Fleótan, 6, *to float.*
Fleswian, ode, *to mutter.*
Fliht, 2 f., *flight.*
Flítan, 4, *to contend.*
Floc, 1 m., *a company, division.*
Floc-rádum, *by companies.*
Flód, 1 n. (2 f.), *a flood, flood-tide.*
Flód-blác, *flood-pale.*
Flód-egsa, 4 m., *flood-terror.*
Flód-weard, 2 f., *a flood-bulwark.*
Flód-wylm, *a flood-wave.*
Flóta, 4 m., *a sailor.*
Flót-man, 1 m., *a sailor.*
Flówan, 1, *to flow.*
Flýma, 4 m., *a fugitive.*
Flýman, de, *to put to flight.*
Fnæst, 1 m., *a blast, rage.*
Folc, 1 n., *folk, people, multitude.*
Folc-ágende, *inhabited.*
Folc-gefeoht, 2 f., *general battle.*

Folc-gestealla, 4 m., *a companion.*
Folc-toga, 4 m., *a leader.*
Fold (a termination), *fold, times.*
Folde, 4 f., *the earth, ground.*
Folde-buend, 1 m., *earth-dwellers.*
Folgian, ode, *to follow.*
Folm, 2 f., *a hand.*
Fón (fangan), 1 (58, n., 2), ic fóh, þu féhst, he féhð; we fóð, *to take, seize.*
Fond, *for,* fand. *See* findan.
For (dat. acc.), *for, because, as regards.*
For þý, þe, *because;* for þam, *because;* for hwam, hwon, *why.*
Fóran, *before.*
Forbærnan, de, *to burn up.*
Forbeódan, 6, *to prohibit.*
Forbyrnan, 5, *to burn up.*
Forceorfan. *See* ceorfan, *to cut down.*
Forcúð, *wicked.*
Ford, 1 m., *a ford.*
Fordéman, de, *to condemn.*
Fordón, *to destroy.*
Fordrífan, 4, *to drive away.*
Fore, *before.*
Forecweðan, 3, *to foretell.*
Foregangan, *to precede.*
Foregenga, 4 m., *an ancestor, forerunner.*
Foregisel, 1 m., *a hostage.*
Foremæra, *illustrious.*
Foresceáwung, 2 f., *providence.*
Foresceótan, 6, *to anticipate.*
Fóresecgan, *to foretell;* foresæd, *aforesaid.*
Foresetnes, 2 f., *resolution.*
Foresprecena, *the aforesaid.*
Foresteppan, 2, *to precede.*
Foreweall, 1 m., *a bulwark, protecting wall.*
Foreweard, *well along.*
Forfaran, 2, *to close, prevent exit.*
Forfleón (fleógan), 6, *to flee from.*
Forgán, *to forego.*
Forgifan. *See* gifan, *to forgive, give.*

Forgifenes, 2 f., *forgiveness.*
Forgitan. *See* gitan, *to forget.*
Forgitol, *forgetful.*
Forgyman, de, *to neglect, despise.*
Forhabban, *to hinder.*
Forhæfednys, 2 f., *abstinence.*
Forhogian, ode, *to despise.*
Forholmes, 2 f., *contempt.*
Forhradian, ode, *to prevent, overtake.*
Forht, *afraid.*
Forhtian, ode, *to fear.*
Forhtung, 2 f., *fear.*
Forhwæga, *at least, at last.*
Forhwi, forhwon, *why.*
Forlædan, de, *to seduce.*
Forlæran, de, *to deceive.*
Forlætan, *to abandon, permit.*
Forlegenys, 2 f., *adultery.*
Forleóran, de, *to forsake.*
Forleósan, 6 (58, n., 7), *to abandon, lose.*
Forma (sc), *early, former, first.*
Fornıman, *to deform, destroy.*
For-oft, *very often.*
For-rídan, 4, *to outride, ride down.*
Forscepan (sceópan), p. scóp, sceóp, *to transform.*
Forscúfan, 6, *to cast down.*
Forscyldian (igan), ode, *to condemn.*
Forscón, *to despise.*
Forsewennys, 2 f., *contempt.*
Forsleán, *to kill.*
Forspanan, 2 (1), *to seduce.*
Forspendan, de, *to spend, use up.*
Forspillednes, 2 f., *destruction.*
Forst. *See* frost.
Forstandan, 2, *to benefit, impede.*
Forstélan. *See* stélan, *to steal.*
Forswapan, 1, *to sweep away.*
Forswerian, *to forswear.*
Forswíðe, *exceedingly, very much.*
Fortredan, 3, *to tread under foot.*
Forwel, *very many, much.*
Forweornian, ede, *to wear out, wither, grow old.*
Forweorðian. *See* weorðan, *to perish.*

Forwúndian, *to wound.*
Forwyrcan, *to obstruct, close.*
Forwyrd, 2 f., *destruction.*
Forwyrnan, de, *to deprive, refuse.*
Forð, *forth* (often requires a verb).
Forðam, *because.*
Forð-bæro, 2 f., *creation.*
Forð-bringan, *to bring forth.*
Forð-cuman, *to come forth.*
Forð-faran, 2, *to die.*
Forð-fór, 2 f., *departure, death.*
Forð-gang, 1 m., *forth-going.*
Forð-gangan, *to go forth.*
Forð-gewítan, 4, *to depart, die.*
Forð-here (herge), 1 m., *the van.*
For þi, *therefore.*
Forðlǽdan, de, *to bring forth.*
Forð-síð, 1 m., *death.*
Forð-weard, *forward, future.*
Forð-weg, 1 m., *departure, march.*
Fót, 1 m., (12, 5), *a foot.*
Fót-scamel (ol, ul), 1 m., *a foot stool.*
Fót-swaðu, 2 f., *a footstep.*
Fóð. *See* fangan.
Frætwe (uwe), pl., 2 f., *ornaments, decorations.*
Frætwian, ode, *to adorn.*
Fram (dat., gen., acc.), *by, from.*
Francan, pl., 4 m., *the Franks.*
Francland, *France.*
Freá, 4 m., *the Lord.*
Frec, *wicked, vile, bold.*
Freca, 4 m., *a bold man.*
Frecednys, 2 f., *calamity.*
Frecen, 2 f., *peril* (g. frecne).
Frecene, *dangerous, dire.*
Frefrian, de, *to comfort.*
Fregnan, 5, p., frægn, *to ask, learn.*
Freme, 4 f. (fremu, 2 f.), *advantage, gain.*
Fremed, *strange, foreign.*
Fremian, ede, *to profit.*
Fremman, *to do.*
Fremsumnes, 2 f., *kindness.*
Freó (h), *free.*
Freólíc, *free, noble;* freólíce, *freely.*

Freónd, pl., frýnd, 1 m., *a friend.*
Freósan (58, n., 7), *to freeze.*
Freoðo, 2 f., *protection.*
Freoðo-wær, 2 f, *a safeguard.*
Fretan, 3, *to devour, eat up.*
Fríg, *free.*
Frignan, p., fræg, frungon; *pp.*, frungen, *to ask, to learn by asking.*
Frignes, 2 f., *questioning.*
Frisa, 4 m., *a Frisian.*
Frið, 1 m., friðu, 2 f., friðe, 1 n., *peace.*
Fród, *wise, old.*
Frófer (or), 2 f., *comfort.*
From (dat.), *from.*
From-gewítan, 4, *to depart.*
Frost, 1 m., *frost.*
Frum, *first.*
Fruma, 4 n., *author, beginning.*
Frum-gára, 4 m., *a patriarch.*
Frumsceaft, 2 f., *creation.*
Frymð, 1 m., *a beginning.*
Fugel (ol), 1 m., *a fowl.*
Fugel-cyn, 1 n., *fowls.*
Fugelere, 1 m., *a fowler.*
Ful, full, *full.*
Fulfremed, *perfect.*
Fulfremedlíce, *perfectly.*
Fulfremian, ode, *to perfect, fulfil.*
Fulgán. *See* gán, *to gratify.*
Fúlian, ode, *to foul, decay.*
Fullanhám, 1 m., *Fulhm.*
Fullian, ode, *to baptize.*
Fullíce, *fully.*
Fulneáh, *almost.*
Fultum, 1 m., *aid, help, an army.*
Fultumian, ode, *to aid.*
Fulwiht, fulluht, 1 m., *baptism*
Furlang, 1 m., *a furlong.*
Furðan (on, um), *also, even, al ready.*
Fús, *swift, eager.*
Fyligan, de, *to follow.*
Fyll, 1 m., *a fall, death.*
Fyllan, de, *to fill, satisfy.*
Fylst, 2 f., *aid.*
Fýnd. *See* feónd.
Fýr, 1 n., *fire.*

Fyrd, 2 f., *the militia, an army, a march.*
Fyrd-getrum, 1 n., *a band of soldiers.*
Fyrdian, ede, *to march, war.*
Fyrdleás, *without an army.*
Fýren, *fiery.*
Fyrenlust, 1 m., *sinful desire.*
Fyrhto, 2 f., *dread.*
Fyrlen, *distant.*
Fyrmest, *foremost.*
Fyrn, *ancient, old.*
Fyrnum, *horribly.*
Fyrst, 2 f. (1 m.), *a space, an interval.*

G.

Gaderian, ode, *to gather.*
Gæst (12, 2), gast, 1 m., *a guest.*
Gafol, 1 n., *tax, tribute.*
Gál, 1 n., *folly, wantonness.*
Gamenian, ode, *to joke, sport.*
Gamol, *old, aged.*
Gán (gangan), (51), *to go.*
Gár, 1 m., *storm, a weapon.*
Gár-beám, 1 m., *a spear.*
Gár-berend, 1 m., *a soldier.*
Gársecg, 1 m., *the ocean.*
Gást, 1 m., *breath, spirit, ghost.*
Gástlíc, *ghostly, spiritual.*
Ge, *and;* ge .. ge, *both .. and.*
Geacsian, ode, *to learn by asking.*
Geærnian. *See* earnian.
Geágan. *See* ágan.
Geapscipe, 1 m., *shrewdness.*
Geár, 1 m., *a year.*
Gearciau, ode, *to make ready.*
Geáre, *long ago.*
Geárian (igian), ode, *to pardon.*
Gearo, *ready, prepared.*
Gearwian, ede (ode), *to prepare, furnish, make ready.*
Geárwurðian, ode, *to reverence.*
Geát, 1 n., *a gate, door.*
Gebǽdan, de, *to drive.*
Gebannan, 1, *to convoke, call out.*
Gebéd, 1 n., *prayer.*
Gebelgan, 6, *to be angry.*
Gebeódan, 6, *to command.*

Gebeorscipe, 1 m., *company.*
Gebétan, te, *to atone for, make good.*
Gebídan, 4, *to await.*
Gebiddan, *to pray.*
Gebígan, de, *to subject, bow.*
Gebisnung, 2 f., *example.*
Geblanden, *infected.*
Gebletsian, ode, *to bless.*
Gebod, 1 n., *a command.*
Gebrecan, *to break.*
Gebregan, de, *to frighten.*
Gebregd, 1 n., *a violent motion.*
Gebringan. *See* bringan.
Gebroðra (19), *brethren.*
Gebúgan, 6, *to swerve from, to yield to.*
Gebyrd, 2 f., *birth, family,* on gebyrd faran, *to die.*
Gebýrian, ede, *to be fitting.*
Gebyrtíd, 2 f., *birth-time, birthday.*
Gebysgian, ode, *to disturb, vex.*
Gebytle, 1 n., *a building.*
Gecamp, 1 m., *warfare.*
Gecégan, de, *to call.*
Geceósan, 6, *to choose.*
Gecerran (cirran), de, *to turn, return.*
Gecneordlǽcan, hte, *to study.*
Gecneordlíc, *diligent;* -líce, *diligently.*
Gecnyrdnys, 2 f., *diligence, fervor, study.*
Gecope, *fit.*
Gecoplíc, *fit;* -líce, *fitly.*
Gecostan, ode, *to try, prove.*
Gecristnad, *christened.*
Gecwéman, de, *to please.*
Gecwéme, *pleasant, pleasing.*
Gecýgan, de, *to call.*
Gecynd (cind), 1 n. (2 f.), *nature.*
Gecynde, *natural, by natural right.*
Gecyndelíc, *natural.*
Gecyrran, de, *to turn.*
Gecyrrednys, 2 f., *conversion.*
Gecýðan, de, *to manifest.*
Ged. *See* gyd, *a song.*
Gedafenian, ode, *to behave, fit.*
Gedál, 1 m., *separation;* togedal, *exempt.*

VOCABULARY.

Gedǽlan, de, *to share, divide.*
Gedafenlíc, *suitable.*
Gedéfe, *mild.*
Gedeorf, 1 n., *labor, toil.*
Gedihtan, te, *to compose, ordain.*
Gedón. *See* dón, *to reach, effect, make, cause, treat.*
Gedréfan, de, *to trouble.*
Gedréfednys, 2 f., *trouble.*
Gedrencan, te, *to drown.*
Gedreósan, *to fail.*
Gedriht, 2 f., *a host.*
Gedrinc, 1 n., *a banquet.*
Gedrým, *joyful.*
Gedwolman, 1 m., *an heretic.*
Ge-eácnian, ode, *to increase.*
Ge-earnian, ode, *to earn.*
Ge-earnung, 2 f., *merit.*
Ge-edstaðelian, ode, *to restore.*
Ge-efenlǽcan, hte, *to imitate.*
Ge-emnetan, te, *to make equal.*
Ge-endung, 2 f., *death, ending.*
Ge-fædera, 4 m., *a cousin.*
Gefægen, *glad, joyful.*
Gefæstnian, ode, *to fasten, confirm.*
Gefaran, 2, *to die.*
Gefeallan, 1, *to fall upon.*
Gefégan (ian), de, *to join, make.*
Gefeóhan, *to rejoice.*
Gefeoht, 1 n., *war.*
Gefeónde, *joyful.*
Gefera, 4 m., *a companion.*
Gefere, *easy of access.*
Gefeterian, ode, *to bind.*
Gefetian, te (ed), *to take possession.*
Gefexod, *haired.*
Gefiðerian (feðerian), ode, *to feather.*
Gefón, *to take.*
Gefrǽge, *known.*
Gefrætewian, ode, *to adorn.*
Gefremian, ode, *to commit.*
Gefremman, de, *to perform, accomplish.*
Gefrige, 1 n. (dat. pl., freogum), *investigation.*
Gefrignan, 5, p., frœg, *to learn by inquiry.*
Gefyllan, de, *to accomplish, make good, ulfil.*

Gefylsta, 4 m., *an assistant.*
Gefyrn, *long ago.*
Gefysan, de, *to hasten.*
Gegaderung, 2 f., *a meeting.*
Gegán (gangan) (51), *to subdue.*
Gegrípan, 4, *to seize.*
Gegyrela, 4 m., *a garment.*
Gehádian, ode, *to ordain.*
Gehæftan (pp. ed), *to confine, hold captive.*
Gehǽlan, de, *to heal.*
Gehálgian, ode, *to dedicate.*
Gehát, 1 n., *a promise.*
Gehátan. *See* hátan, *to call, promise, be called.*
Gehát-land, 1 n., *promised-land.*
Geháwian, ode, *to observe.*
Gehealdan, 1, *to hold, keep.*
Gehendan, *to seize.*
Gehéran. *See* gehýran.
Gehérnes, 2 f., *a hearing.*
Gehnípan, 4, *to rise darkly, to becloud.*
Gehroden, *adorned.*
Gehwá, hwæt, g., hwæs, *every one.*
Gehwǽde, *little, small.*
Gehwǽr, *everywhere.*
Gehwilc, *every one.*
Gehwílum, *sometimes.*
Gehwyrfan, de, *to turn.*
Gehýran, de, *to hear, obey.*
Gehýrsum, *obedient.*
Gehýrsumian, ode, *to obey.*
Gehýrsumnys, 2 f., *obedience.*
Geinnian, ode, *to supply.*
Gelád, 1 n., *a way.*
Gelǽccan, hte, *to take, seize.*
Gelǽdan. *See* lǽdan, *to lead.*
Gelǽran, de, *to learn.*
Gelǽstan, te, *to hold to, observe, effect.*
Geláð, *hostile.*
Gelaðian, ode, *to invite.*
Gelaðung, 2 f., *congregation, church.*
Geleáfa, 4 m., *faith, belief.*
Geleáffull, *believing, faithful.*
Geleánian, ode, *to repay.*
Gelend. *See* lendian.
Gelendian, de, *to endow.*
Gelcógan, 6, *to deceive.*

Geleornian, ode, *to learn.*
Gelíc, *like to;* se gelíca, *an equal.*
Gelícian, ode, *to please.*
Gelíffæstan, te, *to make alive.*
Gelihtan, te, *to alight.*
Gelimpan, 5, *to happen.*
Gelimplíc, *fit, suitable.*
Gelóme, *frequent.*
Gelómlíc, *frequent;* -líce, *frequently.*
Gelustfullian, ode, *to delight.*
Gelyfan, de, *to believe.*
Gelyfed, *of mature years; of great faith.*
Gemaca, 4 m., *a mate.*
Gemǽne, *common, together.*
Gemǽran, de, *to honor.*
Gemǽre, 1 n., *a limit, boundary.*
Gemaglíc, gemahlíc, *persevering.*
Gemagnys, gemahnys, 2 f., *perseverance.*
Gemana, 4 m., *marriage, company.*
Gemét, 1 n., *manner, way; — measure, bound.*
Gemétan, te (ed), *to find, meet.*
Gemetegian, ode, *to control.*
Gemétlíc, *moderate;* -líce, *fitly.*
Gemiltsian, ode, *to pity.*
Gemunan, de, *to call to mind.*
Gemynd, 1 n., *memory, mind,* 2 f.
Gemynd-wyrðe, *venerable.*
Gemyntan, te, *to purpose.*
Gén, *moreover, then.*
Genǽgan, *to draw near to, press*
Genamian, ode, *to name.*
Genápan, 1, *to fall on.*
Geneadian, ode, *to compel.*
Geneahe, *enough, oft enough.*
Genealǽcan, 2 (46), *to draw near.*
Geneát, 1 m., *a vassal, supporter.*
Genemnian, ode, *to name.*
Generian, ode (ede), *to save.*
Geniht, 2 f., *abundance.*
Genihtsum, genihtsumlíc, *abundant.*
Genihtsumian, ode, *to suffice.*
Genihtsumlíce, *abundantly.*

Genihtsumnys, 2 f., *abundance*
Geniman. *See* niman, *to take.*
Geníðla, 4 m., *a foe.*
Geníðle, 4 f., *enmity.*
Genóh, *enough.*
Genotian, ode, *to use, use up.*
Gent, *Ghent.*
Genydan, de, *to compel, press.*
Geo, *formerly.*
Geoc, 1 n., *a yoke.*
Geocsa, 4 m., *a sobbing.*
Geoffrian, ode, *to offer.*
Geofon, 1 n., *the sea.*
Geofon-hus, 1 n., *a ship.*
Geogoð, 2 f., *youth.*
Geomor, *sad.*
Geond (acc.), *around.*
Geond-faran, *to surround, pervade.*
Geond-lácan, *to flow around.*
Geong (25), *young.*
Geongerdóm, 1 m., *obedience, vassalage.*
Geouglíc, *youthful.*
Geongra, 4 m., *a follower.*
Geopenian, ode, *to open.*
Georn, *anxious, eager, zealous.*
Georne, *diligently, earnestly.*
Geornfullíc, *earnestly.*
Geornfullnes, 2 f., *zeal.*
Geornlíc, *earnest;* -líce, *earnestly.*
Geortruwian, ode, *to despair, distrust.*
Ger. *See* gear, *a year.*
Gerád, *proper.*
Gerǽcan, hte, *to seize, overtake, conquer.*
Gere, Geare, *certainly.*
Gerec, 1 n., *a rule.*
Gereccan, hte, *to relate.*
Gereclíc, *steadfast;* -líce, *steadfastly.*
Geréfa, 4 m., *a reeve, steward.*
Gereord, 2 f., *language.*
Gereordung, 2 f., *a repast.*
Gerestan, te, *to rest.*
Geriht, 1 n., *duty.*
Geriht-lǽcan, hte, *to correct.*
Gerípan, 4, *to reap.*
Gerisan, 4, *to be fit.*
Gerísene, *proper, fit.*

VOCABULARY. 189

Gerísenlíc, *suitable;* -líce, *suitably.*
Gersume, 1 m. (4 f.), *a treasure.*
Geryman, de, *to give place to.*
Gerýne, 1 n., *a mystery.*
Gesǽlan, de, *to happen.*
Gesǽlig, *happy.*
Gesǽliglíce, *happily.*
Gesǽlð, 2 f., *happiness.*
Gesamnian (om), ode, *to collect.*
Gesamnung (om), 2 f., *an assembly.*
Gescádan, 1, *to decide, repay.*
Gescapan (58, n. 3), *to create.*
Gesceádwísnes, 2 f., *wisdom.*
Gesceaft, 2 f., *creation, creature.*
Gesceap, 1 n., *creation.*
Gesceapennys, 2 f., *creation.*
Gesceaðan, p., sceód, *to destroy* (dat).
Gescildan, de, *to shield.*
Gescipan, ode, *to take ship, embark.*
Gescrífan, 4, *to impose.*
Gescyldnys, 2 f., *protection.*
Gescyppan. *See* scapan, *to make.*
Gescyrped, *equipped.*
Geseglian, ode (ede), *to sail.*
Gescón. *See* seón, *to see.*
Gesetnys, 2 f., *a decree.*
Gesettan, te, *to settle, place, occupy, possess.*
Gesewen, pp., of seón.
Geseðan, de, *to verify.*
Gesibsum, *peaceful.*
Gesibsumian, ode, *to be reconciled.*
Gesihð, 2 f., *sight.*
Gesittan, 3, *to abide.*
Gesið, 1 m., *a companion.*
Gesiðcundlíc, *social.*
Gespannan, 1, *to join, close.*
Gespong (spang), 1 n., *a chain.*
Gespornan, 6, *to perch on.*
Gespræc, 2 f., *discourse, conversation.*
Gestǽlan, de, *to impute, charge.*
Gestæðð́ig, *steadfast.*
Gestandan, 2, *to attack.*
Gestaðelfæstan, te, *to confirm*
Gestaðelian, ode, *to fix, establish.*

Gestédhors, 1 n., *a stallion, steed.*
Gestefnde, *fixed.*
Gestepan, te, *to raise.*
Gestígan, 4, *to ascend, descend,* (with acc. of place).
Gestillan, de, *to restrain, stop.*
Gestreón, 1 n., *property, wealth.*
Gestrynan, de, *to gain.*
Gesund, *safe, well.*
Gesundfull, gesundfullíc, *prosperous.*
Gesundfullíce, *prosperously.*
Geswefian, ode, *to put to sleep*
Geswelgan, 6, *to swallow.*
Gesweorc, 1 n., *a cloud, mist.*
Gesweorcan, 6, *to grow dark.*
Geswícan, 4, *to cease, fail, deceive.*
Geswinc, 1 n., *affliction, toil.*
Geswipp, *crafty.*
Geswutelian, ode, *to reveal.*
Gesyllan, p., sealde, *to give.*
Gesynto, 2 f., *profit, prosperity*
Get, *yet.*
Getel, getǽl, 1 n., *a number.*
Getellan, p., tealde, pp., geteled, *to number.*
Getemprian, ode, *to temper.*
Geteohan (teón), 6, *to draw out, educate.*
Geteohian, ode, *to determine.*
Getígan, ede, *to tie, bind.*
Getimbre, 1 n., *a building.*
Getimbrung, 2 f., *building.*
Getimian, ode, *to happen.*
Getiðian, ode, *to grant.*
Getrymmian, ede, *to strengthen.*
Getwǽfan, de, *to deprive of.*
Geuferan, ode, *to exalt.*
Geunnan (50, n.), *to grant.*
Gewadan, 2, *to invade, penetrate.*
Gewǽgan, de, *to oppress.*
Gewanian, ede, *to wane.*
Gewealc, 1 n., *surging, rolling.*
Geweald, 2 f., *power, possession*
Gewealdan, 1, *to wield, rule.*
Gewealden, *strong.*
Gewearnian, ode, *to admonish.*
Gewemman, de, *to seduce.*
Gewemmednys, 2 f., *a stain.*
Gewendan, de, *to turn, go.*

Geweorc, worc, 1 n., *a fortress, work.*
Geweorp, 1 n., *a dart.*
Geweorðan. See weorðan, *to become, happen.*
Gewilnian, ode, *to wish desire.*
Gewilnung, 2 f., *desire.*
Gewinn, 1 n., *contest, toil.*
Gewinnan, 5, *to conquer, fight, gain.*
Gewissian, ode, *to instruct, command.*
Gewisslíc, gewisslíce, *certainly.*
Gewíta, 4 m., *a witness, a sage.*
Gewítan, 4, *to depart, die,* up gewítan, *to ascend.*
Gewítennes, 2 f., *departure.*
Gewit-loca, 4 m., *the mind.*
Gewítnian, ode, *to punish.*
Gewrit, 1 n., *a writ, record.*
Gewun, *accustomed.*
Gewuna, 4 m., *a custom.*
Gewunelíc, *common;* -líce, *commonly.*
Gewunian (igan), ode, *to remain, to be accustomed.*
Gewurðan. See weorðan.
Gewurðian, ode, *to honor.*
Gewyrc, 1 n., *a work.*
Gewyrcan, worhte, *to make, work.*
Gewyrdan, de, *to injure.*
Gewyrht, 1 n., *desert, work.*
Geýcan, te, *to increase, add to.*
Geyrsian, ode, *to be angry with.*
Geþafian, ode, *to permit.*
Geþafung, 2 f., *consent.*
Geþanc, 1 m., *thought.*
Geþeaht, 2 f., *council.*
Geþeahtian, ode, *to advise.*
Geþencan (ean). See þencan, *to consider, devise.*
Geþeódan, de, *to join, associate.*
Geþeóde, 1 n., *language, idiom.*
Geþeódnes, 2 f., *desire.*
Geþeón, *to flourish, grow up.*
Geþincð, 2 f., *dignity.*
Geþingian, ode, *to intercede.*
Geþóht, 1 m., *determination, mind.*
Geþreatian, ode. *to oppress.*
Geþungen, *excellent, noble.*

Geþýwan, de, *to press, thrust.*
Gícel, 1 m., *an icicle.*
Giddian, ode, *to sing.*
Giet, gicta, get, *yet.*
Gif, *if.*
Gifan, 3 (58, n. 4), *to give.*
Gifu, 2 f., *grace, gift* (pl. *nuptials*).
Gilp, 1 m., *pride, glory.*
Gim, 1 m., *a gem.*
Gim-reced, 1 n., *an ornamented house.*
Girdan, gyrdan, de, *to gird.*
Girian, ede, *to prepare.*
Girnan, de, *to yearn for.*
Giscian, ode, *to sob.*
Gísel, 1 m., *a pledge, hostage.*
Git, *yet.*
Gitan, 3 (58, n. 4), p., geat, *to get.*
Gítsere, 1 m., *a miser.*
Gitsian, ode, *to covet.*
Gitsung, 2 f., *desire, avarice.*
Giu, *long ago.*
Gladian, ode, *to rejoice.*
Glæd, glædlíc, *glad.*
Glædlíce, *gladly.*
Gleáw, *sagacious.*
Glengan, de, *to adorn.*
Gleówian, ode, *to jest, be merry.*
Gnorn, *sad;* gnornra, *sadder.*
Gnornian, ode, *to grieve.*
God, 1 m., *God.*
Gód, *good;* n. pl., *goods.*
Godcund, *divine.*
Godcundnes, 2 f., *divinity, deity.*
Gódeweb, 1 n., *fine clothing.*
Gódian, ode, *to endow.*
Godlíc, *divine.*
Gódnes, 2 f., *goodness.*
Godspel, 1 n., *a gospel.*
Godspellere, 1 m., *an evangelist.*
God-spréc (ge-spréc), 2 f., *a message from God.*
God-sunu, 3 m., *a god-son.*
Gól, gál, *greedy.*
Gold, 1 n., *gold.*
Gold-hord, 1 m., *treasure.*
Gold-hordian, ede, *to lay up treasure.*
Gold-smið, 1 m., *a goldsmith.*
Gotland, *Gothland, Jutland.*
Grǽdig, *greedy.*

VOCABULARY.

Grǽdiglíc, *greedily.*
Grǽdignes, 2 f., *greediness.*
Græs, 1 n., *grass.*
Grafan, 2, *to dig.*
Gram, *incensed, angry.*
Grama, 4 m., *anger, wrath.*
Grantebrycg, 2 f., *Cambridge.*
Gránung, 2 f., *lamentation.*
Great, *great.*
Grecisc, *Greek.*
Gréne, *green.*
Greót, 1 m., *earth.*
Greótan, 1 (p. é), *to weep.*
Grétan, te, *to greet, call.*
Grim, 1 m., *rage.*
Grim, *sharp, fierce, horrible, cruel.*
Grim-helm, 1 m., *a visor.*
Grimme, *bitterly.*
Grindel, 1 m., *a net-work, grate.*
Grípan, 4, *to seize, gripe.*
Grund, 1 m., *a bottom, abyss, earth.*
Grundleás, *bottomless.*
Grýre, 1 m., *horror.*
Guma, 4 m., *a man.*
Gúð, 2 f., *battle.*
Gúð-fana, 4 m., *a battle-flag.*
Gúd-fremmend, 1 m., *a fighter.*
Gúð-myrce, *the Ethiopians.*
Gúð-þreát, 1 m., *an army.*
Gyd, gid, 1 n., *a song.*
Gyf, *if.*
Gyldan, 6, *to pay, restore.*
Gylden, *golden.*
Gyllan, ede, *to shriek, howl.*
Gylp-plega, 4 m., *a contest.*
Gylt, 1 m., *guilt, debt.*
Gyltan, te, *to be,* or *prove guilty.*
Gýman, de, *to watch, care for.*
Gym-cyn, 1 n., *jewelry.*
Gýmeleast, 2 f., *carelessness, neglect.*
Gym-stán, 1 m., *a gem.*
Gym-wyrhta, 4 m., *a jeweller.*
Gyrd, 2 f., *a stick.*
Gyrla, 4 m., *clothing.*
Gyrwan, ede, *to prepare.*
Gyse, *yes.*
Gytsere, 1 m., *a miser.*
Gytsung, 2 f., *avarice.*
Gyú, *already.*

H.

Habban (59), *to have, hold, detain.*
Hád, 1 m., *a person; — order, state.*
Hádor, *clear.*
Hádung, 2 f., *consecration.*
Hæftnian, ede, *to hold by force.*
Hæftnung, 2 f., *captivity.*
Hægol, hagol, 1 m., *hail.*
Hægsteald-man, 1 m., *a youth.*
Hǽlan, de, *to heal.*
Hǽlend, 1 m., *the Savior.*
Hǽleð, 1 m., *a hero, people.*
Hǽlu (o), 2 f., *salvation, health.*
Hærfest, 1 m., *harvest.*
Hærfestlíc, *autumnal.*
Hǽs, 2 f., *command.*
Hǽste, *furiously.*
Hǽto (u), 2 f., hǽte, 4 f., *heat, passion.*
Hǽwen, *blue cerulean.*
Hǽð, 2 f., *a heath.*
Hǽðen, *heathen, pagan.*
Hǽðen-scipe, 1 m., *heathen practices.*
Hæðum (æt), *Schleswig.*
Haldend, healdend, 1 m., *a lord, occupant.*
Halettan, te, *to greet.*
Hálga, 4 m., *a saint.*
Hálgian, ode, *to hallow, consecrate.*
Hálgung, 2 f., *consecration.*
Hálig, se hálga, *holy.*
Hálignes, 2 f., *religion, holiness.*
Halsian, ode, *to beseech.*
Hálsung, 2 f., *an augury.*
Hálwende, *healthful.*
Hám, 1 m., *home, a village.*
Hamptunscire, 2 f., *Hampshire.*
Hámweardc(s), *homeward, on the way home.*
Hancrǽd, 1 m., *cock-crowing.*
Hand, 3 f., *the hand;* gán on hand, *to submit.*
Hand-geweorc, 1 n., *handiwork.*
Hand-róf, *strong-handed.*
Hand-seax, 1 n., *a cutlas.*
Hár, *hoar.*
Hara, 4 m., *a hare.*

Haso, se haswa, *dark blue, livid.*
Hát, 1 m., *heat.*
Hát, *hot.*
Hátan, 1 (p. 6), *to be called, call;* — *to command, promise.*
Hátan, te, *to call, be called.*
Hatian, ode, *to hate.*
Hát-wende, *torrid, hot.*
Heá, heáh (25), *high.*
Heáfod, 1 n., *a head.*
Heáfod-burh, 2 f., *a metropolis.*
Heáh. See heá.
Heáh-deór, headeór, 1 n., *a stag.*
Heáh-gerefa, 1 m., *high officer.*
Heáh-gestreón, 1 n., *great treasure.*
Heáhþungen, *famous, illustrious.*
Heal, 2 f., *a hall, palace.*
Healdan, 1, *to hold, keep.*
Healf, 2 f., *the half, side, part.*
Healf, *half.*
Healíc, *presumptuous.*
Heals, hals, 1 m., *the neck.*
Hean, *poor.*
Heánes, heahnes, 2 f., *highness, pride.*
Heáp, 1 m., *an army.*
Heard, *hard;* hearde, *hardly.*
Heard-heort, *hard-hearted.*
Heard-mód, *stern.*
Heardnys, 2 f., *hardness.*
Hearh (g), 2 f. (1 m.), *an idol.*
Hearm, 1 m., *harm, misery.*
Hearpe, 4 f., *a harp.*
Hearra, 4 m., *a lord* (herr).
Heáwan, 1, *to hew, cut down.*
Heaðo-rinc, 1 m., *a warrior.*
Heaðo-welm, 1 m., *a heat-storm.*
Hebban 2 (hefð), pp., hafen, *to raise* (63, 2, n.).
Hefelíc, hefig, *heavy, severe.*
Hefigian, ode, *to afflict.*
Hege, 1 m., *a hedge.*
Héht, *p. of* hátan.
Hehð, 2 f., *height.*
Hel, 2 f., *hell.*
Helle-wíte, 1 n., *hell-torment.*
Helm, 1 m., *a defence, head, protector.*
Helpend, 1 m., *an auxiliary.*
Heofian, ode, *to lament, weep.*

Heofon (en), 1 m., heofoue, 4 f., *heaven.*
Heofon-beacn, 1 n., *a heaven-beacon.*
Heofon-beorht, *heaven-bright.*
Heofon-candel, *heavenly-light.*
Heofonlíc, *heavenly.*
Heofon-ríce, 1 n., *heavenly-kingdom.*
Heofon-timber, 1 n., *the heavenly frame.*
Heofung, 2 f., *grieving, sighing*
Heolfor, 1 n., *gore.*
Heolster, 1 n., *a cave, cavern.*
Heolster-cofa, 4 m., *a dark chamber.*
Heonan, *hence.*
Heonanweard, *retreating.*
Heord, 1 m., *custody.*
Heoro-fæðm, 1 m., *a deadly embrace.*
Heoro-wulf, 1 m., *a warrior,* (sword-wolf).
Heort, 1 m., *a hart, stag.*
Heorte, 4 f., *the heart.*
Hér, *here.*
Here, 1 m., *an army, host.*
Hére, 2 f., *praise, honor.*
Here-bleáð, *panic-stricken.*
Here-cist, 2 f., *a cohort.*
Here-fugol, 1 m., *a raven* (battle-fowl).
Here-hyð, 2 f., *plunder, booty.*
Hérenes, 2 f., *praise.*
Here-stræt, 2 f., *an army road.*
Heretoga, 4 m., *a general.*
Here-wóp, 1 m., *a battle-cry.*
Hergáð, 1 m., *a plundering expedition.*
Herge. See here, 1 m., *an army.*
Herian (gian), ode, *to ravage, harry.*
Hérian, ede, *to honor, praise.*
Herige (dative of here), *an army.*
Hérigendlíc, *laudable;* -líce, *laudably.*
Herra, *for* hehra, *higher.*
Hérung, 2 f., *praise.*
Hét, *called* (hátan).
Héte, 1 m., *hate.*

VOCABULARY.

Héte-spræc, 2 f., *malignant speech.*
Hettend, 1 m., *a pursuer.*
Híd, hýd, 2 f., *a skin, hide,* (measure of land).
Hider, *hither.*
Hild, 2 f., *battle, carnage.*
Hilde-calla, 4 m., *a man of war.*
Hínd, 2 f., *an hind.*
Hindan, *behind.*
Hingrian, ede, *to hunger,* (refl.)
Hiow. *See* híw.
Hiew-beorht, *handsome.*
Hired, 1 n., *family, household.*
Híw, 1 m., *a form, face, family.*
Híw-cúð, *familiar, well-known.*
Híw-gedál, 1 n., *divorce.*
Híwscipe, 1 m., *a family.*
Hládan, 2, *to load, drink.*
Hlæst, 1 n., *freight, lading.*
Hlǽw, 1 m., *a sepulchre, slope.*
Hláf, 1 m., *loaf, bread.*
Hláford, 1 m., *lord.*
Hleápan, 1, *to leap.*
Hlence, 2 f., *a coat of mail.*
Hleó, 1 m., *a shade.*
Hleónian, hlinian, ode, *to lean, rest.*
Hleóðor, 1 m., *a revelation, sound.*
Hlifian (igean), ode, *to tower.*
Hlinc, 1 m., *a ridge.*
Hlioð, Hleoð, 1 n., *a cliff, peak.*
Hlísa, 4 m., *fame.*
Hloð, 2 f., *a band* (of robbers).
Hluttor, *pure.*
Hóf, 1 n., *a house, palace.*
Hogian, ode, *to study, think, be anxious.*
Hóh, 1 m., *a heel;* on hóh, *behind.*
Hol, 1 n., *a hole.*
Hold, *faithful.*
Holm, 1 m., *an abyss, the ocean.*
Holm-ærn, 1 n., *ocean-house.*
Holmeg, *raging.*
Holt, 1 n., *a grove.*
Hón (hangan), 1 (*p.* é), *to hang.*
Hord, heord, 1 n., *a treasure.*
Hordan (ian), ode, *to hoard.*
Hord-gestreón, 1 n., *riches.*
Hord-weard, 1 m., *a master, lord.*

Horn, 1 m., *a trumpet, horn.*
Hors, 1 n., *a horse.*
Hors-hwǽl, 1 m., *the sea horse, walrus.*
Horsian, ode, *to mount, furnish with horses.*
Hors-þegn, 1 m., *a horse-thane, marshal.*
Hosp, 1 n., *reproach.*
Hrædlíce, *quickly.*
Hrǽdwǽn, 1 m., *a vehicle.*
Hræfen, hræfn, 1 m., *a raven.*
Hrægel, 1 m., *clothing.*
Hræðlice, *quickly.*
Hran, 1 m., *a reindeer.*
Hraðe, *quickly.*
Hream, 1 m., *wailing.*
Hreáw, 1 m., *a corpse.*
Hrefn, hræfen, 1 m., *a raven.*
Hremman, de, *to disquiet.*
Hreoh (g), *rough.*
Hreopedún, 2 f., *Repton.*
Hreósan (58, n. 7), *to rush.*
Hreówlíc, *pitiable.*
Hreówsung, 2 f., *repentance.*
Hreoða, 4 m., *a shield.*
Hrépan, 1, *to scream.*
Hrepian, ode, *to touch.*
Hréran, de, *to raise.*
Hrím, 1, m., *rime, frost.*
Hrínan, 4, *to touch* (gen.)
Hring (cg), 1 m., *a ring, circumference.*
Hróf, 1 m., *a roof.*
Hrofesceaster, *Rochester.*
Hruse, 4 f., *earth.*
Hrýre, 1 m., *a rushing, fall, violence.*
Hrýðer (*pl.* u), 1 m., *cattle.*
Hú, húmeta, *how.*
Húnd, 1 m., *a dog.*
Hund, 1 n., *a hundred.*
Hund-nigontig, *ninety.*
Hund-twelftig, *one hundred and twenty.*
Hunger, 1 m., *hunger, famine.*
Hungrig, *hungry.*
Hunig, 1 n., *honey.*
Hunig-swéte, *honey-sweet.*
Hunta, 4 m., *a hunter.*
Huntað, 1 m., *hunting.*
Húru, *at least*

Hús, 1 n., *a house.*
Húsel, 1 n., *sacrament.*
Húsel-gang, 1 m., *communion.*
Hwá, hwæt, *who, any one, what.*
Hwæl, on hwæl, *around.*
Hwǽl, 1 m., *a whale.*
Hwǽl-hunta, 4 m., *a whale hunter.*
Hwǽl-huntáð, 1 m., *whale-hunting.*
Hwæs, to hwæs, *whither, p.* 155, *l.* 111.
Hwæt, *how, why, ah!*
Hwæðer, *whether, which of two.*
Hwæðer . . þe, hwæðer þe, . . þe, *whether,* . . *or.*
Hwæðere, *yet.*
Hwanon, *whence.*
Hwá-swá-hwa, *whosoever.*
Hwealf, 1 m., *a canopy* (2 f.).
Hwearfian, ode, *to advance.*
Hwéne, *somewhat.*
Hweorfan, 6, *to turn, return.*
Hwí, to hwí, *why.*
Hwider, *whither.*
Hwíl, 1 f., hwíle, 4 f., *a while, time.*
Hwílendlíc, *temporary;* -líce, *temporarily.*
Hwílum, *just now, once, whilom.*
Hwít, *white.*
Hwón, *somewhat, a little.*
Hwone. See hwá.
Hwópan, 1, *to threaten* (instr.)
Hwylce, *what? what sort of?*
Hwyrft, 1 m., *a circuit, space.*
Hycgan, p., hogode, *to think.*
Hýdan, de, *to hide.*
Hyge, hige, 1 m., *the mind.*
Hyge-geomor, *sorrowful.*
Hygeleást, 2 f., *rashness.*
Hygesceaft, 2 f., *thought.*
Hyge-snoter, *wise.*
Hyge-teóna, 4 m., *an offence.*
Hyht, 2 f., *hope, joy.*
Hyhtlíc, hytlíc, *pleasant, glorious.*
Hyhtlíce, *gloriously.*
Hyld, 2 f., hyldo, *favor.*
Hýran, de, gehýran, *to hear, obey, belong to.*

Hyrde, hirde, 1 m., *a guardian, shepherd.*
Hyrne, 4 m., *an angle, corner.*
Hyrst, 2 f., *treasure.*
Hýrsum, *obedient.*
Hýrsumian, ode, *to obey.*

I.

Ídel, *idle, vain.*
Íge (g., ígge), 2 f., *an island.*
Igland, 1 n., *an island.*
Iglea, 1 m., *Iley.*
Ilc, *the same.*
Ilfing, *the Elbing river.*
Inbryrdnes, 2 f., *feeling.*
Inca, 4 m., *blame.*
Incund, *internal.*
Infær, 1 m, *an entrance.*
Ing, geong, *young.*
Ingán. See gán, *to enter.*
Ingang, 1 m., *entrance.*
Ingedón. See dón, *to put in.*
Ingehyd (hygd), 1 n., *an intention.*
Ingerec, 1 m., *a tumult.*
Ingeðanc, 1 m., *mind.*
Inlǽdan, de, *to lead in.*
Inlifian, de, *to live in.*
Innan, inne (dat. acc.), *within.*
Innane, *within.*
Inne, inn, 1 n., *an inn, a house.*
Innera, *interior;* eall mín inneran, *all that is within me.*
Inneweard, *inward.*
Instepe, in stæpe, *immediately, suddenly.*
Intinga, 4 m., *a cause.*
Inwit-þanc, 1 m., *an evil thought.*
Íren, ísen, 1 n., *iron.*
Íren-bend, 1 m., *an iron bond.*
Is, 1 n., *ice.*
Ís-ceald, *ice-cold.*
Ísig, *icy.*
Íu, *formerly, long ago.*

L.

Lá, *lo!*
Lác, 1 n., *a gift.*
Lácan, p., leole (léc), *to play, fly.*

Lád (u), 2 f., *a way, journey.*
Lǽcedóm, 1 m., *medicine.*
Lǽdan, de, *to lead, produce.*
Lǽden, *Latin.*
Lǽfan, de, *to leave.*
Lǽne, *frail, slender.*
Lǽran, de, *to teach.*
Lǽrig, 1 m., *margin of a shield.*
Lǽs, lǽssa, *less, smaller.*
Lǽst, *least.*
Lǽstan, te, *to observe, practice, fulfil, last.*
Lǽtan, 1 (*p.* é), *to let, leave, let go to, think.*
Lǽtanie, 1 m., *a litany.*
Lǽwede, *lay, not clerical.*
Láf, 2 f., *a remnant.*
Lago-flód, 1 n., *a sea-flood.*
Lagon. *See* licgan.
Lago-síð, 1 m., *a water-way.*
Lagu, lag, lah, 2 f., *a law.*
Lagu, 3 m., lago, 2 f., *water.*
Lagu-streám, 1 m., *a water-stream.*
Lám, 1 m., *loam, earth.*
Land, 1 n., *land, country.*
Land-ár, 2 f., *landed estate.*
Land-leód, 1 m., *inhabitants, natives.*
Land-scipe, 1 m., *a landscape.*
Lang (25), *long.*
Lange, langlíce, *for a long time.*
Lang-fǽr, *lasting, long-during.*
Langian, ode, *to lengthen, long.*
Langsum, *long, tedious.*
Lár, 2 f., *lore, doctrine.*
Láreow, 1 m., *a teacher.*
Lást, 1 m., *a track.*
Late, *late.*
Láð, 1 n., *an evil, an enemy, hostility.*
Láð, *hateful, hostile.*
Láðlíc, *ugly;* -líce, *loathsomely.*
Láð-weard, 1 m., *a pursuer.*
Leaf, 1 n., *a leaf.*
Leáf, 2 f., *leave, permission.*
Leáhter, 1 m., *sin.*
Leán, 1 n., *a reward.*
Leas, *false, wanting — less*
Lease-liccetere, 1 m., *a hypocrite.*
Leasung, 2 f, *falsehood.*

Leccan, *p.*, leohte (lehte), *to water.*
Lecgan, *p.*, lægde (lǽde), *to lay flow.*
Leden, 1 n., *speech.*
Leden, *Latin.*
Leg, líg, 1 n., *a flame.*
Leger, 1 n., *a lying, sickness.*
Lenc, lengu, 2 f., *length.*
Lencten-líc, *vernal.*
Lencten-tíd, 2 f., *spring-time.*
Lendian, de, *to land, attack.*
Leng, *longer, further.*
Leód, 2 f., (1 m.), leóda, 4 m., *a man, prince,* (pl.) *people.*
Leód-biscop, 1 m., *a diocesan bishop.*
Leód-mǽgen, 1 n., *an army.*
Leód-scipe, 1 m., *a nation.*
Leód-wer, 1 m., *people.*
Leóf, *dear, sir! beloved.*
Leógan, 6, *to lie.*
Leoht, 1 n., *a light.*
Leoht, *light, easy.*
Leohte. *See* leccan.
Leoht-fǽt, 1 n., *a lamp* (light-vat).
Leoht-fruma, 4 m., *creator of light.*
Leóma, 4 m., *a beam, ray.*
Leóran, de, *to depart.*
Leornere, 1 m., *a learner, pupil.*
Leornian, ode, *to learn.*
Leorning-cniht, 1 m., *a disciple.*
Leósan, 6, *to lose, go away, depart from.*
Leoð, lioð, 1 n., *a poem, song.*
Leoð-cræft, 1 m. (2 f.), *poetic skill.*
Leoð-song (sang), 1 m., *a poem.*
Lesan, 3, *to loose.*
Libban (2, 3, leof-), ode, *to live.*
Líc, 1 n., *a body, form, figure.*
Liccetan, te, *to dissemble.*
Liccetere, 1 m., *an hypocrite.*
Licgan, 3, *to lie, extend.*
Líchama, 4 m., *a body.*
Líchamlíc, lícumlíc, *bodily.*
Lícian, ode, *to be pleased with, like.*
Lícman, 1 m., *a corpse bearer.*
Líc-wúnd, 2 f., *a wound.*

Líd, 1 n., *a ship*.
Líf, 1 n., *life*.
Líffæst, *life-giving*.
Lífian (igan), leofode, *to live*.
Líflíc, *of life;* -líce, *lively*.
Líg, 1 n., *a flame, fire*.
Liga, 4 f., *the river Lea*.
Líg-fýr, 1 n., *a flame*.
Lilie, 4 f., *a lily*.
Lim, 1 n., *a limb*.
Lím, 1 m., *cement*.
Limene-múð, *the Limene mouth*.
Lind, 2 f., *a shield* (of linden).
Lindes, 2 f., *Lindsey*.
Línc, 4 f., *a line*.
Linnan, 5, *to lose* (instr.)
Liódan, leódan, *to grow, pp.*, liódend, *grown, perfect*.
Lióðo-bend, 2 f. (1 m.), *a limb-bond, fetter*.
Liss, 2 f., *favor*.
Lissan, *to catch* (?)
List, 2 f., *science*.
Listum, *carefully*.
Lixan, te, *to shine, glitter*.
Lið, *mild, gentle*.
Lið. *See* licgan.
Líðan, 4, *to go, travel, sail, flow*.
Locan, 6, *to lock, shut*.
Lócan, ode, *to look*.
Locc, 1 m., *a lock of hair*.
Lóf, 1 m., *praise*.
Logian, ode, *to lodge*.
Lond, *for* land.
Longáð, 1 m., *weariness*.
Longe, *for a long time*.
Losian (igan), ode, *to lose, to pass away from*.
Luf, lufu, 2 f., lufe, 4 f., *love*.
Lufian, ode (ede), *to love*.
Luftyme, *charitable*.
Lundenburh, *London*.
Lust, 1 m., *desire*.
Lust-bærlíc, *diligent*.
Lust-bærlíce, *diligently*.
Lust-bærnes, 2 f., *delight*.
Lustfullian, ode, *to delight*.
Lustlíc, *glad;* -líce, *gladly*.
Lybban, ode, *to live*.
Lyft, 2 f., *the atmosphere, the heavens*.

Lyft-édor, 1 m., *an aerial dwelling*.
Lyft-helm, 1 m., *a cloud*.
Lyre, 1 m., *loss*.
Lystan, te, *to wish, will, desire*.
Lyt, lytel (25), *little, small*.
Lytligan, ode, *to decrease*.

M.

Má, *more*.
Macian, ode, *to make*.
Mádme-hús, 1 n., *a treasury*.
Mǽden, 1 n, *a maiden*.
Mæg, 1 m., *a son, kinsman*.
Mæg, 2 f., *a maid, woman*.
Mæg-burg, 2 f., *a family, tribe*.
Mægen(in), 1 n., *strength, virtue, might, force*.
Mægenfæst, *strong*.
Mægen-heáp, 1 m., *a strong band*.
Mægen-róf, *great in strength*.
Mægen-þrym, 1 m., *magesty*.
Mægeste, *greatest*.
Mægsib, 2 f., *relationship*.
Mægð, 2 f., *a tribe, family*.
Mǽl, 2 f., *a portion, time*.
Mǽnan, de, *to complain*.
Mængan. *See* mengan, *to mix*.
Mænig. *See* manig.
Mǽra, *great, illustrious, high*.
Mǽrsian, ode, *to magnify*.
Mǽrsung, 2 f., *celebration*.
Mǽse, 2 f., *the river Mase*.
Mæsse, 4 f., *the mass*.
Mæsse-dǽg, *mass-day*.
Mæsse-reáf, 1 n., *a clerical robe*.
Mæst-ráp, 1 m., *a mast-rope*.
Mǽð, 2 f., *measure*.
Maga, 4 m., *a son*.
Mágan (53), *to be able*.
Mago-rǽswa, 4 m., *a chief of a clan*.
Mago-rinc, 1 m., *a citizen*.
Mal, 1 n., *tribute*.
Man, 1 m. (13 n.), manna, 4 m., *man*.
Man (35), *some one, any one*.
Mán, 1 n., *sin*.
Man-cwealm, 1 m., *a pestilence*.

Mancyn, 1 n., *mankind, a nation*.
Mán-dǽd, 2 f., *sin, wickedness*.
Mán-fæhðu, 2 f., *wickedness*.
Mán-fremman, *to do evil*.
Mánfull, mánfullíc, *sinful, wicked*.
Mánfullíce, *wickedly*.
Mánian, ode, *to admonish, advise*.
Manig, *many*.
Manigfeald, *manifold*.
Manna, 4 m., *manna*.
Mára, *more, greater; — great*.
Marc, 1 n., *a mark* (of money).
Marn. *See* morgen, *morning*.
Maðelian, ode, *to speak*.
Maðm, 1 m., *a treasure*.
Meaht, 2 f., *power, might*.
Mearc, 2 f., *a line of battle, boundary* (of the camp).
Mearc-hóf, 1 n., *a tent*.
Mearcian, ode, *to determine, designate*.
Mearc-weard, 1 m., *a wolf*.
Mearc-þreat, 1 m., *a battle-host*.
Mearh, 1 m., *a horse*.
Mearð, 1 m., *a marten*.
Méce, 1 m., *a sword*.
Méd, 2 f., *meed, reward*.
Medmicel, *little*.
Medo (u), 3 m., *mead*.
Meltan, 6, *to melt*.
Mengian, de, *to mingle*.
Menig. *See* manig.
Menigu, 2 f. (15, n. 2), *a multitude*.
Mennisc, 1 n., *a race, people*.
Menniscnes, 2 f., *incarnation*.
Meolc, 2 f., *milk*.
Meoring, 2 f., *an impediment*.
Meotud (od), 1 m., *the Creator*.
Mere, 1 m., *a lake, sea*.
Mere-ciest, 2 f., *a sea-chest*.
Mere-grót, 1 n., *a pearl*.
Meresig, *the river Mersey*.
Merestréam, 1 m., *the ocean*.
Merc-tór, 1 m., *a sea-tower*.
Mergen. *See* morgen, *morning*.
Metan, 3, *to mete, measure*.
Métan, te, *to meet, meet with*.
Mete, mette, *meat, food*.

Metelcast, 2 f., *want of food*.
Meteþegn, 1 m., *a purveyor*.
Metod, 1 m., *the Creator*.
Meðel, 1 n., *an address*.
Micelnys, 2 f., *greatness*.
Mid (dat. acc.), *with;* mid ealle, *withal, altogether;* mid þý, *when, since*.
Middaneard (geard), 1 m., *the earth*.
Middaneardlíce, *earthly*.
Midde, se midda, *middle, mid*.
Middel, *middle*.
Middeltún, *Middleton*.
Middeniht, 2 f., *midnight*.
Middeweard, *towards the middle*.
Miht, 2 f., *might,* (pl.) *miracles*.
Mihtig, *mighty*.
Míl, 2 f., *a mile*.
Mild, *mild*.
Mild-heort, *mild-hearted, merciful*.
Mild-heortnys, 2 f., *mercy*.
Míl-pað, 1 m., *a mile*.
Milts, 2 f., *mercy*.
Miltsian, ode, *to pity*.
Miltsung, 2 f., *mercy, pity*.
Minster, 1 n., *a minster, church, cathedral*.
Miscyrran, de, *to err*.
Misfón, *to mistake*.
Mislíc, mistlíc, missenlíc, *various;* -líce, *variously*.
Mist, 1 m., *darkness*.
Mód, 1 n., *mind, passion, courage*.
Moddrie, 4 f., *an aunt*.
Mód-geðanc, 1 m., *thought*.
Mód-heáp, *wise*.
Mód-hwæt, *zealous*.
Módig, *proud, high-minded*.
Módigan, ode, *to rage, be insolent*.
Módignys, 2 f., *pride*.
Módor (19), *a mother*.
Mód-wǽg, 1 m., *a fierce wave*.
Molde, 4 f., *mould, earth, land*.
Móna, 4 m., *the moon*.
Mónað, 1 m., *a month*.
Monig. *See* manig.
Monung, 2 f., *admonition*.

Mór, 1 m., *a moor, mountain,* (waste land).
Mór-fæsten, 1 n., *a fastness.*
Morgen, morn, 1 m., *morning.*
Morgenlíc, *daily.*
Mór-heald, *moor-occupying.*
Morðor, 1 m., *misery.*
Mot, 1 n., *a mote.*
Mót (53, 2), *must.*
Moððe, 4 f., *a moth.*
Mund, 2 f., *the hand.*
Munt, 1 m., *a mountain.*
Munuc (ec), 1 m., *a monk.*
Munuc-hád, 1 m., *monastic life.*
Munuclíc, *monastic.*
Munuclíf, 1 n., *a monastery.*
Múð, 1 m., *the mouth.*
Múða, 4 m., *mouth* (of a river).
Mycclum, *very much.*
Mycel (25), *great, much, many.*
Mynegung, 2 f., *admonition.*
Myngian, ode, *to meditate.*
Myrce (*pl.*), 1 m., *the Mercians.*
Myrdra, myrðra, 4 m., *a murderer.*
Myre, 4 f., *a mare.*
Myrhð, myrð, 2 f., *joy, mirth.*

N.

Ná, *not.*
Nabban, næbban (59, n. 1), *not to have.*
Nacod (ed), *naked.*
Næddre, 4 f., *an adder, a serpent.*
Næfre, *never.*
Nægled, *nailed.*
Nǽngu, *nom. f. of* nænig.
Nǽnig, *none.*
Nágan (ne-ágan) (53), *not to own.*
Náht (ne-aht), *nothing.*
Nales, nalles, *not at all, not;* nales þæt on, *not only.*
Nama, 4 m., *a name.*
Nán, *none, no one.*
Nát (ne-wat), *knows not.*
Náwiht, nanuht, *naught.*
Náðor, nawðer, *neither.*
Ne, *neither, nor:—not, by no means.*
Neád, néd, nýd, neód, 2 f., *need.*

Neádlíc, *earnest;* -líce, *earnestly.*
Neáh, néh (nearra; nýhst, néhst), *near, wholly.*
Neah-lǽcan, hte, *to approach.*
Neáhnys, 2 f., *nearness.*
Nearo, se nearwa, *narrow.*
Nearones, 2 f., *anxiety, perplexity.*
Neát, 1 n., *cattle.*
Neawest, *neighborhood.*
Nefa, 4 m., *a nephew.*
Nefe, 4 f., *a neice.*
Néh. *See* neáh; at néhstan, *at last.*
Nemnan, de, *to name, call.*
Neód, neád, 2 f., *need, want.*
Neorxna-wang, 1 m., *paradise.*
Neósan, ede, *to visit, approach.*
Neósian, ode, *to visit.*
Neósung, 2 f., *visitation.*
Neowel, *profound, deep.*
Neoðan, neoðone, *beneath.*
Nép, 1 n., *motion, advance.*
Nergend, 1 m., *the Preserver, Savior.*
Nerian, ede, *to save, preserve.*
Net, 1 n., *a net.*
Next, *nearest, next;* nexta, *a neighbor;* æt nextan, *at last.*
Nig-hworfen, *newly-converted.*
Nigon, *nine.*
Niht, 2 f., *night;* nihtes, *by night.*
Niht-lang, *night-long.*
Niht-scuwa, 4 m., *night-shade.*
Niman (58, n. 4), 3, *to take.*
Niniveisc, *Ninevite.*
Nió-bed, 1 n., *a death-bed.*
Nitan, nytan (ne-witan), *not to know.*
Niwe, se niwa, *new.*
Niwelnys, neowelnys, 2 f., *an abyss.*
Níð, 1 m., *wickedness, hatred.*
Nið, 1 m., *a man.*
Niðer, *down.*
Niðerian, ode, *to condemn.*
No, ne, *not at all.*
Norð, *the north, north;* norðan, *from the north, northerly;* norðan-eastan, *northeast.*

VOCABULARY.

Norð-dǽl, 1 m., *the north part.*
Norðhymbre, *the Northhumbrians.*
Norðman, 1 m., *a Northman.*
Norðmest, *northmost.*
Norðrihte, *to the north, due north.*
Norðwæg, *Norway.*
Norðweala, Norðwealcyn, *the North Welsh.*
Norðwearde(s), *northward.*
Norðweardum, *northerly.*
Nú, *now.*
Nýd, neád, 2 f., *need.*
Nýdan, neádian, de, *to compel.*
Nýd-boda, *a messenger of need.*
Nýd-fara, 4 m., *a fugitive.*
Nyllan (50, n.), *to be unwilling.*
Nymðe, *except.*
Nyt, *useful.*
Nyten, 1 n., *an animal.*
Nyten, *ignorant.*
Nyten-cyn, 1 n., *animals.*
Nytnes, 2 f., *use, advantage.*
Nytweorð, *useful, convenient.*

O.

Ó, *see á, ever.*
Of (dat. gen.), *from, out of.*
Ofafeallan, 1, *to fall from.*
Ofalǽdan, de, *to lead from.*
Ofaxian, ode, *to learn by asking.*
Ofcuman, ofacuman. *See cuman, to come of.*
Ofen, 1 m., *an oven, a furnace.*
Ofer (dat. acc.), *over, on, upon, contrary to, after.*
Oferbídan, 4, *to outlast.*
Ofer-brǽdan, de, *to stretch over.*
Ofer-cuman, *to come to an end, overcome.*
Ofer-eáca, 4 m., *overplus.*
Ofer-faran, *to go over.*
Ofer-feran, *to go over.*
Ofer-freósan, *to freeze over.*
Ofer-gán, *to surmount.*
Ofer-geottul, *forgetful.*
Ofer-holt, 1 n., *a shield.*
Ofer-hragen, *to cover.*
Ofer-hygd, 1 m., *pride.*

Ofer-méde, 1 n., *pride.*
Ofer-met, 1 n., *arrogance.*
Ofer-mód, *proud, arrogant.*
Ofer-seón, *to oversee, overlook.*
Ofer-stígan, 4, *to surpass.*
Ofer-swíðe, *very much.*
Ofer-teldan, *to hide.*
Ofer-wígan, ode, *to conquer.*
Ofer-wrígan (-han), 4, *to clothe.*
Ofest, 2 f., *haste;* ofstum, *hastily.*
Ófet, ófæst, 1 n., *fruit.*
Of-faran, 2, *to pursue, overtake.*
Of-gán, *to gain.*
Of-gifan, *to give up.*
Of-hreówan, 6, *to pity.*
Ofostlíce, *speedily.*
Of-rídan, 4, *to overtake.*
Of-seón, *to observe.*
Of-settan, te, *to oppress.*
Of-sleán, *to kill, strike.*
Of-sníðan, *to cut off.*
Of-spring, 1 m., *posterity.*
Of-swelgan, 6, *to swallow.*
Oft (oftor, oftost), *often.*
Oht, 2 f., *terror;* oht inJende, *fear of the natives.*
Oht-nied, 2 f., *oppression.*
Oleccan, ehte, *to fawn, o u.*
Óm, 1 m., *rust.*
On (dat. acc.), *on, in with, among.*
Onǽlan, de, *to kindle.*
Onbærnan, de, *to inflame.*
Onbeódan, 6, *to promise.*
Onbryrdnys, 2 f., *inspiration, instigation.*
Onbúgan, 6, *to submit, over whelm.*
Onbyrigan, de, *to taste* (gen.)
Oncnáwan, *to recognize.*
Oncyrran, de, *to change, turn away.*
Ond, *and.*
Ondrǽdan, 1 (p. é), *to dread, fear.*
Onettan, te, *to hasten.*
Onfengnes, 2 f., *reception.*
Onfindan, 5, *to experience.*
Onfón, *to receive, to find out,* (gen. dat.)
Onfóran, *before.*
Ongán, *to come on.*

Ongen, ongean (dat. acc.), *against.*
Ongeniman, *to spoil, deprive.*
Ongildan (gyldan), 6, *to expiate.*
Onginnan, 5, *to begin.*
Ongitan (*p.*, geat), *to understand, feel, perceive.*
Ongitenys, 2 f., *knowledge.*
Onhlídan, 4, *to open.*
Onhréran, de, *to rouse, agitate.*
Onhyldan, de, *to incline, lay down.*
Onhyrian, de, *to imitate.*
Onlǽnan, de, *to lend to.*
Onlíc, *like.*
Onlícnes, 2 f., *a likeness.*
Onlíhan, 4, *to grant.*
Onlihtan, te, *to lighten, shine on.*
Onlocan (lúcan), 6, *to unlock.*
Onlócian, ode, *to behold.*
Onlyhtnes, 2 f., *illumination.*
Onrídan, 4, *to ride on.*
Onsceacan, 1 [2], *to shake.*
Onscgon, *p. of* onseón.
Onsendan, de, *to send on.*
Onseón, *to behold.*
Onsígan, 4, *to impend, approach.*
Onslǽpan, te, *to sleep.*
Onspring, 5, *to spring forth.*
Onstellan (*p.* stealde), *to appoint.*
Onstyrian, ode, *to agitate.*
Onsúnd, *healthy, whole.*
Onswífan, 4, *to turn away.*
Onsylle, *unhappy.*
Onsyn, 2 f., *lack.*
Ontynan, de, *to open.*
Onweald, 1 m., *power.*
Onweg, *away.*
Onwendan, de, *to change.*
Onwreon, 6, *to uncover, reveal.*
Onwrigenes, 2 f., *revelation.*
Onþeón, 6, *to engage in.*
Openian, ode, *to open.*
Openlíc, *open;* -líce, *openly, manifestly.*
Ord, 1 m., *a beginning.*
Ord-fruma, 4 m., *beginning.*
Orlegstund, 2 f., *fatal hour.*
Orsorh, *secure.*
Ortrywe, *despondent.*
Orwén, *hopeless.*

Orðian, ode, *to breathe, aspire to.*
Oð, *until.*
Oðer, *other, second, the other;* se oðer, *the rest.*
Oðrówan, 1, *to row back.*
Oðwindan, 5, *to escape.*
Oðwítan, ode, *to blame.*
Oððæt, *until.*
Oððe, *or;* oððe, .. oððe, *either, .. or.*

P.

Pæll, 1 m., *a pall, cloak.*
Pællen, *purple.*
Pallium, 1 m., *a bishop's pall.*
Papa, 4 m., *the pope.*
Papan-hád, 1 m., *papal office.*
Papolstán, 1 m., *a pebble.*
Pað, 1 m., *a path.*
Pedreda, 4 m., *the river Parret.*
Penig, pening, 1 m., *a penny.*
Pentecosten, 1 m., *Pentecost.*
Peohtas, pl., *the Picts.*
Pistol, 1 m., *a letter.*
Plega, 4 m., *play, sport.*
Port, 1 m., *a port, haven.*
Preóst, 1 m., *a priest.*
Preóst-hád, *priesthood.*
Prica, 4 m., *a prick, point.*
Pund, 1 n., *a pound.*

R.

Racenta, 4 m., *a chain.*
Racenteage, 1 m., *a chain.*
Rád, 2 f., *a raid, journey.*
Rǽd, 1 m., *counsel, advice.*
Rǽdan, 1 (*p.* é), *to consider;* with dat., *to advise.*
Rǽdan, de, *to read, rule, determine.*
Rǽran, de, *to raise, rear.*
Rǽsan, de, *to attack, rush on.*
Rǽst. *See* rest.
Rǽswa, 4 m., *a leader.*
Rǽð, hrǽð, *quick, wrathful.*
Rand, 1 m., *a shield.*
Rand-burg, 2 f., *a protecting wall.*

Rand-gebeorh, 1 n., *a protecting shield.*
Rand-wíga, 4 m., *a warrior.*
Rárian, ode, *to roar, cry.*
Raðe, *quickly.*
Read, *red.*
Reading, 2 f., *Reading.*
Reáf, 1 n., *à robe, clothing.*
Reáfian, ode, *to rob, plunder.*
Réc, reác, 1 m., *smoke.*
Récan, p., róhte, *to reck, care for.*
Recan, reccan, p., rehte, pp., realit, *to say, tell, recite.*
Recan, 3, *to order, direct.*
Reced, 1 n., *a house, hall.*
Recen, *quick, prompt.*
Reft, ryft, 1 n., *a veil, garment.*
Regen, regu, rén, 1 m., *rain.*
Regol (ul), 1 m., *a rule, law.*
Regollíce, *regularly.*
Reliquias, *relics.*
Rén. *See* regen.
Rén-scúr, 1 m., *a shower.*
Reófan, 6, *to break, dissolve.*
Reord, 2 f., *a voice.*
Reordian (igean), ode, *to address.*
Rest, 2 f., *rest.*
Restan, te, pp. ed, *to remain, rest.*
Reðe, hreðe, *fierce, cruel.*
Rib, 1 m. (2 f.), *a rib.*
Rice, 1 n., *a kingdom, power, reign.*
Rice, ríclíc, *rich, great.*
Riclíce, *powerfully.*
Ricsian, ode, *to reign.*
Ridan, 4, *to ride, press.*
Riht, 1 n., *a right, duty.*
Riht, *right, just, fitting.*
Rihte, *rightly, due* (of direction).
Rihtlíce, *rightly.*
Riht-ryne, 1 m., *a right-course.*
Rihtwís, *righteous.*
Rihtwísnys, 2 f., *righteousness.*
Rím, 1 m., *a number.*
Ríman, de, *to number, count.*
Rím-getæl, 1 n., *a number.*
Rínan, de, *to rain.*
Rinc, 1 m., *a man, hero.*
Ríp, 1 n., *a harvest.*
Ripan, 4, *to reap.*

Rípung, 2 f., *ripening, reaping.*
Rixian, ode, *to reign.*
Ród, 2 f., *the cross.*
Róde-hengen, 2 f., *the cross.*
Róde-tácen, 1 n., *sign of the cross.*
Rodor, 1 m., *the firmament, the heavens.*
Róf, *brave, illustrious, famed.*
Romanisc, *Roman.*
Rómigan, ode, *to hold* (gen.)
Romware, 1 m., *citizens of Rome.*
Rose, 4 f., *a rose.*
Rót, rótlíc, *splendid, cheerful.*
Rótlíce, *cheerfully.*
Rud, *red.*
Rúm, *broad, large, roomy.*
Rúme, *widely, greatly.*
Rúmgál, *rejoicing in freedom.*
Rýman, de, *to make ready, to open a way.*
Rýmet, 1 n., *room.*
Rync, 1 m., *a course.*
Ryne-swift, *swiftly running.*

S.

Sac, sacu, 2 f., *strife.*
Sacerd, 1 m., *a priest.*
Sæ, 1 m., *the sea.*
Sæ-cir, 1 m., *the reflux of the sea.*
Sæfern, 2 f., *the river Severn.*
Sæfern-staeð, *Severn-bank.*
Sægan, de. *See* secgan, *to say.*
Sæl, sal, 1 n., *a hall, palace.*
Sæl, 2 f., *a time, prosperity.*
Sælan, de, *to bind, seal.*
Sælð, 2 f., *happiness.*
Sæl-wong, 1 m., *a fertile plain.*
Sæme, *bad, weak.*
Sæ-rima, 4 m., *sea-shore.*
Sæ-strand, 1 m., *the sea-shore.*
Sæt, 1 m., *a camp.*
Sæ-tilc, 1 m., *navigation* (sailor).
Sætning (ung), 2 f., *a snare.*
Sál, 1 m., *a band, fetter.*
Salwig, *swarthy, sallow.*
Salwed, *pitchy.*
Salwed-bord, *the pitched board, the ship.*

Sam, *whether;* sam .. sam, *whether* .. *or.*
Samnian, somnian, ode, *to gather.*
Samod, *together, also.*
Samtenges, *immediately.*
Sámworht, *half-made.*
Sanctus, *holy, saint* (Lat.)
Sand, 2 f., *a mission sending.*
Sand, 1 n., *the earth, sand, shore.*
Sand-ceosel, 1 m., *sand gravel.*
Sár, 1 n. (2 f.), *pain, sorrow.*
Sár, *sore, severe.*
Sár-cwide, 1 m., *a lament.*
Sárgian, ode, *to grieve, lament.*
Sárnys, 2 f., *sorrow.*
Sáwan, 1, *to sow.*
Sáwel, sáwl, 2 f, *the soul, life.*
Scamian, sceamian, ode, *to shame, feel ashamed.*
Scapan, 2 (*pp. also* sceapen), *to make, shape, create.*
Sceado, 2 f., *a shadow.*
Scealc, 1 m., *a servant.*
Sceald, scyld, 1 m., *a shield.*
Sceán, *p. of,* scínan, *to shine.*
Sceáp, 1 n., *a sheep.*
Scearp, *sharp.*
Scearpnys, 2 f., *sharpness.*
Sceat, 1 m., *a garment, skirt.*
Sceát, 1 m., *a region.*
Sccawian, ode, *to look at, view.*
Sccawung, 2 f., *sight, observation.*
Sceaða, 4 m., *a thief, robber, sinner.*
Scéne, sceóne, *beautiful, bright.*
Sceóburg, *Shoebury.*
Sceóp-gereord, 2 f., *poetic language.*
Sceortian, ode, *to shorten.*
Sccótan, 6, *to shoot.*
Sceótend, 1 m., *an archer.*
Sccðan, ede, *to injure.*
Scild, 1 m., *a shield.*
Scínan, 4, *to shine.*
Scip, 1 n., *a ship.*
Scip-here (herge), 1 m., *a navy.*
Scip-hlæst, 1 n., *a ship-load, crew.*
Scip-ráp, 1 m., *a cable, cordage.*

Scír, *clear, pure, bright, glorious.*
Scír, 2 f., scire, 4 f., *a shire, county, share.*
Scírman, 1 m., *a shireman.*
Scomu, scamu, sccamu, 2 f., *shame.*
Scóp, sccóp, 1 m., *a poet.*
Scortlíce, *briefly.*
Scrífan, 4, *to shrive, enjoin, grant;* with gen., *to care for*
Scrúd, 1 n., *a garment.*
Scrýdan, de, *to clothe, put on.*
Scucca, sceocca, 4 m., *the devil.*
Scúr, 1 m., *a shower, storm.*
Scyld, 1 m., *a shield.*
Scyldful, *guilty.*
Scyld-hreoða, 4 m., *a shield.*
Scyldig, *guilty.*
Scylfe, 4 f., *a shelf.*
Scyne. *See* scene, *beautiful.*
Scypen, 2 f., *a stall.*
Scyppend, 1 m., *the Creator.*
Sealwudu, *Selwood.*
Sealt, 1 n., *salt.*
Sealt, *briny, salt.*
Searo, 1 n., *a weapon, armor.*
Searo-cræft, 1 m. (2 f.), *cunning.*
Searolíce, *cunningly.*
Sécan (48, n.), *p.,* sóhte, *to seek.*
Secg, 1 m., *a warrior.*
Secgan, *p.,* sæde, *to say.*
Sefa, 4 m., *mind, disposition.*
Segl, segel, 1 m. (n), *a sail.*
Seglian, ode (ede), *to sail.*
Segl-ród, 2 f., *sail-cross, spar.*
Segn, 1 m., *a sign, banner.*
Seht, saht, 2 f., *friendship, peace.*
Sél, *good, blessed.*
Sellan. *See* syllan, *to give, sell.*
Semian, seman, ode, *to appear, seem.*
Semninga, *suddenly.*
Sendan, de (48), *to send.*
Senian, segnian, ode, *to sign, bless.*
Seofon, syfan, *seven;* seofoða, *seventh;* seofonfeald, *sevenfold.*
Seofung, 2 f., *lamentation, sighing.*
Scol, 1 m., *a seal.*

VOCABULARY.

Scolfer, 1 n., *silver*.
Scoloce(n), *silken*.
Scomian, ode, *tó remain, rest, wait*.
Seón (65, n.), *p.*, séh, seáh (he sáwe, we sáwon), *to see*.
Scondan. *See* sendan.
Seono-bend, 2 f., *a sinew-bond*.
Scóðan, 6, *pp.*, soden, *to seethe, boil, agitate*.
Setl, 1 n., *a seat*.
Setl-rád, 2 f., *a setting*.
Settan, te (sætte), *to set, place*.
Sib-gedriht, 2 f., *a kindred-band*.
Siccetung, 2 f., *sighing*.
Síd, *wide, vast;* síde, *widely*.
Síde, 4 f., *a side*.
Sígan, 4, *to fall*.
Sige, sigor, 1 m., *victory, triumph*.
Sigefast, *victorious*.
Sige-leás, *triumphless*.
Sigel-ware, 1 m., *Ethiopians*.
Sigen, *the river Seine*.
Sige-wong, 1 m., *a glorious plain*.
Sillend, 1 m., *Zealand*.
Simle, *always*.
Sin (a prefix), *continual, great*.
Sincald, *very cold*.
Sincan, 5, *to sink*.
Singal, singallíc, *constant, continual*.
Singallíce, *perpetually*.
Singan, 5, *to sing*.
Sin-niht, 2 f., *continual night, always*.
Siofian, seofian, ode, *to lament*.
Sioloce, *silken*.
Sittan, 3 (65, n.), *to sit, remain*.
Six, sex, *six;* sixta, *the sixth;* sixtig, *sixty;* sixtyne, *sixteen*.
Síwian, siowian, ode, *to sew*.
Síð, 1 m., *a way, path: — a journey: — a time: — lot, chance;* oðre síðe, . . oðre síðe, *once, . . again*.
Síð-boda, 4 m., *a journey-signal*.
Síð-fæt, 1 m., *a way, course*.
Síðian, ode, *to come, go, journey*.
Siððan, siðða, *afterwards*.
Slép, 1 m., *sleep*.
Slúpan, 1 (*p.* é), *to sleep*.

Sleán, 2 (58, n. 3), *pp.*, slegen, slagen, *to strike, slay, forge*.
Slege, slæge, 1 m., *a stroke, death*.
Slídan, slíðan, 4, *to slide*.
Sliht, 2 f., *a stroke*.
Slíð-heard, *oppressive*.
Slúpan, 6, *to glide*.
Smæl, *small, narrow*.
Smean, smeagan, de, *to inquire*.
Smeaurg, 2 f., *contemplation*.
Smið, 1 m., *a smith*.
Smolt, smy lt, *serene, friendly*.
Smylte, *s. nely*.
Snáw, 1 m., *snow*.
Snáwan, 4 (de), *to snow*.
Snell, *quick;* snelle, *quickly*.
Snoter (or), *wise, prudent*.
Snyttro, 2 f., *wisdom*.
Soden. *See* seóðan.
Soft, *soft;* softe, *softly*.
Somnian (igian), ode, *to collect, gather*.
Sóna, *soon, immediately;* sé \ þæs þe, *as soon as*.
Song-cræft, 1 m., *art of song*.
Sorgian, ode, *to sorrow, be anxious*.
Sorh (gen. sorge), 2 f. (1 m.), *sorrow, anxiety*.
Sorhful, *sorrowful*.
Sóð, 1 n., *truth*.
Sóð, *true; truly*.
Sóð-cwiðe, 1 m., *a proverb*.
Sóðes, *truly*.
Sóðfæstnys, 2 f., *truth*.
Sóðlíce, *truly, verily*.
Spanan, 1, *to urge, allure*.
Spanan, 2, *to entice*.
Sparian, ode, *to spare*.
Spearwa, 4 m., *a sparrow*.
Specan, 3. *See* sprecan, *to speak*.
Spéd, 2 f, *speed, wealth, power*.
Spédig, *rich, powerful*.
Spell, 1 n., *a story, tidings, language*.
Spell-boda, 4 m., *a messenger*.
Spére, 1 n., *a spear*.
Spildan, de, *to destroy*.
Spinnan, 5, *to spin*.
Spíwan, 4, *p.*, spáw, spiwon, *pp.*, spiwen, *to foam, spue*.

Spræc, 2 f., *speech, talk, saying.*
Sprecan, 3, *to speak, say.*
Springan, 5, *to spring, spread.*
Spyrian, spirian, ede, *to hunt after.*
Stæf, 1 m., *a staff, letter* (pl.) *writings.*
Stélan. *See* stélan, *to steal.*
Stæl-herge, 1 m., *a predatory band.*
Stæl-hran, 1 m., *a decoy reindeer.*
Stælwyrð (wcorð), *worth-taking.*
Stæp, 1 m., *a step.*
Stæppan. *See* steppan, *to step.*
Stær, 1 n., *a history.*
Stæð, 1 n., *a shore, coast.*
Stæð-weall, 1 m., *a shore-wall.*
Stán, 1 m., *a stone.*
Stán-clif, 1 n., *a rock.*
Standan, 2, *to stand.*
Staðol, 1 m., *a foundation.*
Steap, 1 m., *a cup.*
Steáp, *steep, lofty.*
Stearc, *strong, harsh, severe.*
Stéda, 4 m., *a steed.*
Stede, 1 m., *a place.*
Stefn, stefen, 1 m., *the prow;—a trunk, body.*
Stélan, 3, *to steal.*
Stemn, 2 f., *a voice, a set time.*
Stenc, 1 m., *an odor, stench.*
Steóran, de, *to rule, steer.*
Steór-bord, 1 n., *the starboard.*
Steór-leás, *ignorant.*
Steorra, 4 m., *a star.*
Steppan, stapan, 2, *to step, go.*
Stihtan, te, *to arrange, order.*
Sting, 1 m., *a stroke, stab.*
Stíð, *firm, stern, austere.*
Stíð-frihð (ferhð), *firm-minded.*
Stíð-líc, *firm, severe;* -líce, *firmly, severely.*
Stól, 1 m., *a throne, seat.*
Storm, 1 m., *a storm.*
Stow, 2 f., *a place.*
Stræt, 2 f., *a street, a course.*
Strætclédwealas, *The Britons on the river Clyde.*
Strang, streng; stranglíc, strenglíc, *strong.*
Stranglíce, *strongly, vehemently.*
Streám, 1 m., *a stream.*

Streám-racu, 2 f., *a flood-stream*
Streám-stæð, 1 n., *a stream shore.*
Strec, *powerful, stern.*
Strengð(u), 2 f., *strength, might.*
Stríð, 1 m., *strife, battle.*
Strýnan, de, *to beget.*
Stufe, 2 f., *the river Stour.*
Stund, 2 f., *an hour.*
Stunt, *foolish;* se stunta, *the fool.*
Stýle, stýl, 1 m., *steel.*
Styrman, de, *to storm.*
Sum, *some, one, a;* sum .. sum, *one .. another.*
Sumer(or), 1 m., *summer.*
Sumes, *somewhat.*
Sumorlíc, *belonging to summer.*
Sumorsæte, *men of Somersetshire.*
Sun-bearo, 1 m., *a sunny grove.*
Sund, 1 m., *the sea.*
Sund-buend, 1 m., *a sailor.*
Sundor-hálga, 4 m., *a Pharisee.*
Sund-reced, 1 n., *an ocean-hall.*
Sundrian, ode, *to separate.*
Sunnandæg, 1 m., *Sunday.*
Sunnanuhta, 4 m., *Sunday morning.*
Sunne, 4 f., *the sun.*
Sunn-stede, 1 m., *solstice.*
Sunu, 3 m., *a son.*
Súð, *south.*
Súðan, *southerly;* be súðan, *south of.*
Súðrihte, *to the south.*
Súð-stæð, 1 n., *a south shore.*
Súðweard, *southward.*
Swá, *so;* swá .. swá, *so .. as;* swá þeáh, *however;* swá hwilc swá, *whosoever.*
Swæfan, te, *to rage, roll up.*
Swæsend, 1 n., *food, a banquet*
Swæðe, 4 f., swaðu, 2 f., *a track*
Swanawic, *Swanwich.*
Swápan, 1, *to sweep.*
Swár, swær, *heavy, severe.*
Sweart, *swarthy, black*
Swearte, *darkly.*
Swefan, 3, *to sleep.*
Swefel, 1 m., *sulphur.*
Swefen, 1 n., *a dream.*

VOCABULARY.

Swégan, de, *to sound, to mean.*
Swegel, 1 n., *the sky.*
Swelgan, 6, *to swallow.*
Sweltan, 6, *to die.*
Swencan (ian), te, (*pp.*, ed), *to oppress.*
Sweóland, *Sweden.*
Sweón (pl.), 4, *Sweden.*
Sweord, swurd, 1 n., *a sword.*
Sweoster, swyster (19), *a sister.*
Sweot, 1 m., *a multitude.*
Sweótol, *clear.*
Sweótole, sweótolíce, *clearly.*
Swerian, 2, (58, n. 3), (*also* ede), *to swear.*
Swétnys, 2 f., *sweetness.*
Swícan, 4, *to deceive.*
Swícdóm, 1 m., *deception.*
Swícian, ode, *to deceive.*
Swífan, 4, *to turn away.*
Swift, *swift.*
Swígean, ode, *to be silent.*
Swilce, *as though.*
Swincan, 5, *to toil, labor.*
Swingel, 2 f., *a whip, scourge.*
Swinsung, 2 f., *melody.*
Swipian, ode, *to lash, scourge.*
Swira, sweora, swura, 4 m., *a neck.*
Swíðe, *very much;* to þam swíðe, *so much;* swíðor, swíðost, *most of all, especially.*
Swiðrian, ode, *to vanish.*
Swógan, 1 (*p.* é), *to come on with a roar.*
Swonc, *tough.*
Swót-mette, 1 m., *sweetmeats.*
Swútelian, ode, *to reveal.*
Swútelíce, *manifestly.*
Swylc, swilc, *such as.*
Swylce, *such as; as it were, as if.*
Swýn, swín, 1 n, *a swine, pig.*
Swýðre, *the right hand, eye.*
Sylf, *self,* se sylfa, *the same.*
Sylf-willes, *voluntary.*
Syllan, sellan, *p.*, sealde, *to give, sell.*
Syllic, *wonderful.*
Syltan, te, *to salt.*
Symbel, 1 n., *a meeting.*
Symle, symble, *always.*

Syn, sin, 2 f., *sin.*
Synderlíc, *separate, peculiar;* -líce, *separately, peculiarly.*
Syndrig, *separate, extraordinary.*
Synfull, *sinful.*
Synlíc, *sinful;* -líce, *sinfully.*
Syrian, ede, *to conspire.*
Syððan, *afterwards, after that.*

T.

Tácen, 1 n., *a sign.*
Tácnian, ode, *to betoken.*
Técan, hte, *to teach.*
Tǽlan, de, *to accuse, blame, insult.*
Talian, ode, *to think.*
Tám, *tame.*
Tán, 1 m., *a rod.*
Teallan, de, *to reckon, esteem.*
Teár, 1 m., *a tear.*
Teian, ode, *to create.*
Tela, *well.*
Telga, 4 m., *a branch.*
Tellan, *p.*, tealde, *to tell, reckon, esteem.*
Temes, 2 f., *the Thames.*
Tempel, 1 n., *a temple.*
Temprian, ode, *to temper.*
Teolung, tiling, 2 f., *tilling.*
Teón (teohan), 6, *to draw, tug, entice.*
Teón, tíon, ode, *to create.*
Teóna, 4 m., *wrong, injury.*
Teón-hete, 1 m., *dire-hate — the enemy.*
Teoða, *the tenth.*
Tíd, 2 f., *time, hour, season.*
Tihtan, te, *to incite, persuade.*
Tihting, 1 m., *persuasion, instigation.*
Tilian, teolian, ode, *to till, toil, strive.*
Tíma, 4 m., *a time, season.*
Timber, 1 n., *timber, a frame.*
Timbrian, ode, *to build.*
Tina, 4 m., *the river Tyne.*
Tintrég, 1 m., tintréga, 4 m., *torment.*
Tintréglíc, *tormenting.*

Tir, tyr, 1 m., *splendor, glory.*
Tir-eádig, *illustrious, glorious.*
Tir-fæst, *glorious.*
To (dat.), *to: — too.*
To-brǽdan, p., brǽde, . brudon, *to publish abroad.*
To-brecan, 3, *to break to pieces.*
To-bredan, 3, *to spread.*
To-cnáwan, 1, *to know.*
To-cuman. *See* cuman, *to happen.*
To-cwysan, de, *to crush.*
Ty-cwysednys, 2 f., *brokenness.*
To-dæg, *to-day.*
To-dǽlan, de, *to divide.*
To-drífan, 4, *to drive away.*
To-eácan, *besides.*
To-emnes, *along.*
To-faran, 2, *to break up, depart.*
To-fóran, (dat.), *before.*
To-geanes (dat. acc.), *against, towards.*
To-geþeódan, de, *to join to.*
To-lecgan. *See* lecgan, *to separate.*
To-morgen, *to-morrow.*
To-niman, *to divide.*
Torht, torhtlíc, *bright.*
To-sceótan, 6, *to rush upon.*
To-slítan, 4, *to slit, rend, tear.*
To-somne, *together.*
To-tellan, *to enumerate, reckon.*
To-teran, 3, *to tear to pieces.*
To-weard (dat.), *towards; —* se, scó, þæt toweard, *approaching, future.*
To-wendan, de, *to turn to.*
To-weorpan (wurpan), 6, *to destroy.*
Tóð (13, n.), 1 m., *a tooth.*
Traht-bóc, 2 f., *a commentary.*
Tredan, 3, *to tread.*
Treow, 1 n., *a tree, wood.*
Treów, 2 f., treówe, 4 f., *a pledge, an agreement.*
Treówð, 2 f., *truth, treaty.*
Trúwa, 4 m., *trust, faith.*
Trúwian, ode, *to trust.*
Trymian, ede, *to encourage, fix, fasten, strengthen.*
Trymnes, 2 f., *exhortation.*
Tucian, ode, *to torment.*

Tuddor, tudor, tydor, 1 m., *offspring.*
Tugon. *See* teón.
Tún, 1 m., *a field, dwelling.*
Tunece, 4 f., *a tunic, coat.*
Tunge, 4 f., *the tongue.*
Tungel (ol), 1 n., *a star.*
Tún-gerefa, 4 m., *a steward.*
Turcesíg, 2 f., *Torkesey.*
Turf (15), f., *turf, sod.*
Tuwa, *twice.*
Twá, *two,* .
Wegen, *two, twain.*
Twelf, *twelve;* se twelfta, *twelfth.*
Twentig, *twenty.*
Tweo (gen., dat., acc., tweon, twýn), 4 m., *doubt.*
Twig, twih, 1 n., *a twig.*
Twigecged, *two-edged.*
Tyan, de, *to instruct, imbue.*
Týman, de, *to propagate.*
Tyn, *ten.*

U.

Ufan, ufon, *above, from above.*
Ufeweard, *upward, highest.*
Ufor, *higher.*
Uhta, 4 m., *the morning.*
Uhtsang, 1 m., *the nocturne.*
Uht-tíd, 2 f., *before dawn.*
Unæðele, *base, ignoble.*
Unasecgendlíc, *unspeakable.*
Unawendenlíc, *unchangeable.*
Unbeboht, *unsold.*
Uncoð, *sick.*
Uncúð, *strange, unknown.*
Uncyst, 2 f., uncyste, 4 f., *vice*
Undeádlíc, *immortal.*
Undeádlícnys, 2 f., *immortality*
Under (dat., acc.), *under.*
Underfón, *to accept, receive.*
Undergitan, *to understand.*
Underlútan, 6, *to bear.*
Undern, 1 m., *nine o'clock.*
Understandan, 2, *to understand.*
Underþeódan, þiedan, þýdan de, *to subject.*
Uneáðelíc, unýðelíc, *difficult.*
Uneáðelice, *with difficulty.*
Unforbærned, *unburned.*

Unforht, *fearless*.
Unfrið, 1 m., *hostility*.
Ungedered, *unharmed*.
Unge-endod, *eternal, without end*.
Ungefohige, *inconceivably*.
Ungehrepod, *untouched*.
Ungehýrsum, *disobedient*.
Ungehýrsumnys, 2 f., *disobedience*.
Ungeleáfsum, *unbelieving*.
Ungelíc, *unlike, unequal*.
Ungelimp, 1 n., *misfortune*.
Ungemet, *immeasurably, inconceivably*.
Ungerád, *unbefitting*.
Ungerísenlíc, *unworthy*.
Ungerísenlíce, *unworthily*.
Ungesǽlig, *unhappy*.
Ungetreówe, *unfaithful*.
Ungewemmed, *unharmed*.
Ungewiderung, 2 f., *bad-weather*.
Ungeþeahtendlíce, *rashly*.
Ungréne, *not green*.
Ungrund, *immense*.
Unhleów, *unsheltering*.
Unhold, *faithless*.
Unlǽd, *base, wicked*.
Unlaga, *unlawful*.
Unlésan, 3, *to release*.
Unmihtig, *powerless*.
Unnan (50, n.), *to grant*.
Unnyt, unnet, *vain, useless*.
Unriht, 1 n., *injustice*.
Unriht, *unjust, wrong*.
Unriht-hǽman, de, *to commit adultery*.
Unrihtwís, *unrighteous*.
Unrím, *unnumbered, innumerable*.
Unrót, *sad*.
Unrótnes, 2 f., *sadness*.
Unsǽlig, *unhappy*.
Unsæpig, *sapless*.
Unscæðig, *innocent*.
Unsméðe, *rough*.
Unspédig, *poor*.
Unteallendlíc, *innumerable*.
Untrum, *sick*.
Untrumnys, untrymnes, 2 f., *illness, sickness*.

Unwǽr, *unwary*.
Unwǽrscipe, 1 m., *unwariness*.
Unwealt, *steady*.
Unwem, *pure, inviolate*.
Unwemme, *purely*.
Unwíndan, 5, *to unwind*.
Unwís, *foolish, unwise*.
Unwiðmetenlíc, *incomparable*.
Unwiðmetenlíce, *incomparably*.
Unwrest, *frail, transitory*.
Unwúndod, *unwounded*.
Unþancwurð, *ungrateful*.
Unþeáw, 1 m., *vice*.
Upahebban, 2, *to raise up, surmount*.
Upahefednys, 2 f., *arrogance*.
Uparǽran, de, *to heighten, exalt*.
Upastígenes, 2 f., *ascension*.
Uplang, *erect*.
Uppan, uppe (dat., acc.), *upon*.
Upplíc, *upper*.
Uprídan, 4, *to ride up, mount*.
Upstíg, 2 f., *ascension*.
User, (81, 2), *our*.
Út, úte, *out, without*.
Ut-adón, *to take out*.
Útan, (dat., acc.), *without*.
Ut-awegan, 3, *to carry away*.
Uteweardan, *from without*.
Utgán, *to go out, leave*.
Utgang, 1 m., *Exodus, out-going*.
Uton, *let us*.
Utsetl, 1 n., *a sitting apart*.
Uðwita, 4 m., *a philosopher*.

W.

Wác, wáclíc, *humble, poor, weak, feeble*.
Wacian, ode, *to wake, watch*.
Wáclíce, *wretchedly*.
Wácnys, 2 f., *worthlessness*.
Wacol, *watchful;* -líce, *watchfully*.
Wacon, 2 f., *watchfulness*.
Wæccan, *to watch*.
Wæcce, 4 f., *watching, vigil*.
Wǽd, 2 f., *a garment*.
Wǽdl, 2 f., *poverty*.
Wǽdla, *poor;* 4 m., *a poor man*.

Wǽd-ian, ode, *to beg.*
Wǽfels, 1 m., *a cloak, garment.*
Wǽfersýn, 2 f., *a spectacle.*
Wǽg, 1 m., *a wave.*
Wǽg-bord, 1 n., *wave-board, a ship.*
Wǽg-faru, 2 f., *the sea-path.*
Wǽg-liðend, *wave-traversing.*
Wǽg-þel, 1 n., *a ship.*
Wǽg-þreat, 1 m., *a wave-host.*
Wǽl, 1 n., *slaughter.*
Wǽl-ben, 2 f., *a death-wound.*
Wǽl-ceasiga, 4 m., *a slaughter-chooser.*
Wǽl-fæðm, 1 m., *a deadly-embrace.*
Wǽl-grim, *fatally-fierce.*
Wǽl-grýre, 1 m., *deadly-terror.*
Wǽl-hlence, 4 f., *a coat of mail.*
Wǽl-hreów, *cruel.*
Wǽl-mist, 1 m., *a death mist.*
Wǽl-net, 1 n., *a death-net.*
Wǽl-regn, 1 m., *a fatal-rain.*
Wǽl-stow, 2 f., *a battle-field.*
Wǽl-streám, 1 m., *a death stream.*
Wǽpn (en), 1 n., *a weapon.*
Wǽpned-cyn, 1 n., *males.*
Wǽpned-man, 1 m., *a man.*
Wǽr, 2 f., wǽre, 4 f., *a covenant.*
Wǽrfœst, *faithful.*
Wǽstm, 1 m., *fruit, growth, size, strength, creation, production.*
Wǽstmbǽre, *fruitful.*
Wǽt, *wet, moist.*
Wǽta, 4 m., *wet, moisture, a liquid.*
Wǽter, 1 n., *water.*
Wǽter-fœsten, 1 n., *a water-fastness.*
Wǽðan, de, *to wander.*
Wafian, ede, *to be amazed.*
Wálá wá, *alas!*
Waldan. *See* wealdan, *to rule.*
Waldend, 1 m., *Lord, ruler.*
Wandrian, ode, *to wander.*
Wang, wong, 1 m., *a field, land.*
Wanhoga, *foolish.*
Wanian, ode, *to wane.*
Wannspédig, *poor.*
Wamb, 2 f., *the belly, womb.*
Warenian, ode, *to beware* (refl.)

Warnian, wearnian, ode, *to beware* (refl.)
Waru, 2 f., *wares, merchandize.*
Wáð, wáðu, 2 f., *a way.*
Wáðum, 1 m., *a wave.*
Weá, 4 m., *wo, affliction.*
Weal, weall, wáll, 1 m., *a wall.*
Weald, wald, 1 m., *a forest, grove.*
Wealdan, 1, *to govern, wield.*
Weald-leðer, 1 n., *a rein.*
Wealhstód, wealstód, 1 m., *an interpreter.*
Weallan, 1, *to boil, wave, surge.*
Weard, 2 f., *a guard.*
Weardian, ode, *to guard.*
Wearm, *warm.*
Weaxan, wexan, 1, *to grow, wax.*
Wecg, 1 m., *a wedge.*
Wecgan, de, *to agitate.*
Wed, wedd, 1 n., *a pledge.*
Wédan, de, *to be mad, rage.*
Weder, 1 n., *a storm, weather.*
Weder-wolcen, 1 n., *a cloud.*
Weg, weig, 1 m., *a way.*
Wegan, 3, *to carry, move.*
Wegnest, 2 f., *food for a journey,* viaticum.
Wel (bet, betst), *well, much.*
Wela, 4 m., *weal, happiness, wealth.*
Wel-hwǽr, *everywhere.*
Welig, *rich.*
Well, wyl, 1 m., wella, wylla, 4 m., *a well.*
Wemman, de, *to defile, stain.*
Wén, 2 f., *hope.*
Wéna, 4 m., *expectation.*
Wénan, de, *to ween, hope, think.*
Wendan, de, *to go, turn, interpret.*
Weng, 2 f., *the jaw, cheek.*
Weód, 1, *grass, an herb, a weed.*
Weofod, 1 n., *an altar.*
Weonodland, *the land along the Vistula, land of the Wends.*
Weorc, 1 n., *work, labor.*
Weorpan, wyrpan, 6, *to throw, cast.*
Weoruld. *See* woruld.
Weorð, 1 n., *worth, price.*
Weorðan (59, n. 2), *to become, be*

VOCABULARY.

Weorðe, wyrðe, wurðe, *worthy, honorable.*
Weorðgeorn, *desirous of honor, ambitious.*
Weorðian, ode, *to honor.*
Weorðscipe, 2 f., *honor, worship.*
Wépan, 1, *to weep.*
Wépendlíc, *sorrowful.*
Wer, 1 m., *a man.*
Wer-beám, 1 m., *the race of man, a warrior.*
Werhám, 1 m., *Wareham.*
Werian, ede, *to keep off, parry.*
Wérian, ode, *to defend: — to wear.*
Wérig, *weary.*
Werod, wearod, weorod, wered, 1 n., *a multitude, host.*
Weroð, waroð, 1 m., *the sea-shore.*
Werscipe, 1 m., *valor, manhood.*
Wer-þeód, 2 f., *the human race.*
Wesan (59), *to be.*
West, *west;* westan, *from the west, westward.*
Wéste, *waste, desert.*
Wésten, 1 n., *a desert, waste.*
Wésten-gryre, 1 m., *desert-terror.*
Westlang, *west, towards the west.*
Westmest, *westernmost.*
West-seaxan, pl., 4 m., W.-seaxe, 3 m., *the West-Saxons.*
Wetmór, 1 m., *Wedmore.*
Wíc, 2 f., *a dwelling, street: — a castle, fortress, station.*
Wícan, 4, *to give way, yield.*
Wíc-gerefa (wícgefera), 4 m., *a governor.*
Wícian, ode, *to dwell, encamp.*
Wícing, 1 m., *a viking, pirate.*
Wíc-steal, 1 m., *a camp.*
Wíd, *wide, broad, great.*
Wíde, *widely.*
Wídgil, *large.*
Widl, 1 m., *pollution.*
Wíd-sæ, 1 m., *the open sea.*
Wíd-sið, 1 m., *a pilgrimage.*
Wíf, 1 n., *a wife, woman.*
Wífman, 1 m., *a woman.*
Wig, 1 n., *battle.*
Wíga, 4 m., *a warrior.*

Wíg-bed, 1 n., *an altar.*
Wíg-blác, *glittering in armor.*
Wíg-bord, 1 n., *a battle-shield.*
Wígend, 1 m., *a warrior.*
Wíg-leoð, 1 n., *a war-song.*
Wíg-líc, *warlike.*
Wíglung, 2 f., *witchcraft.*
Wiht, 1 n., *weight.*
Wiht, 2 f., *a creature, a whit.*
Wiht, 1 n., *the isle of Wight.*
Wilcumian, ode, *to welcome.*
Wild, *wild.*
Wildeór, 1 n., *a wild animal.*
Willa, 4 m., *will, pleasure.*
Willan (50), *to will, wish.*
Wille-burne, 4 f., *a spring, well stream.*
Willsumnes, 2 f., *willingness.*
Wiln, 2 f., *desire, joy.*
Wilnian, ode, *to wish.*
Wilsǽte (pl.), 1 m., *the people of Wiltshire.*
Wín, 1 n., *wine.*
Wín-berie, 4 f., *a grape.*
Wind, 1 m., *the wind.*
Windan, 5, *to wind, whirl, roll.*
Windig, *windy.*
Winnan, 5, *to contend, win, labor, fight.*
Winteceaster, *Winchester.*
Winter, 1 m., *a winter, year.*
Winter-ceald, *winter-cold.*
Winter-lǽcan, hte, *to become winter.*
Winter-líc, *wintry, belonging to winter.*
Winter-setl, 1 n., *winter-quarters.*
Winter-tíd, 2 f., *winter-time.*
Wirheal, *Wirhall.*
Wís, *wise.*
Wísa, 4 m., *a leader, wise man.*
Wiscan, te, *to wish.*
Wísdóm, 1 m., *wisdom.*
Wíse, 4 f., *a guise, manner thing.*
Wisle, 2 f., *the Vistula.*
Wíslíc, *wise;* -líce, *wisely.*
Wist, 2 f., *food, repast.*
Wistfullian, ode, *to feast.*
Wit (t), 1 n., *the mind.*
Wita, 4 m., *a senator.*

Witan, 4, *to know.*
Witan, witian, ode, *to blame.*
Witan. *See* gewitan, *to depart.*
Wite, 1 n., *affliction, punishment.*
Witega, 4 m., *a prophet, wise man.*
Witegian, ode, *to prophesy.*
Witian, ode, *to decree, destine.*
Witig, *wise.*
Witland, *the country east of the Vistula.*
Witodlíce, *certainly.*
Witrod, 2 f., *a march, a marching host.*
Wið (gen., dat., acc.), *against, for, near, with;* wið þam þe, *to the end that.*
Wiðcweðan, *to oppose.*
Wiðerian, wiðrian, ode, *to oppose.*
Wiðerweardes, *against.*
Wiðerweardlíc, *perverse.*
Widerweardnys, 2 f., *perversity.*
Wiðerwinna, 4 m., *an adversary.*
Wiðinnan (acc.), *within.*
Wiðmetenes, 2 f., *a comparison.*
Wiðsacan, 2, *to refuse.*
Wiðstandan, 2, *to withstand.*
Wiðútan (dat., acc.), *without.*
Wlanc, *spirited.*
Wlance, wlence, 2 f., *riches, pride, wealth.*
Wlítan, 4, *to look.*
Wlíte, 1 m., *beauty.*
Wlíte-beorht, *beautiful.*
Wlitig, *beautiful.*
Wodensdæg, 1 m., *Wednesday.*
Wócor (er), 1 m., *offspring.*
Wól-bérendlíc, *deadly, pest-bringing.*
Wolcen, 1 n., *sky, cloud, heaven.*
Woma, 4 m., *an alarm.*
Wong. *See* wang, 1 m., *a plain.*
Wong-stede, 1 m., *a field.*
Wonn, wan, *wan, dark.*
Wóp, 1 m., *weeping.*
Word, 1 n., *a word.*
Word-hord, 1 m., *the mouth.*
Worn, 1 n., *a multitude, a number.*
Woruld, 2 f., *the world.*
Woruld-búend, 1 m., *an inhabitant of the world.*

Woruld-gebyrd, 2 f., *a family*
Woruld-gesælð, 2 f., *worldly happiness.*
Woruld-gesceaft, 2 f., *a creature, creation.*
Woruld-hád, 1 m., *a secular state.*
Woruldlíc, *worldly.*
Woruld-wela, 4 m., *riches.*
Woruld-þing, 1 n., *a worldly thing.*
Wracu, 2 f., *revenge.*
Wræc, 2 f., *exile.*
Wræc, wrec, *wretched, exiled.*
Wræc-man, 1 m., *an exile.*
Wræc-sið, 1 m., *exile.*
Wrætlíc, *beautiful, wonderful.*
Wrað, 2 f., *a helpmeet, support.*
Wraðlíc, *clinging.*
Wrécan, 3, *to avenge, punish, drive out.*
Wrecca, wreccea, 4 m., *an exile, a wretch.*
Wreccan, ehte, *to speak.*
Wrídian, wríðian, ode, *to bloom, flourish.*
Wríhan, p., wreah, wrægon, pp., wrigen, *to cover.*
Wrítan, 4, *to write.*
Wrítere, 1 m., *a writer, scribe.*
Wrixlian, ode, *to exchange.*
Wrixendlíc, *mutual.*
Wrixendlíce, *in turn.*
Wuce, 4 f., wucu, 2 f., *a week.*
Wudu, 3 m., wude, 1 m., *a wood, forest.*
Wudu-fæsten, 1 n., *a wood-fortress.*
Wuduwe, widewe, 4 f., *a widow*
Wuht, wiht, 2 f., *aught, a creature.*
Wuldor (er), 1 m., *glory, honor.*
Wuldor-cyning, 1 m., *the Glory-King.*
Wuldorfullíc, *wonderful,* -líce, *wonderfully.*
Wuldrian, ode, *to glorify.*
Wulf, 1 m., *a wolf.*
Wúnd, 2 f., *a wound.*
Wúnd, *wounded.*
Wúndian, ode, *to wound.*
Wundor, 1 n., *a miracle.*

Wundrian, ode, *to admire, wonder.*
Wundrum, *wonderfully.*
Wunian, ode, *to dwell, continue.*
Wunung, 2 f., *a dwelling.*
Wurma, 4 m., *grief, a worm.*
Wurð, 1 n., *worth, value.*
Wurð (adj.), *worth.*
Wurðful, *honorable, worthy.*
Wurðlíc, *worthy;* -líce, *worthily.*
Wurðmynt (d), 1 m., *honor.*
Wurðscipe, 1 m., *dignity.*
Wyl, 1 m., wylla, 4 m., wylle, 4 f., *a spring, well.*
Wylfen, *wolf-like.*
Wylle-burne, 4 f., *a spring.*
Wyll-flód, 1 m., *a raging flood.*
Wylm, 1 m., *fervor.*
Wyn, 2 f., *delight.*
Wynlíc, *delightful.*
Wyn-lond, 1 n., *a pleasant land.*
Wynstre, *the left hand.*
Wynsum, *pleasant.*
Wyrcan (can), *p.*, worhte, *to work, make, do.*
Wyrd, gewyrd, 2 f., *fate, destiny.*
Wyrfan. *See* hweorfan, *to turn, return.*
Wyrhta, 4 m., *a workman, maker.*
Wyrian (igan), ode, *to curse.*
Wyrman, de, *to warm.*
Wyrnan, de, *to refuse.*
Wyrpan, te, *to turn, to throw one's self down.*
Wyrrest, wyrst, *worst.*
Wyrse, *worse.*
Wyrt, 2 f., *an herb, plant.*
Wyrðe, weorðe, *worthy.*
Wyscan. *See* wiscan.

Y.

Ýdel, *idle.*
Yfel, 1 n., *evil, sickness.*
Yfelian, ode, *to do evil;— afflict:* — *to suffer evil, be afflicted.*
Yfemest, ufemest, *highest.*
Ylc, *same, the same.*
Yldan, de, *to delay.*
Yldest, *eldest.*
Ylding, 2 f., *delay.*
Ylda, 2 f. (15. n. 2), yldo, *age*

Yldra (*cp. of* cald), *older :* — (in pl.), *parents, elders.*
Ymb(e),(acc.), *about, concerning.*
Ymbe-bétan, te, *to restrain.*
Ymbhoga, 4 m., *care, anxiety.*
Ymbhwyrft, hweorft, 1 m., *an orbit, the world.*
Ymbhýdig, *anxious.*
Ymbhyped, *attacked.*
Ymbscrýdan, de, *to clothe.*
Ymbseón, *to look around.*
Ymbsettan, te, *to surround.*
Ymbsittan, 2, *to besiege.*
Ymbspráec, 2 f., *remark.*
Ymbspráece (adj.), *spoken of.*
Ymbsprécan, *to mention.*
Ymbútan, *round about;* (prep. acc.), *around.*
Ymbþencan, *to consider.*
Ypping, 2 f., *an expanse.*
Yrfenuma, 4 m., *an heir.*
Yrmð, 2 f., yrmðo(u), *distress.*
Yrnan, 5, *to run.*
Yrre, *angry.*
Ýst, 1 m., *the east, east wind:— storm, tempest.*
Yte (ýtere, ýtemest), *out, outer utter, utmost.*
Ýteren, *made of otter skin.*
Ýð, ýðu, 2 f., *a wave.*
Ýð-faru, 2 f., *a wave-course.*
Ýð-hof, 1 n., *a wave-house, ship*

Þ. Ð.

Þá, *then, when;* þá gyt, *moreover,*
þá þá, *when, then, when.*
Þær, *there;* þær to, *thereto, besides;* þær rihte, *immediately;* þær þær, *there where;* þær wið, *therewith, concerning.*
Þæs, *thus, then, therefore;* þæs þe, *after that, because, afterwards.*
Þæslíc, *fit;* -líce, *fitly.*
Þæt (adv.), *until.*
Þafian, ode, *to permit, grant.*
Þanc, 1 m., *a favor, thank, thought, wish;* þances, *thankfully, voluntarily.*
Þancian, ode, *to thank.*

þancung, 2 f., *thanksgiving.*
þanon, þonan(e), *thence.*
þe, *than, or;* þe, . þe, *either,. or.*
þeáh, *though, yet, however;* þeáh þe, *although;* þeáh hwæðere, *yet nevertheless;* þeáh git, *as yet, hitherto.*
þeahtere, 1 m., *a counsellor.*
þeahtian, ode, *to consult.*
þearf, 2 f., *need, necessity.*
þearf, *needful, necessary.*
þearfa, 4 m., *a poor man.*
þearfan, *p.,* þorfte, *subj.,* þurfe, (54, 2), *to need.*
þeáw, 1 m., *custom;* pl., *morals, virtues.*
þeccan, *p.,* þeahte, þéht, *pp.,* geþeaht, *to cover, overwhelm.*
þegen, þegn, þén, 1 m., *a servant, thane.*
þegn-scipe, 1 m., *service.*
þel, 2 f., *a plank.*
þel-fæsten, 1 n., *a ship.*
þe-læs þe, *lest.*
þencan, *p.,* þóhte, *to think.*
þenden, *while, so long as.*
þengel, 1 m., *a prince.*
þénian, ode, *to serve.*
þénung, 2 f., *service.*
þeód, 2 f., *a nation, people, host; — the gentiles.*
þeódan, de, *to serve.*
þeóden, 1 m., *the Lord, a prince.*
þeóden-hold, *faithful, loyal.*
þeódisc, 1 n., *a native, people.*
þeódscipe, 1 m., *a community.*
þeóf, 1 m., þeófa, 4 m., *a thief.*
þeón, 6, *to flourish.*
þeónde, *powerful, flourishing.*
þeóster, *dark.*
þeósterful, *dark, gloomy.*
þeóstru, 2 f., *darkness.*
þeow, 1 m., þeowa, 4 m., þeowe, 4 f., *a servant.*
þeowdóm, 1 m., *service.*
þeowian, ode, *to serve.*
þincan, *p.,* þúhte, *to think, seem.*
þing, 1 n., *a thing, state;* þingum, *because of.*
þingian, ode, *to pray, intercede.*
þingung, 2 f., *intercession.*
þólian, ode, *to suffer.*

þonne, *then, when.*
þorn, þyrn, 1 m., *a thorn.*
þotcrung, 2 f., *wailing.*
þrag, 2 f., *a season, time.*
þrage, *long, for a long time.*
þraec-wig, 1 m., *a battle.*
þreá, 3 m. (f.), *punishment*
þreagan, de, *to chide.*
þreálíc, *direful.*
þreat, 1 m., *a host.*
þrí, *three;* þridda, *third.*
þringan, 5, *to rush, throng.*
þrittig, þritig, *thirty.*
þriwa, *thrice.*
þrótu, 2 f., *the throat.*
þrówian, ode, *to suffer.*
þrówung, 2 f., *suffering.*
þryccan, te, *to oppress.*
þrym, 1 m., *strength, a mass.*
þrymlíc, *glorious;* -líce, *gloriously.*
þrym-setl, 1 n., *a throne.*
þrýnnys, 2 f., *trinity.*
þúf(e), 1 m., *a standard.*
þunian, ede, *to thunder.*
þurh (acc.), *through.*
þurhfleón, 6, *to fly through.*
þurhlonge, *so long.*
þurhsceótan, 6, *to pierce through.*
þurhsmean, smeagan, de, *to inquire into.*
þurhstingan, 5, *to stab, pierce.*
þurhtcón, *to make, complete.*
þurhwunian, ode, *to continue.*
þurstig, *thirsty.*
þus, *thus*
þúsend, *a thousand.*
þúsend-mǽlum, *by thousands.*
þweán, 2, *to wash.*
þwyrnys, þweornys, 2 f., *perversity.*
þý, *on this account;* þy læs, *lest.*
þyder, *thither;* þyderweard, þyderwearde(s), *thitherward, on the way thither.*
þyrn-cyn, 1 n., *thorn-kind, a thorn.*
þyrstan, te, *to thirst.*
þyslíc, *such.*
þýsterful, *dark.*
þýstre, þeóstre, *dark, obscure.*
þýstru, 2 f., *darkness.*

ADDITIONS TO VOCABULARY.

Adýdan de, *to kill.*
Adwæscan, ede, *to quench, appease.*
Ahefod, *p.p.* of ahebban.
Ahreósan, 6, *to rush.*
Anig, *any.*
Aroda. *See* arǽda.

Beorn, 1 m., *a man, prince.*
Betweonan, *between, among.*
Blícan, 4, *to glitter.*
Brocian, ode, *to destroy afflict.*

Clypian (cleopian), ode, *to speak, call.*
Cweðan, 3, *p. pl.* cwædon, *p.p.* cweden, *to speak, say, call.*
Cwiman. *See* cuman.

Dryre, 1 m., *a fall.*
Dwelian, ede, Dwolian, ode, *to err.*

Ealand, 1 n., *an island.*
Earmian, ode, *to pity.*

Fordrifen, *fever-smitten.*
Forþon. *See* forþam.

Gálscipe, 1 m., *wantonness.*
Gehladan, 2, *to load.*
Gelp. *See* gilp.
Genedd. *See* genýdan.
Geot. *See* get.
Geweorht. *See* gewyrht.
Gewyldan, *p.* gewealde, *to subdue, conquer.*
Gio. *See* giu.

Hæftned, 2 f. (1 m.), *captivity, control.*
Hilde-wrǽsen, *a war-chain.*
Hlud, *loud.*
Hyðian, *to devastate.*

Iland. *See* igland.

Nánwuht. *See* náwiht.

Rǽcan, -hte, *to reach.*

Sættan. *See* settan.
Scacan, 2, *to shake, brandish.*
Scíma, 4 m., *brightness.*
Smýrian, ede, *to anoint.*
Stæfen (stefen), 2 f., *a sound, voice.*
Sticcemǽlum, *here and there.*
Stígan, 4, *to ascend.*
Swíð, *strong, powerful, great.*
Swíðrian, ode, *to increase, prevail.*
Sylen, 2 f., *a gift.*

Tól (-les), 1 m., *tribute, toll.*

Unateallendlíc, *innumerable.*
Untreówa, 4 m., *falsehood, perfidy.*

Weorod. *See* werod.

Yrsian, ode, *to be angry at, to anger.*

Þon. *See* þam.
Þonne, *then, than.*
Þrosm, 1 m., *smoke.*

www.ingramcontent.com/pod-product-compliance
Lightning Source LLC
Chambersburg PA
CBHW031827230426
43669CB00009B/1257